UTB FÜR WISSEN SCHAFT

UTB 2009

Eine Arbeitsgemeinschaft der Verlage

Wilhelm Fink Verlag München
A. Francke Verlag Tübingen und Basel
Paul Haupt Verlag Bern · Stuttgart · Wien
Hüthig Fachverlage Heidelberg
Verlag Leske + Budrich GmbH Opladen
Lucius & Lucius Verlagsgesellschaft Stuttgart
Mohr Siebeck Tübingen
Quelle & Meyer Verlag Wiebelsheim
Ernst Reinhardt Verlag München und Basel
Ferdinand Schöningh Verlag Paderborn · München · Wien · Zürich
Eugen Ulmer Verlag Stuttgart
Vandenhoeck & Ruprecht Göttingen und Zürich
WUV Wien

Oliver Schilling

Grundkurs: Statistik für Psychologen

Wilhelm Fink Verlag · München

Die Deutsche Bibliothek – CIP-Einheitsaufnahme

Schilling, Oliver:
Grundkurs: Statistik für Psychologen / Oliver Schilling. – München: Fink, 2001
(UTB für Wissenschaft: Uni-Taschenbücher; 2009)
ISBN 3-8252-2009-5 (UTB)
ISBN 3-7705-3269-4 (Fink)

2., unveränderter Nachdruck der 1. Auflage

Ohmstraße 5, 80802 München
ISBN 3–7705–3269-4

Printed in Germany.
Einbandgestaltung: Atelier Reichert, Stuttgart
Herstellung: Ferdinand Schöningh GmbH, Paderborn

UTB-Bestellnummer: ISBN 3–8252–2009-5

Inhaltsverzeichnis

Danksagung:

Ich danke Herrn Dr. Klaus-Eckart Rogge, Psychologisches Institut der Universität Heidelberg, und Frau Yvonne Schroth, Institut für Soziologie der Universität Heidelberg, für geduldiges Korrekturlesen und viele wertvolle Anregungen.

Dieser Text wurde mit LaTeX erstellt und druckfertig formatiert. Ich konnte dabei auf das emTeX-Programmpaket von Eberhard Mattes zurückgreifen, dessen umfassende Ausstattung nahezu alle aufgetretenen Bedürfnisse restlos befriedigen konnte. Lediglich die von mir benutzte Ergänzung fancyheadings von Piet van Oostrum ist darin nicht enthalten. Ich habe all denen zu danken, die ohne kommerzielles Eigeninteresse zur Entwicklung und Pflege dieser Programme beigetragen haben, namentlich der deutschen TeX-Anwendervereinigung DANTE e.V. für die unentgeltliche Bereitstellung der Programme auf ihrem ftp-Server (ftp.dante.de).

1 Einleitung

Das vorliegende Buch will eine Einführung in die Statistik geben: Vermittelt werden soll dasjenige statistische Basiswissen, das einerseits Verständnis und Beurteilung der in den Veröffentlichungen empirischer Forschungsarbeiten dargestellten statistischen Auswertungen, andererseits die Aneignung komplexerer statistischer Verfahren ermöglicht. Es wendet sich v.a. an Studierende sozial- und verhaltenswissenschaftlicher Fächer: Wissenschaften wie die Psychologie, Soziologie, Pädagogik etc. haben offenbar ein ausgesprochen geisteswissenschaftliches Image, das dazu führt, daß manche Studienanfänger gar nicht darauf vorbereitet sind, mit den mathematischen Inhalten der Statistik als Teil einer fundierten wissenschaftlichen Ausbildung im jeweiligen Fach konfrontiert zu werden. Die Statistik wird dann oft als sehr hohe Hürde empfunden, die nicht selten irgendwie umgangen oder unterlaufen, anstatt übersprungen wird. Letzteres ist natürlich mein lediglich subjektiver Eindruck vom akademischen Alltagsleben und wenn man diesen noch weiter verfolgen wollte, dann könnte noch hinzugefügt werden, daß die Erleichterung und Kritiklosigkeit, mit der die eine und der andere jegliche Argumentation begrüßt, die die Relevanz der Statistik für das jeweilige wissenschaftliche Forschen bestreitet, darauf hindeutet, daß das Nichtüberspringen der Statistikhürde durchaus auch als persönliches Defizit erlebt wird.

Ich möchte im folgenden einen Text vorgelegen, der den Einstieg in die Statistik erleichtert. Er soll auch von solchen Interessenten verstanden werden können, die nur über durchschnittliche schulmathematische Vorkenntnisse verfügen, und er soll in seinem Umfang begrenzt bleiben. Die verfügbaren Statistiklehrbücher – wie etwa das häufig benutzte von Bortz (1993) oder das m.E. sehr empfehlenswerte von Hays (1994) – wirken, so nocheinmal ein lediglich subjektiver Eindruck, durch ihre Dickleibigkeit und die erschöpfende, detaillierte Abhandlung der Themen wenig ermutigend für den Anfänger und sie werden oft nicht als ideale Einsteigerlektüre empfunden, auch stellt ihre Anschaffung eine gerade für studentische Budgets nicht unerhebliche Ausgabe dar. Das vorliegende Buch erhebt nicht den Anspruch, solche umfänglichen Lehrbücher zu ersetzen: Es behandelt nicht die dort übliche Breite statistischer Verfahren und will lediglich das sein, was sein Titel besagt, nämlich ein *Grundkurs* Statistik! Es ist aus einer Pflichtlehrveranstaltung für Erstsemester-Psychologiestudenten an der Universität Heidelberg hervorgegangen – dieses mag an dieser Stelle als Hinweis auf seinen inhaltlichen Umfang dienen. Am Ende des Buches werden einige Empfehlungen gemacht, wie bzw. in welche Richtungen das erworbene Wissen erweitert werden könnte.

Ich möchte auch nicht verschweigen, daß die Einschränkung in Inhalt und Umfang des Buches bisweilen mit einem schlechten Gewissen erfolgte: Es wurden die Themen u.a. nach dem Vorsatz ausgewählt, dem Einsteiger[1] diejenigen statistischen Operationen verständlich zu machen, die ihm in der jeweiligen Forschung seines Faches häufig begegnen. Damit aber folgt die Beschränkung meiner Themenauswahl auch einer Beschränkung auf bestimmte statistische Berechnungen, die in der empirischen Forschungspraxis der Sozial- und Verhaltenswissenschaften üblich ist. Letztere hat einige und m.E. sehr berechtigte Kritik hervorgerufen! Um solcher Kritik Rechnung zu tragen, hätte der folgende Text noch an einigen Stellen thematisch erweitert werden müssen, was aber dem Vorsatz zur kompakten, überschaubaren Statistikeinführung zuwider gelaufen wäre. Ich habe mich daher etwas halbherzig damit aus der Affäre gezogen, dort, wo die besagte Kritik angreift, zumindest auf diese hinzuweisen.

Bevor nun mit der eigentlichen Statistik begonnen werden kann, müssen in diesem Einleitungskapitel noch einige Voraussetzungen behandelt werden. Zu diesen Voraussetzungen gehören auch Überlegungen zu Warum und Weshalb des Einsatzes der Statistik in der empirischen Forschung – und mit solchen ließen sich dicke Bände füllen. Um der Kürze des vorliegenden Buches willen werden im folgenden nur einige grobe Vorbemerkungen in diese Richtung gemacht.

1.1 Wozu Statistik?

Die Statistik dient – dies ist eine banale Aussage – der Ana-

[1]Ich bitte um Nachsicht, wenn ich hier und im folgenden die Leser(innen) nur noch im männlichen Geschlecht anspreche. Dies geschieht geweissermaßen nur um des sprachlichen Wohlklangs willen, welcher naturgemäß in einem Statistikbuch sowieso schon eingeschränkt ist. Selbstverständlich meine ich auch meine hoffentlich zahlreichen Leserinnen.

lyse von Daten. Wer Daten sagt, der muß auch Empirie sagen: Die Grundlage aller Statistik ist die Beobachtung empirischer Sachverhalte und die Erzeugung von Daten aufgrund solcher Beobachtungen. Die Statistik spielt somit eine Rolle in denjenigen Wissenschaften, die zumindest in Teilbereichen als empirische konzipiert sind, d.h. in denen die wissenschaftliche Beobachtung der „Realität" als wesentliche Methode zum Erkenntnisgewinn eingesetzt wird. Nun wurden in den letzten beiden Sätzen stichwortartig bereits mehrere Themen angesprochen, die in der Methodenlehre einer empirischen Wissenschaft sozusagen noch „vor" der Statistik zu stehen. Dazu gehört zunächst die wissenschaftstheoretische Diskussion des Konzepts der empirischen Wissenschaft und schließlich die Fragen, was unter wissenschaftlicher Beobachtung zu verstehen ist bzw. wie solche Beobachtungen angestellt werden können, wie dann aus solchen Beobachtungen Daten erzeugt werden können bzw. welche Eigenschaften diese Daten haben sollten, damit sie für die wissenschaftliche Forschung überhaupt brauchbar sind. Alle diese Themen liegen nicht im inhaltlichen Rahmen des vorliegenden Buches und sollen im folgenden nur dort grob berührt werden, wo es für das eigentliche Anliegen eines Statistik-Grundkurses unabdingbar erscheint.[2]

Welches sind nun die Ziele statistischer Datenanalysen im empirischen Forschungsprozeß? Hierauf kann – wiederum grob – auf zwei prinzipiell unterscheidbare Absichten verwiesen werden, die in empirischen Untersuchungen verfolgt werden, nämlich auf den Entdeckungszusammenhang und den Begründungszusammenhang empirscher Forschung (vgl. z.B. Erdfelder 1994, S.49). Zum Verständnis dieser Begriffe ist zunächst einmal festzuhalten, was überhaupt eine Wissenschaft ist – man könnte ganz allgemein formulieren: Eine Wissenschaft besteht aus einem Sy-

[2] Aus der Fülle von Literatur zur Methodologie empirischer Forschung, in der derartige Themen behandelt werden, hier einige Empfehlungen: Für die erste Orientierung hinsichtlich allgemein-methodologischer Fragen jeglicher Art äußerst hilfreich ist das Buch von Rogge (1995). Bartenwerfer & Raatz (1979) und Wottawa (1993) liefern kompakte und leicht lesbare Darstellungen der empirischen Forschungslogik, während für eine vertiefende diesbezügliche Beschäftigung z.B. Opp (1995) zu empfehlen ist. Probleme der wissenschaftlichen Beobachtung und der Erzeugung und Verwendung empirischer Daten behandelt z.B. Erdfelder (1994).

stem wissenschaftlicher Aussagen, d.h. von Theorien über die jeweiligen Gegenstände der Wissenschaft, welche aus wissenschaftlich *gültigen* Sätzen zusammengesetzt sind. Damit sind nun wieder mehrere Stichworte für weiterreichende Erläuterungen genannt und wiederum soll darüber in hoffentlich nicht allzu fahrlässiger Weise hinweggegangen werden – ich möchte nur herausheben, daß natürlich jede Wissenschaft darauf abzielt, Theorien über ihren Gegenstand zu gewinnen. Nun sollte eine Theorie, um als wissenschaftliche gelten zu können, gewissen Anforderungen genügen, v.a. sollte sie einen gewissen Erklärungswert besitzen, d.h. über die bloße Beschreibung der von ihr behandelten Sachverhalte hinaus *auch* Angaben über kausale Zusammenhänge enthalten.[3] Dieses aber bedeutet, daß die wissenschaftlich gültigen Sätze, aus denen die Theorie besteht, den Charakter von Wenn-Dann-Aussagen haben bzw. daß es sich hierbei um Gesetze oder gesetzesartige Aussagen handelt. Und diese Gesetzesaussagen sollen, wie gesagt, *gültig* sein! Mit Blick auf die oben gemachte Unterscheidung von Zielsetzungen empirischer Forschung kann nun gesagt werden: Es können aus der Beobachtung erzeugte Daten mit dem Ziel analysiert werden, überhaupt erst zu theoretischen Aussagen zu kommen, mögliche gesetzesmäßige Zusammenhänge aufzuspüren u.dgl. (Entdeckungszusammenhang), oder um zu überprüfen, ob theoretische Aussagen überhaupt gültig sind (Begründungszusammenhang).

Es wird im folgenden der Bedeutung statistischer Analysen im Begründungszusammenhang größeres Gewicht beigemessen, als der im Entdeckungszusammenhang: Sogenannte explorative Datenanalysen zur Erkundung empirischer Gegenstandsbereiche mögen für die Entwicklung theoretischer Aussagen hilfreich sein, in der Überprüfung der Gültigkeit von Theorien in empirischen Untersuchungen jedoch liegt die eigentliche Stärke einer empirischen Wissenschaft. Denn abgesehen von gewissen formalen und logischen Kriterien, denen eine wissenschaftliche Theorie genügen sollte (z.B. Widerspruchsfreiheit), besteht ihr wesent-

[3] Diese Aussage wird auf Widerspruch stoßen: Dem Konzept der erklärenden Wissenschaft steht das der verstehenden gegenüber (vgl. z.B. Apel 1979) – vom Standpunkt eines so begründeten wissenschaftstheoretischen Dualismus aus hat der obige Satz dann nur für den Bereich derjenigen Wissenschaften Gültigkeit, die als erklärende konzipiert sind.

lichster Unterschied zu den vielfältigen „Theorien" des Alltagslebens in ihrer Geltungsbegründung. Jeder Mensch bildet im Laufe seines Lebens eine Fülle von Vorstellungen über für ihn jeweils relevante Gegenstände seiner Lebenswelt, die theoretischer Natur sind. Er schließt z.B. von äußerlich sichtbaren Merkmalen einer ihm begegnenden Person auf deren Zugehörigkeit zu einer sozialen Schicht, auf Lebensstil, Intelligenz, Gewaltbereitschaft usw., und greift bei diesen Schlüssen implizit auf Annahmen - z.B. über den Zusammenhang zwischen der Vorliebe zu bestimmten Frisuren und der Intelligenz - zurück, die im Prinzip als theoretische Aussagen formulierbar wären. Jeder Mensch ist also noch vor aller wissenschaftlicher Bildung ein „naiver Psychologe", „naiver Soziologe", „naiver Pädogoge", auch ein „naiver Literaturwissenschaftler", „naiver Theologe" etc. (und übrigens auch „naiver Statistiker"). Wissenschaft steht immer schon in Bezug zu einem vorhandenen Alltagswissen über den jeweiligen Gegenstand, ihre besondere Aufgabe besteht gerade auch darin, die Gültigkeit ihrer jeweiligen Theorien explizit zu begründen.

Nun ist die Geltungsprüfung wissenschaftlicher Theorien über empirische Untersuchungen sicher nicht für jede Wissenschaft eine geeignete Methode: Eine empirische Theologie wird beispielsweise niemand fordern, denn die wesentlichen Inhalte dieser Wissenschaft beziehen sich nicht auf Beobachtbares, und übrigens ist auch die Statistik selbst, als mathematische Disziplin, keine empirische Wissenschaft. Die empirische Geltungsprüfung ist also nicht die einzigmögliche, sie ist aber dort gefordert, wo in der Wissenschaft Aussagen über empirische Sachverhalte gemacht werden. Salopp formuliert bedeutet das: Man schaut nach, ob in der Realität die Dinge sich auch so verhalten, wie eine Theorie behauptet. Diese Vorgehensweise ist jedoch nicht so einfach, wie der letzte Satz klingt, wenn dieses Nachschauen von subjektiven Verzerrungen und logischen Irrtümern frei sein soll. Die Statistik ist hierbei ein unverzichtbares Instrument, mit dem eben nicht nur *dargestellt* werden soll, *wie* sich die Dinge verhalten, sondern auch *überprüft*, *ob* diese Verhältnisse durch eine Theorie erklärt werden können.

Im folgenden soll nun diese Rolle der Statistik bei der Geltungsprüfung an einem - frei erfundenen und bewußt sehr einfach gehaltenen - Beispiel veranschaulicht werden, auf welches in den späteren Kapiteln noch zurückgegriffen wird.

Die zu untersuchende theoretische Aussage soll in diesem Beispiel lauten: Frustration erzeugt Aggression. Es wird also theoretisch vermutet, daß frustrierte Menschen mehr zu aggressiven Handlungen neigen, als solche, die nicht frustriert sind – diese Vermutung wird im weiteren als Frustrations-Aggressions-Hypothese bezeichnet.[4] Eine wissenschaftliche Theorie müßte nun unbedingt möglichst exakte Definitionen der beiden Begriffe Frustration und Aggression enthalten, diese könnten z.B. so lauten: **(1)** Frustration liegt bei Vereitelung einer Zielerreichung vor, und **(2)** Aggression bezeichnet Handlungen, die eine Beschädigung, Verletzung oder Zerstörung zum Ziel haben. Ich weise noch einmal darauf hin, daß diese „Theorie" lediglich zur Veranschaulichung postuliert wurde, es sei dahingestellt, inwieweit diese dürftigen theoretischen Explikationen den Anforderungen einer ernstgemeinten wissenschaftlichen Theoriebildung genügen würden!

Es wäre jetzt also zu überlegen, wie diese Frustrations-Aggressions-Hypothese empirisch überprüft werden kann. Dazu müßte man beobachten, ob Menschen dann, wenn sie im Sinne der obigen Definition (1) frustriert wurden, auch aggressive Handlungen im Sinne von (2) ausführen. Die Hypothese beansprucht Gültigkeit für alle Menschen und alle Fälle von Frustration, genaugenommen könnte ihre Gültigkeit empirisch nur dadurch bewiesen werden, daß alle Menschen bzw. alle Fälle von Frustration beobachtet werden – dieses ist natürlich unmöglich. Umgekehrt aber ist es möglich mit nur einer einzigen Beobachtung zu beweisen, daß die Theorie in der Form, wie sie oben formuliert wurde, falsch ist: Wenn nur ein Mensch beobachtet wird, der frustriert wird und darauf nicht mit einer aggressiven Handlung reagiert, dann ist damit gezeigt, daß nicht in jedem Fall Frustration Aggression erzeugt. Wenn man also nur einen Teil der Fälle beobachten kann, die in den Geltungsbereich der Theorie fallen, so kann man die Theorie nicht empirisch konfirmieren – d.h. bestätigen –, jedoch ist es immerhin möglich, daß die Theorie dabei empirisch falsifiziert wird – d.h. daß bewiesen wird, daß sie *nicht* so, wie behauptet, in jedem Fall (einer Frustration) gilt. Eine empirische Überprüfung der Theorie, die dieser Einsicht folgt, wird darum darauf ausgerichtet sein, in vielen Beobach-

---

[4] Zum Hypothesenbegriff siehe z.B. Rogge (1995, S.61ff) oder Hussy & Möller (1994).

tungen von Fällen aus dem Geltungsbereich der Theorie den Versuch zu unternehmen, die Theorie zu falsifizieren – „übersteht“ die Theorie diese Falsifikationsversuche, so ist sie zwar nicht endgültig bewiesen, aber sie hat sich immerhin *bewährt*. Dieses ist, in *sehr* vereinfachter Darstellung, das forschungslogische Prinzip des durch K.R.Popper begründeten wissenschaftstheoretischen Falsifikationismus (Popper 1984). Die empirische Geltungsbegründung von Theorien in den Sozial- und Verhaltenswissenschaften folgt weitestgehend diesem Prinzip: Der Forscher, der belegen will, daß seine Theorie gilt, tut dieses, indem er empirische Beobachtungen so anstellt, daß dabei seine Theorie sich als falsch erweisen kann – je größer die Chance für eine solche Falsifikation ist, desto strenger ist die Überprüfung der Theorie und desto besser hat sie sich bewährt, wenn sie nicht falsifiziert wurde.

Nun ist es in allen Sozial- und Verhaltenswissenschaften nur selten sinnvoll, Theorien so zu formulieren, wie im eben gezeigten Beispiel: Bisher nämlich wurde die Frustrations-Aggressions-Hypothese als *deterministische* Gesetzesaussage betrachtet, die behauptet, daß, wann immer ein Mensch frustriert wird, er in jedem Fall Aggression zeigt. Solches wird wohl kein Psychologe behaupten wollen, er wird nicht vermuten, daß Frustration im Sinne einer hinreichenden Ursache Aggression auslöst, sondern daß zum Entstehen der Aggression viele Faktoren beitragen können und Frustration einer davon ist. Seine Frustrations-Aggressions-Hypothese meint dann eher dieses: Wenn ein Mensch frustriert wird, dann wächst die Wahrscheinlichkeit von aggressiven Handlungen. In diesem Sinne wäre die Frustrations-Aggressions-Hypothese als *probabilistische* Gesetzesaussage zu betrachten. Eine solche probabilistische Theorie ist aber nicht mehr dann empirisch falsifiziert, wenn ein Fall beobachtet wird, in dem ein frustrierter Mensch nicht aggressiv wird, sie behauptet ja nicht, daß letzteres auf gar keinen Fall beobachtet werden darf. Aus einer solchen Theorie resultiert lediglich die Erwartung, daß ein frustrierter Mensch zu aggressivem Verhalten neigt.

Wie könnten nun für derartige Theorien empirische Falsifikationsversuche unternommen werden, damit sie sich in diesen bewähren können? Aus der genannten Frustrations-Aggressions-Hypothese könnte man z.B. die folgende ableiten: Unter den Menschen, die in einer bestimmten Situation frustriert wurden, ist der Anteil derer, die aggressive Handlungen ausführen, größer, als unter den Menschen, die in derselben Situation nicht frustriert wurden. Zur Überprüfung der Hypothese könnte darum in einer bestimmten Situation eine gewisse Anzahl frustrierter und eine gewisse Anzahl nicht frustrierter Menschen beobachtet werden: Gemäß der Hypothese wäre zu erwarten, daß bei der Gruppe der Frustrierten dann häufiger aggressive Handlungen beobachtet werden, als bei den Nicht-Frustrierten. Würde letzteres nicht beobachtet, dann würde auch dieses Ergebnis keine logisch eindeutige Falsifikation der Hypothese bedeuten, wäre aber ein empirischer Hinweis auf deren mangelnde Gültigkeit. Dieser Hinweis würde an „Beweiskraft" gewinnen, wenn derartige Beobachtungen immer wieder – in verschiedenen Situationen, mit verschiedenen Gruppen von frustrierten bzw. nicht frustrierten Menschen usw. – angestellt und immer wieder die Erwartung gemäß der Hypothese dabei nicht bestätigt würde.

Aufgrund solcher Überlegungen erscheint es sinnvoll, zur Überprüfung der Frustrations-Aggressions-Hypothese ein Experiment durchzuführen: Zunächst wird eine gewisse Anzahl von Versuchspersonen angeworben, diese werden dann per Zufall einer von zwei Gruppen zugeteilt, nämlich entweder der „Experimentalgruppe", oder der „Kontrollgruppe". Die Mitglieder der Experimentalgruppe werden frustriert, die der Kontrollgruppe jedoch nicht, anschließend werden beide Gruppen hinsichtlich gezeigter Aggressivität beobachtet. Wenn dabei für beide Gruppen die sonstigen äußeren Bedingungen der Versuchsdurchführung vollkommen identisch sind und wenn sich die beiden Gruppen hinsichtlich relevanter (psychologischer, biologischer usw.) Merkmale nicht unterscheiden (was durch die zufällige Zuordnung der Versuchspersonen zu den beiden Gruppen gewährleistet werden soll), dann könnte ein „Mehr" an Aggressivität bei der Experimentalgruppe auf den einzigen Unterschied, der zwischen beiden Gruppen besteht, nämlich die Frustration der Mitglieder der einen Gruppe, zurückgeführt werden. Aus der Frustrations-Aggressions-Hypothese kann also die Vorhersage abgeleitet werden, daß bei diesem Experiment ein solches „Mehr" an Aggressivität bei der Experimentalgruppe im Vergleich zur Kontrollgruppe zu beobachten sein wird.

Nun stellen sich allerdings die folgenden Fragen quasi von selbst: *Wie* werden die Versuchspersonen in der Experimentalgruppe frustriert und *wie* soll die Aggressivität der Versuchspersonen beobachtet werden? Dieses sind Fragen nach der **Ope-**

rationalisierung der beiden theoretischen Konstrukte Frustration und Aggression in diesem Experiment. Operationalisierung meint die konkrete Festlegung, auf welche – real beobachtbaren – Ereignisse in einer empirischen Untersuchung sich ein theoretischer Begriff, der in der zu untersuchenden theoretischen Aussage vorkommt, bezieht.

Für unser Beispielexperiment soll Frustration wie folgt erzeugt werden: Als Versuchspersonen werden Studenten einer Universität durch einen Aushang an diversen „schwarzen Brettern" der Universität angeworben. Auf diesem Aushang ist u.a. zu lesen: *Für eine Untersuchung über die Auswirkungen der Rezeption erotischer Filme auf die kognitive Verarbeitungsgeschwindigkeit suchen wir Versuchspersonen...* . Der Aushang erzeugt also bei den Teilnehmern am Experiment die Erwartung, einen erotischen Film vorgeführt zu bekommen. Denjenigen Versuchspersonen, die dann der Kontrollgruppe zugeteilt werden, wird diese Erwartung auch erfüllt: Sie sehen zu Beginn des Experiments tatsächlich einen erotischen Film von ca. 10 Minuten Länge. Die Mitglieder der Experimentalgruppe jedoch werden enttäuscht: Ihnen wird mitgeteilt (man könnte auch sagen, sie werden belogen), daß sie der „Kontrollgruppe" des Experiments über kognitive Verarbeitungsgeschwindigkeit zugeteilt worden seien und deshalb keinen erotischen Film, sondern „neutrales Filmmaterial" zu sehen bekämen. Anstatt des erotischen Films sehen sie schließlich die letzte Neujahrsansprache des Bundeskanzlers. Gemäß der oben gemachten Definition ist dieses als Frustration aufzufassen: Das bei Teilnahme am Experiment erwartete und erhoffte Ziel, der erotische Film, wird den Versuchspersonen vorenthalten.

Die anschließende Beobachtung aggressiver Handlungen bei den Versuchspersonen beider Gruppen stößt auf Schwierigkeiten. Es wäre für die Experimentatoren recht mühsam, den Versuchspersonen nach der Filmvorführung hinterherzulaufen und alle Handungen zu protokollieren, die als aggressiv gelten können – ganz zu schweigen von dem Problem, wie eine solche Protokollierung zu einer möglichst objekiven Erfassung der Aggressivität führen sollte. Den Versuchspersonen sollen darum im weiteren Verlauf des Experiments einige wenige Verhaltensmöglichkeiten geboten werden und unter diesen solche, von denen von vorneherein objektiv festgelegt werden kann, daß sie gemäß der gemachten Definition als aggressiv gelten. Dieses könnte wie folgt geschehen: Im Anschluß an den Film spielen die Versuchspersonen ein Videospiel, bei dem sie einer bestimmten (größeren) Anzahl verschiedener Personen begegnen. Bei jeder Begegnung stehen z.B. fünf Interaktionen mit der Person zur Verfügung, von denen eine ausgewählt werden muß, – darunter die Möglichkeit, die Person zu ohrfeigen. Letzteres soll als aggressive Handlung gelten, d.h. die Anzahl der Ohrfeigen, die eine Versuchsperson im Videospiel verteilt, wird als Maß für die Aggressivität dieser Person – als deren „Aggressionswert" – betrachtet.

In Abbildung 1.1 ist noch einmal der Ablauf dieses Frustrations-Aggressions-Experimentes schematisch dargestellt.

	Kontrollgruppe	Experimentalgruppe
unabhängige Variable	Keine Frustration: erotischer Film	Frustration: Kanzleransprache
	↓	↓
abhängige Variable	Ausmaß der Aggressivität: Anzahl „geohrfeigter Personen"	

Abbildung 1.1: Schema Frustrations-Aggressions-Experiment.

Es wird nun hoffentlich jeder Leser gewisse Zweifel an diesen Operationalisierungen von Frustration und Aggressivität haben. Es mag z.B. sehr fraglich erscheinen, ob eine Ohrfeige in der virtuellen Welt eines Videospiels tatsächlich als aggressive Handlung im Sinne des Konstrukts Aggressivität gelten kann. Letztendlich macht man, wenn man die aufgezeigten Vorgehensweisen als Operationalisierungen von Frustration und Aggression auffaßt, implizit gewisse Zusatzannahmen. Z.B. liegt der Operationalisierung der Frustration offensichtlich die Annahme zugrunde, daß das Anschauen eines erotischen Films für die Versuchspersonen ein positives Erlebnis darstellt und infolgedessen die Erwartung eines solchen für sie eine positive Wertigkeit besitzt. Auch ist impliziert, daß solches für die Kanzleransprache nicht gilt. Nun wurde dieses Beispiel natürlich nicht mit der größtmöglichen Ernsthaftigkeit konstruiert und das Problem, inwieweit Operationalisierungen gelungen sind, wird vielleicht bei den meisten seriösen Untersuchungen nicht so deutlich zutage treten – nichtsdestotrotz sollte es immer gesehen werden: Prinzipiell ist zu fragen, ob durch die jeweils untersuchten empirischen Gegebenheiten die entsprechenden, in den theoretischen Aussagen gemeinten Sachverhalte tatsächlich erfaßt werden. In den Sozial- und Verhaltenswissenschaften sind theoretische Konstrukte häufig in der Weise komplex, daß sie sich nicht eindeutig und ausschließlich auf eine eng begrenzte Menge empirischer Ereignisse beziehen. So meint Aggressivität nicht nur einige bestimmte – beobachtbare – destruktive Verhaltensweisen von Menschen,[5] sondern eben auch nicht direkt Beobachtbares, z.B. die Absichtlichkeit dieser Destruktion. Auch könnte es z.B. sinnvoll sein, von unterdrückter Aggressivität zu reden, womit gemeint ist, daß ein Mensch eine gewisse Aggressionsneigung haben kann, die allerdings nicht in offensichtlich aggressivem Verhalten ausgelebt wird. Welche empirischen Ereignisse entsprechen in diesem Fall dem theoretischen Begriff Aggressivität? Die Beziehungen zwischen theoretischen Sachverhalten und der beobachtbaren Gegebenheiten sind also selten eindeutig und einfach zu durchschauen, so daß die Operationalisierung der theoretischen Begriffe sich normalerweise nicht „von selbst" ergibt, sondern eine schwierige Aufgabe ist, die vom Forscher bei der Planung seiner Untersuchung gelöst werden muß.

Ein Buch zur Einführung in die Statistik ist natürlich nicht der geeignete Ort zur ausführlichen Erörterung von Problemen, die die Operationalisierung sozial- und verhaltenswissenschaftlicher Konstrukte bereitet. Die andeutungsweise Berührung dieses Themas sollte hier nur dazu dienen, die folgende banale Ermahnung plausibel zu machen: Auch die sorgfältigste statistische Analyse wird im Grunde hinfällig, wenn die Operationalisierungen, durch die die ausgewerteten Daten gewonnen wurden, in dem Sinne mangelhaft sind, daß sie das in Frage stehende Phänomen bzw. Merkmal nur unzureichend repräsentieren!

Wenn nun das Frustrations-Aggressions-Experiment mit den dargestellten Operationalisierungen durchgeführt wird, wenn also die angeworbenen Versuchspersonen jeweils entweder der Kontroll- oder der Experimentalgruppe per Zufall zugeteilt und entsprechend dieser Zuteilung so, wie beschrieben, behandelt werden, dann resultieren aus dieser Durchführung *Daten*: Zu

[5] Abgesehen von streng verhaltenstheoretischen Definitionen der Aggressivität. Zur Problematik von solchen siehe z.B. Groeben (1986, S.106f).

jeder Versuchsperson hat man dann die Information, zu welcher Gruppe sie gehört (ob sie „frustriert" wurde oder nicht) und wie aggressiv sie sich im Videospiel verhalten hat, gemessen an der Anzahl „geohrfeigter Personen". Diese Daten sind nun daraufhin zu analysieren, ob durch sie die theoretische Frustrations-Aggressions-Hypothese eher bestätigt oder eher nicht bestätigt wird. Aus dieser Hypothese resultiert die Erwartung, daß in der Gruppe der Frustrierten mehr Aggressivität zu beobachten ist, als in der Gruppe der Nicht-Frustrierten, die Auswertung der Daten richtet sich also primär auf die Frage, ob diese Erwartung eingetroffen ist, oder nicht. Und bei dieser Auswertung kommt nun endlich die Statistik ins Spiel!

Zunächst könnte man z.B. in jeder der beiden Gruppen die Aggressionswerte aufsummieren, dann hätte man die Gesamtzahl aller aggressiven Handlungen aller Mitglieder der jeweiligen Gruppe – wenn in beiden Gruppen gleichviele Versuchspersonen untersucht wurden, dann wäre gemäß der hypothetischen Erwartung in der Experimentalgruppe eine größere Gesamtsumme zu erwarten. Schon eine solche Aufsummierung ist bereits eine statistische Operation. Normalerweise würde man aber in einem solchen Fall nicht mit diesen beiden Gesamtsummen arbeiten, sondern mit den Durchschnittswerten, die man dadurch erhält, daß man die Summe durch die Anzahl der Mitglieder der jeweiligen Gruppe teilt. Ein solcher Durchschnittswert heißt in der Statistik arithmetisches Mittel, es handelt sich um dasjenige statistische Maß, das auch der Laie gemeinhin als Mittelwert bezeichnet. Man hätte damit also die „durchschnittliche Aggressivität" in beiden Gruppen berechnet, und wenn die Frustrations-Aggressions-Hypothese richtig ist, so wäre zu erwarten, daß ein solcher Aggressionsmittelwert bei der Experimentalgruppe sehr viel größer ist, als bei der Kontrollgruppe.

Der Mittelwert ist in diesem Beispiel ein statistisches Maß – man sagt auch einfach: eine Statistik –, das gewissermaßen die Information, die in den Daten enthalten ist, zusammenfaßt: Aus vielen einzelnen Aggressionswerten werden zwei Zahlen berechnet, die Aufschluß über das allgemeine Ausmaß der Aggression in jeder der beiden Gruppen geben. Der Mittelwert dient hier also zunächst dazu, die beiden Untersuchungsgruppen hinsichtlich ihrer Aggressivität zu „charakterisieren" bzw. „beschreiben" – statistische Berechnungen, die derartigen zusammenfassenden „Beschreibungen" von Information, die in Daten enthalten ist, dienen, werden als **beschreibende** oder **Deskriptivstatistik** bezeichnet.

Deskriptivstatistische Berechnungen entsprechen wohl dem, was nach allgemein verbreiteter Vorstellung die Aufgabe der Statistik in der Forschung ist. Tatsächlich aber erschöpft sich diese Aufgabe nicht in der Deskription eines jeweils vorliegenden Datenmaterials. Denn hinsichtlich des übergeordneten Untersuchungsziels der Geltungsprüfung theoretischer Aussagen sind deskriptivstatistische Berechnungen allein wenig aussagekräftig. Dieses läßt sich wieder an unserem Beispielexperiment darlegen.

Angenommen, das Ergebnis dieser Mittelwertsberechnungen entspräche der Erwartung, d.h. für die Frustrationsgruppe wird ein größerer Aggressionsmittelwert errechnet, als für die Gruppe ohne Frustration: Könnte dieses dann *ohne weiteres* so aufgefaßt werden, daß die Ergebnisse dieser Untersuchung für eine Bestätigung dieser Hypothese sprechen? Diese Frage muß verneint werden.

Man stelle sich vor, das Experiment würde beliebig oft mit immer neuen Versuchspersonen, aber unter absolut identischen Durchführungsbedingungen wiederholt: Man würde sowohl bei Experimental- als auch bei der Kontrollgruppe eine gewisse Schwankung der Aggressionsmittelwerte von Wiederholung zu Wiederholung feststellen, es würde also nicht bei jeder Wiederholung des Experiments z.B. exakt derselbe Mittelwert der Kontrollgruppe errechnet. Und selbst wenn man das Experiment noch einmal mit denselben Versuchspersonen durchführen würde, so würde man wohl kaum beim zweitenmal dieselben Mittelwerte für Kontroll- bzw. Experimentalgruppe errechnen, wie bei der ersten Durchführung.

Ganz abgesehen davon, ob die Versuchspersonen frustriert wurden oder nicht, sind also die Aggressionsmittelwerte der Untersuchungsgruppen einer gewissen Schwankung unterworfen. Die Ursache dieser Schwankung liegt in vielerlei anderen Faktoren, die außer der Frustration (falls die Hypothese wahr ist) die Aggressionswerte der Versuchspersonen noch beeinflussen und die ihrerseits wieder von Versuchsdurchführung zu Versuchsdurchführung, von Versuchsperson zu Versuchsperson schwanken.

Die Frustrations-Aggressions-Hypothese spezifiziert ja nur einen möglichen Einflußfaktor auf die Aggression, nämlich die Frustration, darüber hinaus wird es wohl noch eine große Zahl weiterer solcher „Ursachen" der Aggressivität geben, z.B. die Stimmung der Personen, das Wetter usw., so daß sich Personen auch dann in ihrer Aggressivität unterscheiden, wenn sie in exakt demselben Ausmaß frustriert wurden – eben deshalb, weil der Einfluß solcher weiterer Faktoren zwischen verschiedenen Personen und über Situationen oder Zeitpunkte hinweg „variiert". Deswegen gehört es zu den Grundregeln einer experimentellen Untersuchung, das Experiment unter für alle Versuchspersonen möglichst identischen Rahmenbedingungen durchzuführen: Damit wird die Wahrscheinlichkeit groß, daß mögliche „situative" Einflüsse auf die Aggressivität, z.B. die Temperatur oder der Lärmpegel, auf alle Versuchspersonen im gleichen Ausmaß einwirken. Bei einem Teil der möglichen Einflußfaktoren wird also dadurch die besagte Variation unterbunden – aber eben nur für einen Teil, für *alle* kann dies i.d.R. so nicht gewährleistet werden.

Hinzu kommen solche Einflußfaktoren auf die Aggressivität, die sozusagen in der Person liegen und deren Ausmaß von Person zu Person schwankt, z.B. biologische Veranlagungen, die dazu führen können, daß Personen ein unterschiedliches „Aggressionslevel" haben, daß es also einfach, unabhängig von allen äußeren Bedingungen, aggressivere und weniger aggressive Personen gibt. Hier kann die zufällige Aufteilung der angeworbenen Versuchspersonen auf die beiden Untersuchungsgruppen einige Abhilfe schaffen: Dadurch wird es z.B. wahrscheinlicher, daß in beiden Gruppen der Anteil hochaggressiver Personen ungefähr gleich ist – *garantieren* jedoch kann eine solche Vorgehensweise dieses nicht.

Aber selbst wenn ausschließlich die Frustration die Aggression bestimmen würde und es keinerlei weitere Einflüsse auf letztere gäbe, oder wenn es gelänge, die Variation solcher weiterer Einflüsse bei der Durchführung des Experiments durch die angesprochenen Maßnahmen zu unterbinden, so wäre immer noch das Operationalisierungsproblem zu berücksichtigen: Die Anzahl der Ohrfeigen wird als Aggressionswert *aufgefaßt*. Dieses ist eigentlich nur so zu rechtfertigen, daß darin die „wahre" Aggressivität der Person lediglich bis zu einem gewissen Ausmaß zu Ausdruck kommt und daß dieser Wert noch von weiteren Einflußfaktoren, außer der Aggressivität, abhängt – die Aggressions*werte* von Personen können sich wiederum auch dann unterscheiden, wenn diese Personen in exakt demselben Ausmaß aggressiv sind.

Damit sollte nun klar sein, daß die Aggressionsmittelwerte

verschiedener Gruppen von Versuchspersonen, die das Videospiel spielen, sich unterscheiden können, ob die Versuchspersonen nun zuvor frustriert wurden oder nicht. Dieses bedeutet für den Experimentator, daß seine Aggressionsmittelwerte einer Zufallsschwankung unterworfen sind (zum Begriff des Zufalls siehe Kapitel 3): Weder kennt er jede dieser weiteren Einflußgrößen auf die Aggressionswerte, noch das genaue Ausmaß, in dem sie die einzelnen Aggressionswerte beeinflussen, so daß er nicht bestimmen kann, ob durch diese weiteren Einflüsse die Mittelwerte in Kontroll- und Experimentalgruppe jeweils erhöht oder vermindert werden. Angenommen, für die Frustrierten wurde ein höherer Aggressionsmittelwert errechnet, als für die Nicht-Frustrierten, so stellt sich nun die Frage, ob dieser Unterschied aufgrund der Zufallsschwankung der Mittelwerte – also „zufällig" – zustande kam, oder eben deshalb, weil die Frustration hier zur Erhöhung der Aggressivität beigetragen hat. Hätte das Experiment dagegen ergeben, daß die beiden Gruppenmittelwerte nahezu gleich sind oder gar der Mittelwert der Nicht-Frustrierten über dem der Frustrierten liegt, so wäre es umgekehrt möglich, daß zwar die Frustration die Aggressivität erhöht hat, jedoch diese Erhöhung durch die Zufallschwankung der Mittelwerte sozusagen „aufgefressen" wurde, etwa durch einen „zufällig" sehr hohen Mittelwert der Kontrollgruppe.

Verhalten sich also die beiden Gruppenmittelwerte erwartungsgemäß, so wird mit der weiteren statistischen Auswertung die Antwort auf die Frage gesucht, ob die Differenz der beiden Mittelwerte so groß ist, daß sie eigentlich nicht mehr allein durch Zufall erklärt werden kann. Zur Beantwortung derartiger Fragen werden Wahrscheinlichkeiten geschätzt: Im vorliegenden Experiment hätte man also einen Aggressionsmittelwert für die Frustrierten errechnet, der um einen gewissen Betrag über dem der Nicht-Frustrierten liegt, und müßte nun die Wahrscheinlichkeit dafür schätzen, daß allein durch die Zufallschwankung der Aggressionsmittelwerte ein Mittelwertsunterschied dieser Größe auftritt. Nur dann, wenn diese Wahrscheinlichkeit als sehr gering eingeschätzt wird – wenn es also unwahrscheinlich erscheint, daß der Mittelwertsunterschied zufällig zustande kam – würde man endlich zu der Schlußfolgerung kommen, daß er im Sinne der Frustrations-Aggressions-Hypothese auf die unterschiedliche Bedingung für beide Gruppen, nämlich auf den Umstand, daß die eine Gruppe frustriert wurde und die andere nicht, zurückzuführen ist.

In dieser Vorgehensweise zeigt sich die angesprochene falsifikationistische Vorgehensweise empirischer Forschung: Die Frustrations-Aggressions-Hypothese muß sich bei dem Versuch bewähren, sie empirisch zu falsifizieren. Ein Ergebnis, das eigentlich die hypothetische Erwartung bestätigt, wird darum nur dann auch als eine solche Bewährung akzeptiert, wenn es nicht auch zufällig hätte so zustandekommen können.

Statistische Berechnungen, die dazu dienen, zu derartigen Schlußfolgerungen bzw. Entscheidungen darüber, was die beobachteten Ergebnisse einer Untersuchung über die theoretische Fragestellung (Geltungsprüfung der Hypothese) aussagt, zu gelangen, sind Gegenstand der sogenannten **schließenden** oder **Inferenzstatistik**.

Das Frustrations-Aggressions-Experiment zeigt also beispielhaft *zwei Aufgaben der Statistik im Forschungsprozeß*:

▷ Deskriptivstatistik: Beschreibung, Charakterisierung der empirischen Information mittels statistischer Maße.

▷ Inferenzstatistik: Schlußfolgerung bzw. Entscheidung über Bewährung oder Nichtbewährung theoretischer Aussagen in der empirischen Untersuchung.

Mit Deskriptiv- und Inferenzstatistik sind eigentlich keine klar voneinander abrenzbaren Bereiche der Statistik bezeichnet, sondern eher verschiedene Zielrichtungen statistischer Datenanalyse, die v.a. in den komplexeren statistischen Auswertungsverfahren oft miteinander verküpft sind.

1.2 Meßtheoretische Grundlagen

Statistik dient der Analyse empirischer Daten und solche Daten werden häufig durch Messung gewonnen: *„Messen ist die Bestimmung der Ausprägung einer Eigenschaft eines Dinges. Messen erfolgt durch Zuordnung von Zahlen zu Dingen, die Träger der zu messenden Eigenschaft sind“* (Orth 1974, S.13). Es werden also üblichweise in empririschen Untersuchungen die Ausprägungen der interessierenden Merkmale bei einer Stichprobe von Merkmalsträgern – z.B. Versuchspersonen – ermittelt und durch einen numerischen Meßwert ausgedrückt, solche Meßwerte sind dann die Daten, die mittels statistischer Operationen analysiert werden. In den Sozial- und Verhaltenswissenschaften ist nun allerdings die Messung der behandelten Merkmale häufig keine unkomplizierte Angelegenheit, es kommt auch hier wieder die bereits angedeutete Operationalisierungsproblematik zum Tragen: Wie kann man Merkmale, deren Ausprägung nicht direkt beobachtet werden kann, messen? Bzw.: Kann man solche Merkmale überhaupt messen?

Die Antworten auf solche Fragen liefert die Meßtheorie, die deshalb auch zu einem wichtigen Teilgebiet der Methodenlehre in den Sozial- und Verhaltenswissenschaften wird. Natürlich gilt auch bezüglich der Meßtheorie, daß das vorliegende Buch keine umfängliche Darstellung leisten kann, es sollen nur die unbedingt benötigten Konzepte kurz dargestellt werden.

Es ist, gemäß der oben zitierten Erklärung des Begriffs Messen, nicht jede Zuordnung von Zahlen zu Merkmalsträgern eine Messung: Die Zahlen müssen empirische Sachverhalte in Bezug auf die Ausprägung des zu messenden Merkmals ausdrücken. So sollte beispielsweise bei der Längenmessung ein Gegenstand A, der länger ist als ein Gegenstand B, natürlich auch einen höheren Meßwert für diese Länge zugewiesen bekommen, als B. Bei der Messung sollen also Beziehungen, die hinsichtlich der Ausprägung des zu messenden Merkmals zwischen den Merkmalsträgern bestehen, ihre Entsprechung in gewissen numerischen Beziehungen zwischen den jeweiligen Meßwerten finden – mit anderen Worten: Bei der Messung werden den Meßobjekten (Merkmalsträgern) Zahlen so zugeordnet, daß empirische – beobachtbare – Relationen zwischen den Merkmalsausprägungen der Meßobjekte durch numerische Relationen der Meßwerte beschrieben werden können. Eine solche empirische Relation zwischen zwei Objekten der Längenmessung wäre also z.B. „ist länger als", ihr sollte die numerische Relation „>" zwischen Meßwerten in dem Sinne entsprechen, daß immer dann, wenn zwei Meßobjekte in der Relation „ist länger als" zueinander stehen, zwischen den ihnen zugeordneten Meßwerten die Relation „>" gilt.

Damit habe ich – auf hoffentlich elegante Weise – dem Leser die exakte mathematische Definition des Messens, wie sie in der Meßtheorie zugrundegelegt wird, erspart,[6] hier soll es nur darauf ankommen, daß beim Messen empirische Relationen zwischen Meßobjekten (hinsichtlich der Merkmalsausprägung) sozusagen in numerische Relationen zwischen Meßwerten übersetzt wer-

[6]Siehe dazu z.B. Rogge (1995 S.82ff) oder detaillierter Orth (1974).

den – geht man von irgendwelchen vorliegenden Meßwerten aus, so wäre demnach zu fragen, für welche der numerischen Relationen, die zwischen Zahlen hergestellt werden können, dieses gilt, d.h. welchen Relationen zwischen Meßwerten tatsächlich irgendwelche empirischen Relationen zwischen den Meßobjekten entsprechen. Alle Aussagen über Meßwerte, die auf solchen numerischen Relationen beruhen, die keinerlei empirische Relation zwischen Merkmalsausprägungen der Meßobjekte ausdrücken, sind sinnlos. Beispiele dafür werden im folgenden noch gegeben.

Für den Forscher, der die in einer empirischen Untersuchung gesammelten Daten statistisch auswerten möchte, ist aber genau die zuletztgenannte Frage wichtig: Wenn nämlich seine Daten in Form von Meßwerten vorliegen, stellen statistische Berechnungen solche Aussagen über Meßwerte dar und er muß wissen, welche dieser Aussagen überhaupt sinnvoll sind. Praktisch wird er die Antwort auf diese Frage i.A. dadurch finden, daß er das sogenannte **Skalenniveau** seiner Messungen ermittelt bzw. einschätzt. Die kurze Darstellung dieser verschiedenen Skalenniveaus oder Skalentypen einer Messung ist das eigentliche Anliegen des gegenwärtigen Unterkapitels. Tabelle 1.1 listet die (wichtigsten) Skalentypen oder Skalenniveaus einer Messung auf, es folgen kurze Erläuterungen dazu.

Durch die Meßwerte einer **Nominalskala** wird nur die Gleichheit bzw. Unterschiedlichkeit der Merkmalsträger in Bezug auf die Ausprägung des zu messenden Merkmals erfaßt. Es können z.B. Postleitzahlen als solche Meßwerte einer Nominalsskala aufgefaßt werden: Dabei wird sozusagen der Wohnort bzw. das Wohngebiet von Personen gemessen. Jede Postleitzahl bezeichnet eindeutig ein bestimmtes Wohngebiet: Haben zwei Personen diesselbe Postleitzahl, so liegt ihr Wohnsitz im gleichen Wohngebiet, haben sie unterschiedliche Postleitzahlen, so wohnen sie an unterschiedlichen Orten. Die Aussage „Bobic hat eine andere Postleitzahl, als Balakov“ ist mit Blick auf das gemessene Merkmal Wohngebiet sinnvoll, hier entspricht der numerischen Relation der Ungleichheit von Zahlen die empirische Relationen Ungleichheit von Wohngebieten, die zwischen Personen bestehen kann. Betrachtet man nun aber die Aussage „Die Postleitzahl von Bobic ist größer, als die von Balakov“, so sagt diese auch nicht mehr über die Wohngebiete von Bobic und Balakov aus, als die erstere, nämlich daß die beiden an unterschiedlichen Orten wohnen, – die numerische Relation $>$, die zwischen

Skalentyp	*mögl. Aussagen über Meßwerte*	*zulässige Transformationen*
Nominalskala	Gleichheit, Verschiedenheit	Eineindeutige Transformationen $x = y \leftrightarrow T(x) = T(y)$
Ordinalskala	Größer-kleiner-Relationen	Monoton steigende Transformationen $x > y \leftrightarrow T(x) > T(y)$
Intervallskala	Gleichheit von Abständen	Positiv lineare Transformationen $T(x) = ux + v$
Verhältnisskala	Gleichheit von Verhältnissen	Ähnlichkeits-Transformationen $T(x) = ux$
Absolutskala	absoluter Meßwert	Identitäts-Transformation $T(x) = x$

Tabelle 1.1: Skalenniveaus.

den beiden Postleitzahlen besteht (und die die Relation $\neq$ einschließt), hat darüber hinaus keine sinnvolle Entsprechung in einer empirischen Relation zwischen verschiedenen Wohngebieten.

Bei einer Nominalskala werden also im Grunde nur die verschiedenen möglichen Merkmalsausprägungen eines zu messenden Merkmals durch irgendwelche Zahlen bezeichnet – haben zwei Meßobjekte denselben Meßwert, so bedeutet dies lediglich, daß sie dieselbe Merkmalsausprägung haben, haben sie einen verschiedenen Meßwert, so haben sie unterschiedliche Merkmalsausprägungen. Eine solche bloße Bezeichnung von Merkmalsausprägungen kann jede beliebige Menge von Zahlen leisten, solange nur nicht unterschiedliche Merkmalsausprägungen mit derselben Zahl benannt werden. So ist auch die Zuteilung der Postleitzahlen zu bestimmten Wohngebieten willkürlich, es könnten genausogut ganz andere Zahlen gewählt werden – mit der Einschränkung, daß auch dann noch jedes Wohngebiet eindeutig seine ganz bestimmte, ihm eigene Zahl erhält. Das bedeutet, daß eine Nominalskala durch jede eineindeutige Transformation der Skalenwerte in eine andere, gleichwertige Nominalskala – mit anderen Meßwerten – überführt werden kann. Eineindeutige Transformation bedeutet: Sind x und y zwei Werte einer Skala und $T(x)$ und $T(y)$ deren Transformationen in eine andere Skala, dann muß gelten: Wenn $x = y$, dann $T(x) = T(y)$ und umgekehrt.

Die **Ordinalskala** wird auch als Rangskala bezeichnet und dieser Begriff enthält bereits die Eigenart dieses Skalentyps: Die Meßwerte einer Ordinalskala drücken eine Rangfolge der Meßobjekte hinsichtlich der Ausprägung des zu messenden Merkmals aus. Im Gegensatz zur Nominalskala sind bei der Ordinalskala Größer-Kleiner-Relationen zwischen Meßwerten in der Weise bedeutsam, daß durch sie ein Mehr bzw. Weniger einer Merkmalsausprägung zum Ausdruck kommt. Ein Beispiel ist die Variable Schulbildung, wie sie häufig in sozialwissenschaftlichen Untersuchungen verwendet wird, dabei werden Meßwerte wie folgt vergeben:

ohne Abschluß	$\longrightarrow$	1
Hauptschulabschluß	$\longrightarrow$	2
mittlere Reife	$\longrightarrow$	3
Fachhochschulreife	$\longrightarrow$	4
Abitur	$\longrightarrow$	5

Die Werte 1 bis 5 bilden hier eine Ordinalskala der Schulbildung: Ein höherer Wert entspricht einem höherrangigen Schulabschluß, d.h der numerischen Relation $>$ (bzw. $<$) entspricht hier eine empirische Relation, die zwischen Personen hinsichtlich des Merkmals Schulbildung bestehen kann. Zwei unterschiedliche Ordinalskalenwerte zeigen also nicht nur unterschiedliche Merkmalsausprägungen an, sondern es entspricht dem höheren Wert auch eine stärkere (höhere, intensivere etc.) Ausprägung. Jedoch wird man beispielsweise nicht einfach behaupten können, daß eine Person mit dem Meßwert 5 gegenüber einer Person mit dem Wert 4 genau soviel mehr Schulbildung besitzt, wie eine Person mit dem Schulbildungswert 3 gegenüber einer mit dem Wert 2 – obwohl die Differenz zwischen 4 und 5 genau diesselbe ist, wie zwischen 2 und 3. Bei Vorliegen einer Ordinalskala sind zwar Größer-Kleiner-Relationen zwischen Meßwerten hinsichtlich der Ausprägung des zu messenden Merkmals aussagekräftig, jedoch nicht die Abstände bzw. Intervalle zwischen den Meßwerten: Diese Abstände sagen nichts über die „Abstände“ zwischen den Ausprägungen des zu messenden Merkmals aus.

Auch eine Ordinalskala kann in andere, gleichwertige Ordinalskalen transformiert werden, zulässig sind dabei alle monoton steigenden Transformationen, bei denen (für zwei Skalenwerte x, y und deren Transformationen $T(x), T(y)$) gilt: Wenn $x < y$, dann $T(x) < T(y)$ und umgekehrt. So könnten als Zahlenwerte für die Schulbildung im Grunde alle möglichen 5 reellen Zahlen gewählt werden, solange eben nur wieder einer höheren Schulbildung eine höhere Zahl zugeordnet wird – hätte man z.B. statt der Zahlenfolge 1,2,3,4,5 die Zahlenfolge 10,13,20,47,102 gewählt, so wären letztere Zahlen zwar zur Kennzeichnung der verschiedenen Stufen der Schulbildung nicht gerade besonders praktisch, aber den ursprünglichen Werten 1 bis 5 insofern gleichwertig, als sie dieselbe Information über die Schulbildung enthielten.

Bei der **Intervallskala** geben nun die Meßwerte nicht mehr nur über ein Mehr oder Weniger der Merkmalsausprägung Auskunft, zusätzlich sind auch die Abstände zwischen den Meßwerten sinnvolle Größen. Ein alltägliches Beispiel für diesen Skalentyp ist die Temperaturmessung mittels der Celsius- oder der Fahrenheit-Skala: Wenn z.B. am Dienstag im Tagesdurchschnitt 5°C gemessen wurden, am Mittwoch dann 7.5°C und am Donnerstag 10°C, dann könnte sinnvoll gesagt werden, daß die Temperatur von Mittwoch auf Donnerstag genauso stark angestiegen ist, wie von Dienstag auf Mittwoch. In der numerischen Gleichheit bzw. Ungleichheit von Intervallen zwischen Meßwerten kommt hier also ein gleicher bzw. ungleicher „Abstand" in der Merkmalsausprägung zwischen jeweils zwei Meßobjekten zum Ausdruck.

Allerdings wäre z.B. die folgende Aussage über die Tagestemperaturen sinnlos: Am Donnerstag war es doppelt so warm, wie am Dienstag. Besonders deutlich wird das, wenn man die Tagesdurchschnittstemperaturen anstatt in Celsius- in Fahrenheit-Graden ausdrückt: Dies wären für Dienstag 41°F, für Mittwoch 45.5°F und für Donnerstag 50°F – auch hier sind die Abstände der aufeinanderfolgenden Temperaturwerte gleich, jedoch ist der Donnerstags-Wert nicht mehr doppelt so groß, wie der Dienstags-Wert. Die Umrechnung der Celsius-Grade in Fahrenheit-Grade stellt die Transformation einer Intervallskala in eine andere, gleichwertige Intervallskala dar. Prinzipiell ist jede Transformation einer Intervallskala zulässig, bei der die Gleichheit/Ungleichheit von Intervallen zwischen Meßwerten erhalten bleibt – so wie im soeben gezeigten Beispiel –, und dieses ist bei allen positiv linearen Transformationen $T(x) = ux + v$ (u, v sind beliebige reelle Zahlen, wobei $u > 0$) der Fall. Aussagen über das numerische Verhältnis der Meßwerte von zwei Meßobjekten – wie z.B. „Der Meßwert von A ist doppelt (halb, dreimal, viermal, 5.7-mal etc.) so groß, wie der Meßwert von B" – können bei solchen Transformationen ungültig werden. Dieses liegt daran, daß dabei der Nullpunkt der Skala nicht invariant bleiben muß: Setzt man in der Transformationsformel $x = 0$, so resultiert $T(0) = v$, d.h. für alle $v \neq 0$ wird der Nullpunkt der einen Skala nicht in den Nullpunkt der anderen überführt. Im Temperaturbeispiel haben Celsius- und Fahrenheit-Skala ihren jeweiligen Nullpunkt an unterschiedlichen Stellen des Temperaturkontinuums, 0°C entspricht z.B. 32°F. Wird bei einer Transformation der Skala der Nullpunkt verschoben, so sind die Größenverhältnisse zwischen den transformierten Skalenwerten, nicht mehr diesselben, wie zwischen den untransformierten – dieses sollte auch ohne weitere Erläuterungen einsehbar sein.

Bei intervallskalierten Meßwerten sind also Aussagen über das Verhältnis von Intervallen zwischen Meßwerten (z.B. „Der Abstand des Meßwertes von A zum Meßwert von B ist doppelt so groß, wie der des Meßwerts von C zum Meßwert von D") sinnvoll, nicht jedoch Aussagen über das Verhältnis der Meßwerte selbst. Die **Verhältnisskala** unterscheidet sich nun genau in dieser Hinsicht von der Intervallskala, sie ist sozusagen eine Intervallskala mit *absolutem Nullpunkt*: Zulässige Transformationen sind hier nur noch alle Verhältnistransformationen $T(x) = ux$ (mit $u > 0$), so daß in jedem Fall $T(0) = 0$ gilt, d.h. der Nullpunkt sich nicht verschieben kann. Aufgrund der bisherigen Überlegungen sollte damit klar sein, daß bei diesem Skalentyp auch Aussagen über Verhältnisse zwischen Meßwerten in der Weise sinnvoll sind, daß durch sie auch die „Verhältnisse" von Ausprägungen des gemessenen Merkmals bei den Meßobjekten zum Ausdruck kommen. Beispiele sind Längen- oder Gewichtsmessungen: Man kann die Länge von Gegenständen in vielerlei Längenskalen messen – z.B. in Millimetern, Centimetern, Metern, Inches, Zoll etc. – jede diese Skalen ist nach der genannten Transformationsformel in jede andere überführbar, bei jeder derartigen Überführung ändern sich alle Meßwerte, außer der Null. Betrachtet man die Längen zweier Meßobjekte A und B, so kann durchaus sinnvoll gesagt werden: „A ist soundsoviel mal so lang, wie B", das dabei zum Ausdruck kommende Längenverhältnis zwischen den Meßwerten ist dasselbe für jede Längenskala, die verwendet wird.

Diese vier Skalentypen bilden eine hierarchische Ordnung, bei der mit ansteigendem Skalenniveau die Meßwerte zusehends aussagekräftiger werden: Die Nominalskala stellt das „niedrigste" Skalenniveau einer Messung dar, für jeden „höheren" Skalentyp sind jeweils auch solche Aussagen über Meßwerte sinnvoll, die bereits bei den darunterliegenden Skalenniveaus gemacht werden konnten. Der Blick auf die Menge der zulässigen Transformationen zeigt, daß diese bei der Nominalskala am größten ist und mit wachsendem Skalenniveau immer weiter eingeschränkt wird. Führt man diese Einschränkung weiter, so erhält man am oberen Ende der Hierarchie der Skalentypen die **Absolutskala**: Hier ist nur noch die sogenannte Identitätstransformation der Skalenwerte möglich, was nichts anderes bedeutet, als daß die Skalenwerte überhaupt nicht mehr transformiert werden können. Es existiert also bei einer solchen Messung nur eine einzige mögliche Skala – aufgrund der fortgeschrittenen Länge meiner Darstellung und der geringen praktischen Relevanz dieses Skalentyps gehe ich darauf nicht weiter ein.

Die Skalentypen werden noch unterteilt in **metrische vs nichtmetrische Skalen**: Als metrisch werden Skalen bezeichnet, bei denen Abstände zwischen den Meßwerten sinnvolle Größen sind. Also sind Nominal- und Ordinalskala nichtmetrische und alle höheren Skalentypen metrische Skalen. Diese Unterteilung ist gerade für die Statistik besonders relevant: Tatsächlich setzen – wie die folgenden Kapitel noch zeigen werden – viele der gängigen statistischen Operationen mindestens intervallskalierte Messungen, also metrisches Skalenniveau, voraus.

Ein in der Forschungspraxis immer wieder aufkommendes Problem meßtheoretischer Natur ist darum auch die Frage, ob bei einer Messung bereits Intervall-, oder lediglich Ordinalskalenniveau gegeben ist. Wie aber können derartige Fragen beantwortet werden? In der Meßtheorie wurden sogenannte Meßstrukturen entwickelt, diese bestehen im wesentlichen aus Systemen von Axiomen, in denen mögliche Eigenschaften der empirischen Relationen, die aufgrund der Ausprägungen des zu messenden Merkmals zwischen den Meßobjekten bestehen, mathematisch formal beschrieben sind. Erfüllen die empirischen Relationen die Axiome der jeweiligen Meßstruktur, dann kann mathematisch exakt bewiesen werden, daß das Merkmal überhaupt meßbar ist und daß es sich um eine Messung auf einem bestimmten

AXIOM = GRUNDSATZ

Skalenniveau handelt.[7] Praktisch aber wird dieser Beweis aus ökonomischen Gründen i.d.R. nicht geleistet: Es müßten sozusagen noch vor den Messungen eines Merkmals in empirischen Untersuchungen weitere empirische Untersuchungen angestellt werden, in denen überprüft wird, ob die empirischen Relationen zwischen den Meßobjekten bestimmte Axiome erfüllen. Unter Vermeidung dieses Aufwands werden normalerweise – wie auch in meinem Frustrations-Aggressions-Beispiel – die interessierenden Merkmale für eine Untersuchung aufgrund gewisser rationaler Überlegungen operationalisiert, und das Skalenniveau der aus dieser Operationalisierung resultierenden „Meßwerte" wird ebenfalls aufgrund rationaler Überlegungen eingeschätzt – dieses nennt man Messung per fiat, also „Messung im Vertrauen" darauf, daß es sich um eine Messung auf einem bestimmten Skalenniveau handelt. Gerade bei dieser Vorgehensweise aber ist die genaue Kenntnis der theoretischen Grundlagen der Skalenniveaus unbedingte Voraussetzung.

Mit dem in dieser Einleitung sehr knapp dargebotenen Rüstzeug kann nun der Einstieg in die Statistik gewagt werden. Dazu noch der Hinweis, daß ich im folgenden nicht nur, wie auch schon bisher, zur Hervorhebung wichtiger Begriffe und Themenschwerpunkte den Fettdruck verwende, sondern darüber hinaus noch unter den hervorgehobenen diejenigen, die mir ganz besonders wichtig erscheinen (eine eher subjektive Auswahl), durch kursiven Fettdruck kenntlich mache.

[7] Eine ausführliche und allgemeinverständliche Darstellung von alledem liefert Orth (1974).

2 Grundlegende statistische Operationen

In diesem Kapitel werden die einfachsten und fundamentalen statistischen Maße behandelt. Dabei bleibe ich ganz und gar im Rahmen der Deskriptivstatistik, d.h. (siehe Kapitel 1.1) es geht im folgenden um statistische Berechnungen, die dazu dienen, die aus einer empirischen Untersuchung resultierende Information in irgendeiner Art und Weise übersichtlich darzustellen oder zusammenzufassen. Grundlage deskriptivstatistischer Auswertungen sind die bei einer Stichprobe von Merkmalsträgern beobachteten Ausprägungen der untersuchten Merkmale.

Merkmale, die bei den Merkmalsträgern in mindestens zwei unterschiedlichen Ausprägungen vorkommen, werden als **Variablen** bezeichnet. Mit anderen Worten: Die Ausprägung eines solchen Merkmals *variiert* über die Merkmalsträger hinweg. Dagegen wird ein Merkmal, dessen Ausprägung über die Merkmalsträger nicht variiert bzw. invariant ist, als Konstante bezeichnet. Im Frustrations-Aggressions-Experiment (vgl. Abb. 1.1) gibt es also zwei Variablen: Zum einen die Frustration mit den beiden über die Versuchspersonen variierenden Ausprägungen „frustriert" bzw. „nicht frustriert" und zum anderen die Variable Aggressivität, deren verschiedene Ausprägungen sich aus der jeweiligen Anzahl „geohrfeigter Personen" ergeben.

Die Merkmalsausprägungen einer Variablen werden auch als *Realisationen* bezeichnet. Gegenstand statistischer Auswertungen, dies ist wieder eine banale Feststellung, sind stets Variablen bzw. deren Realisationen.

2.1 Empirische Häufigkeitsverteilungen

Augangspunkt aller folgenden statistischen Berechnungen sind Daten, die aus der Beobachtung einer gewissen Anzahl von Untersuchungsobjekten gewonnen wurden. In den Wissenschaften, an deren Studierende sich dieses Buch wendet, wird es sich dabei i.d.R. um Menschen handeln: Es wurde eine Stichprobe von Versuchspersonen untersucht, d.h. es wurden bei jeder einzelnen Versuchsperson die Ausprägungen interessierender Variablen festgestellt (beobachtet bzw. gemessen) und es geht nun darum, die Fülle der so erhaltenen Information irgendwie zu ordnen oder zu charakterisieren.

So wurden z.B. die Teilnehmer an der Übung „Statistik“, die von mir im Wintersemester 1996 am Psychologischen Institut der Universität Heidelberg durchgeführt wurde, gebeten, in eine umlaufende Liste jeweils ihre Körpergröße, ihr Gewicht, ihr Geschlecht und ihre Postleitzahl einzutragen. Auf diese Weise sollten einige „Spieldaten“ gewonnen werden, an denen dann manche statistische Berechnung exemplarisch vorgeführt werden konnte, und da – wie eingangs erwähnt – dieses Buch aus dieser Lehrveranstaltung hervorgegangen ist, werden diese Daten auch im folgenden zu diesem Zweck verwendet werden.

Die so erhobenen Daten lagen also zunächst in einer sogenannten **Urliste** vor: In der Urliste sind für jede untersuchte Person deren Ausprägungen in den untersuchten Variablen eingetragen. Eine erste Art der Zusammenfassung des Datenmaterials besteht darin, auszuzählen, wie häufig jede Merkmalsausprägung in der vorliegenden Stichprobe vorkommt, d.h. es werden die **absoluten Häufigkeiten** der Ausprägungen der Variablen in der Stichprobe ermittelt. Dieses ist in Tabelle 2.1 exemplarisch für die bei den Übungsteilnehmern erfragte Variable Körpergröße dargestellt: Die Werte der Spalte f (für „frequency“) geben an, wie oft die entsprechende Körpergröße (in Centimetern) angegeben wurde.

Aus den absoluten Häufigkeiten lassen sich die **relativen Häufigkeiten** der Merkmalsausprägungen in der Stichprobe dadurch errechnen, daß jeder absolute Häufigkeitswert durch den **Stichprobenumfang** n dividiert wird. n ist also die Anzahl der Merkmalsträger, die untersucht wurden. Sie ist auch die Summe aller absoluten Häufigkeiten der Stichprobe. Die Bezeichnung dieser Größe durch n entspricht einer Konvention, die in nahezu allen Statistikbüchern durchgehalten wird.

Die relativen Häufigkeiten sind in Tabelle 2.1 mit f_r bezeichnet und haben gegenüber den absoluten einen Vorteil: Auch ohne Kenntnis von n sagt ein solcher Wert etwas darüber aus, ob die entsprechende Merkmalsausprägung im Vergleich zu den anderen Merkmalsausprägungen „relativ“ oft oder selten in der Stichprobe vorkommt. Wenn wir z.B. nur die absolute Häufigkeit der Körpergröße 176cm kennen, dann wissen wir zwar, daß in der Stichprobe zwei Personen 176cm groß sind, jedoch noch nichts darüber, ob nun diese Größe besonders häufig auftrat, oder nicht. Dazu müssen wir noch wissen, daß insgesamt sechsundvierzig Personen untersucht wurden: Wir teilen die Häufigkeit 2 durch die Stichprobengröße 46 und erhalten so die relative

Größe	f	f_K	f_r	f_{rK}	$f_{\%}$	$f_{\%K}$
113	1	1	0.022	0.022	2.2	2.2
155	2	3	0.043	0.065	4.3	6.5
159	1	4	0.022	0.087	2.2	8.7
160	3	7	0.065	0.152	6.5	15.2
161	1	8	0.022	0.174	2.2	17.4
162	2	10	0.043	0.217	4.3	21.7
163	5	15	0.109	0.326	10.9	32.6
164	1	16	0.022	0.348	2.2	34.8
165	3	19	0.065	0.413	6.5	41.3
166	2	21	0.043	0.457	4.3	45.7
168	3	24	0.065	0.522	6.5	52.2
170	3	27	0.065	0.587	6.5	58.7
171	2	29	0.043	0.630	4.3	63.0
172	2	31	0.043	0.674	4.3	67.4
173	1	32	0.022	0.696	2.2	69.6
174	3	35	0.065	0.761	6.5	76.1
175	1	36	0.022	0.783	2.2	78.3
176	2	38	0.043	0.826	4.3	82.6
179	1	39	0.022	0.848	2.2	84.8
182	1	40	0.022	0.870	2.2	87.0
183	3	43	0.065	0.935	6.5	93.5
185	1	44	0.022	0.957	2.2	95.7
186	1	45	0.022	0.978	2.2	97.8
189	1	46	0.022	1.000	2.2	100.0

Tabelle 2.1: Empirische Häufigkeitsverteilung von Körpergrößen (Beispiel).

Häufigkeit 0.043.

Multipliziert man die relativen Häufigkeiten mit 100, so erhält man die allgemein bekannten **prozentualen Häufigkeiten**. Diese enthalten dieselbe Information wie die relativen Häufigkeiten, in Tabelle 2.1 sind sie mit $f_{\%}$ bezeichnet.

Zu den Häufigkeiten lassen sich jeweils noch sogenannte **kumulierte Häufigkeiten** dadurch berechnen, daß die Häufigkeitswerte sukzessive aufsummiert werden. In Tabelle 2.1 sind die kumulierten Häufigkeiten durch ein tiefgestelltes K gekennzeichnet. Die kumulierte Häufigkeit einer Merkmalsausprägung gibt darüber Auskunft, bei wievielen Merkmalsträgern dieser Wert oder ein kleinerer (eventuell auch größerer, je nach „Laufrichtung" der Kumulierung) gemessen wurde. Derartige Aussagen sind natürlich nur dann sinnvoll, wenn man es mit mindestens ordinalskalierten Werten der Merkmalsausprägungen zu tun hat, denn für nominalskalierte Werte ist, wie in 1.2 dargelegt wurde, eine Größer-Kleiner-Relation nicht bedeutsam.

Es wurden also bis jetzt die Häufigkeiten der verschiedenen Ausprägungen der Variable Körpergröße in der Stichprobe gezählt – mit anderen Worten: Es wurde die Verteilung dieser Häufigkeiten in der Stichprobe der Übungsteilnehmer bestimmt. Die beobachteten (absoluten, relativen oder prozentualen) Häufigkeiten der Ausprägungen einer Variablen in einer Stichprobe von Merkmalsträgern bilden eine sogenannte **empirische Häufigkeitsverteilung** und man könnte nun sagen: Die Deskriptivstatistik dient der Darstellung oder Beschreibung von empirischen Häufigkeitsverteilungen.

Im Kapitel 3 werden dann nicht-empirische, theoretische Verteilungen vorgestellt. Dabei handelt es sich nicht mehr um die Verteilung von (beobachteten) Häufigkeiten, sondern von (theoretischen) Wahrscheinlichkeiten der Merkmalsausprägungen.

2.2 Kennwerte empirischer Verteilungen

Liegt eine empirische Häufigkeitsverteilung irgendeiner Variablen in einer Stichprobe von Untersuchungseinheiten vor, dann interessieren für die weitere deskriptivstatistische Auswertung solche statistischen Maße, die die gesamte vorhandene Datenmenge gewissermaßen zusammenfassen bzw. diese Häufigkeitsverteilung „beschreiben". Man bezeichnet diese als **Kennwerte einer Verteilung.**

Wenn gesagt wurde, die Kennwerte beschreiben eine Verteilung, so meint das genauer: Sie enthalten eine für die jeweilige Verteilung charakteristische Information. Es gibt nun vier verschiedene Arten relevanter Information über eine Verteilung: Zentrale Tendenz, Dispersion, Schiefe und Exzeß. Dementsprechend lassen sich auch die statistischen Kennwerte zur Beschreibung einer Verteilung einteilen in: (1) Maße der zentralen Tendenz, (2) Dispersionsmaße, (3) Maße der Schiefe und (4) Maße des Exzeß.

2.2.1 Maße der zentralen Tendenz

Die Art der Information über eine Verteilung, die Maße der zentralen Tendenz beinhalten, läßt sich am einfachsten so darlegen: Gesucht wird ein Wert, der die ganze Meßwertreihe –

also die Gesamtheit aller Ausprägungen einer Variablen in einer Stichprobe – möglichst gut „repräsentiert“.

Man betrachte nun noch einmal die Daten aus Tabelle 2.1: Wenn ein Wert gesucht wird, der die Stichprobe möglichst gut repräsentiert, dann böte es sich zunächst an, aus dieser Häufigkeitsverteilung diejenige Körpergröße auszuwählen, die man bei irgendeinem Mitglied der Stichprobe mit größter Wahrscheinlichkeit antrifft. Wenn man z.B. die Körpergröße irgendeines zufällig ausgewählten Teilnehmers an der besagten Statistik-Übung „tippen“ müßte, wobei außer der Häufigkeitsverteilung der Körpergrößen aller Teilnehmer keinerlei weitere „größenrelevante“ Information über diesen einen Studenten vorläge, dann wäre es natürlich am sichersten, auf diejenige Größe zu tippen, die in der Stichprobe am häufigsten vorkommt: Die Wahrscheinlichkeit, auf diese Weise zufällig die richtige Größe zu treffen, wäre so am größten. Man könnte so also auf 163cm tippen.

Das auf diese Weise berechnete Maß der zentralen Tendenz ist der ***Modalwert*** oder ***Modus*** der Verteilung: *Jede Ausprägung einer Variablen, die in der Stichprobe am häufigsten vorkommt, heißt Modalwert oder Modus dieser Variablen in der Stichprobe.*

Der letzte Satz läßt die Möglichkeit offen, daß eine Häufigkeitsverteilung mehrere Modalwerte besitzt, nämlich dann, wenn es mehrere Merkmalsausprägungen gibt, die jeweils gleich häufig und am häufigsten in der Stichprobe vorkommen.

Eine andere Möglichkeit, einen Wert zu finden, der die Stichprobe am besten repräsentiert, besteht darin, die „Mitte“ der Stichprobe zu suchen – d.h. denjenigen Variablenwert, der die Häufigkeitsverteilung in eine „untere“ und eine „obere“ Hälfte teilt. Wenn man also alle Einträge in die Urliste – d.h. alle in der Stichprobe vorkommenden Variablenwerte – nach aufsteigender Merkmalsausprägung ordnet, dann fände man diesen Wert in der Mitte der Urliste.

Das so bestimmte Maß der zentralen Tendenz ist der ***Median***: Der Median der Verteilung einer Variablen ist derjenige Wert, der die Stichprobe in zwei Hälften teilt, so daß dieser Wert gleichviele kleinere Merkmalsausprägungen unter sich hat, wie größere über sich.

Die Bestimmung des Medians einer Stichprobe ist dann einfach, wenn die Stichprobengröße n eine ungerade Zahl ist (d.h. wenn die Stichprobe aus einer ungeraden Anzahl von Merkmalsträgern besteht), ist dagegen n eine gerade Zahl, so wird es etwas

	geordnete Werte								Median
A	2	3	5	6	9	10	11		**6**
B	2	3	5	6	9	10	11	12	**7.5**
C	2	3	6	6	6	10	11		**6**
D	2	3	5	6	6	10	11	12	**6**

Tabelle 2.2: Zahlenbeispiele zur Bestimmung des Medians.

komplizierter. Dieses sei zunächst an den einfachen Zahlenbeispielen der Tabelle 2.2 demonstriert: Dort stehen in jeder Zeile die nach ihrer Größe geordneten Werte irgendeiner Variablen in einer kleinen Stichprobe. Die Stichprobe A besteht aus 7 Mitgliedern, der Median ist einfach der Wert „in der Mitte“, also die 6 – in dieser Stichprobe liegen 3 Werte unter und 3 über der 6. Die Stichprobe B besteht aus 8 Mitgliedern, d.h. es gibt keinen Wert „in der Mitte“, sondern diese Mitte der Stichprobe liegt hier zwischen der 6 und der 9. Zur Bestimmung des Medians berechnet man darum die Mitte zwischen diesen beiden Werten: Man bildet die Summe $6+9=15$, teilt diese durch 2 und erhält so als Median 7.5. In dieser Vorgehensweise steckt eine gewisse Problematik, die später noch diskutiert wird. Die Stichproben C und D sollen lediglich zeigen, daß der Median auch dann in der dargestellten Weise bestimmt wird, wenn in der Mitte der Stichprobe ein Variablenwert mehrfach vorkommt.

Die *formale Definition* des Medians hängt also davon ab, ob die Stichprobengröße geradzahlig oder ungeradzahlig ist:

Es seien $x_{(1)} \leq x_{(2)} \leq \ldots \leq x_{(n)}$ die nach ihrer Größe geordneten Werte einer Variablen X in einer Stichprobe (d.h. $x_{(1)}$ ist der kleinste Wert, $x_{(2)}$ der zweitkleinste usw.), dann heißt

$$\mathtt{m} = \begin{cases} x_{(\frac{n+1}{2})} & \text{, falls } n \text{ ungerade ist} \\ \frac{1}{2}\left(x_{(\frac{n}{2})} + x_{(\frac{n}{2}+1)}\right) & \text{, falls } n \text{ gerade ist} \end{cases} \tag{2.1}$$

der Median der Variablen X in der Stichprobe.[8]

Zum Verständnis dieser Definition wende man sie auf die Stich-

[8] Die Benennung mit m entspricht keiner allgemeingültigen Konvention.

proben in Tabelle 2.2 an: Für A ist $n = 7$, also gilt nach (2.1):

$$\mathfrak{m} = x_{(\frac{7+1}{2})} = x_{(4)} = 6$$

d.h. der Median ist der „viertkleinste" Wert der Stichprobe A – nämlich der Wert 6. Die Anwendung von (2.1) auf Stichprobe B mit $n = 8$ sollte nun jeder Leser selbst nachvollziehen.

Der Median der Körpergrößen der in Tabelle 2.1 wiedergegebenen Häufigkeitsverteilung beträgt übrigens 168cm. Man kann ihn leicht anhand der kumulierten Prozentwerte $f_{\%K}$ finden: Er liegt bei dem Wert, mit dem die 50% überschritten werden.

In umfänglicheren Statistiklehrbüchern – z.B. Bortz (1993, Kap. 1.4.1), Hays (1994, Kap. 4.2) – wird nun normalerweise noch gezeigt, wie der Median dann berechnet wird, wenn lediglich nach Kategorien gruppierte Daten (Meßwertklassen) vorliegen. Dieses wäre z.B. dann der Fall, wenn anstatt der Häufigkeiten jeder Körpergröße, wie sie in Tabelle 2.1 angegeben sind, das Kontinuum der Körpergrößen in Kategorien wie $x < 150, 150 \leq x < 160, 160 \leq x < 170, \ldots$ unterteilt und nur Angaben darüber vorhanden wären, mit welcher Häufigkeit jede dieser Kategorien besetzt ist. Die Berechnung des Medians auf der Basis solcher Daten ist nicht ganz einfach und wird hier nicht weiter gezeigt – es handelt sich eher um ein Spezialproblem, zumal die praktische Berechnung von Medianwerten in heutiger Zeit normalerweise durch EDV-Programme geleistet wird.

Das wohl am häufigsten benutzte und bekannteste Maß der zentralen Tendenz ist das ***arithmetische Mittel*** (AM). Seine bekannte formale Definition lautet:

Es seien x_i $(i = 1, 2, \ldots, n)$ die Werte einer Variablen X in einer Stichprobe der Größe n, dann heißt

$$\bar{x} = \frac{\sum_{i=1}^{n} x_i}{n} \tag{2.2}$$

das arithmetische Mittel der Variablen X in dieser Stichprobe:

Das AM ist dasjenige Maß, das im alltäglichen Sprachgebrauch als „Mittelwert" oder „Durchschnitt" bezeichnet wird.[9]

---

[9]In eher mathematischen Darstellungen der Statistik werden i.A. alle Maße der zentralen Tendenz als „Mittelwerte" bezeichnet, während in sozialwissenschaftlichen Methodenlehrbüchern dieser Begriff meistens dem arithmetischen Mittel $\bar{x}$ – diese Benennung ent-

In der Formel (2.2) sind einige Elemente enthalten, die im folgenden immer wieder vorkommen werden. Leser, die keine Übung mit derartigen formalen Darstellungen haben, sollten sich deshalb unbebedingt vergewissern, daß sie diese Elemente verstanden haben! Dies betrifft v.a. den Summenoperator Σ, der im Anhang ausführlicher dargestellt wird. Die Bedeutung des Index i kann man so veranschaulichen: Angenommen, man habe die n Meßwerte der Stichprobe (in irgendeiner beliebigen Reihenfolge) durchnummeriert, dann steht i für die Nummer des jeweiligen Wertes. Folglich kann i nur ganzzahlige Werte von 1 bis n annehmen. Zur Übung könnte das AM der Körpergrößen in Tabelle 2.1 berechnet werden, dabei sollte das Ergebnis lauten: $\bar{x} = 168.37$.

Gleichung (2.2) gibt also in formaler Schreibweise lediglich die Vorschrift zur Berechnung von Mittelwerten wieder, die eigentlich als allgemein bekannt vorausgesetzt werden kann: Man bilde die Summe der Werte und teile sie durch die Anzahl der Summanden.

Wie der Median kann auch das AM dann berechnet werden, wenn lediglich nach Kategorien gruppierte Daten vorliegen, und wie beim Median übergehe ich diese Berechnung und verweise auf ausführlichere Statistiklehrbücher (z.B. Bortz 1993, Kap. 1.4.1; Hays 1994, Kap. 4.2).

Eine wichtige Eigenschaft des AM kann man ganz einfach aus der Gleichung (2.2) ableiten:

$$\sum_{i=1}^{n}(x_i - \bar{x}) = \sum_{i=1}^{n} x_i - n\bar{x} = \sum_{i=1}^{n} x_i - n\frac{\sum_{i=1}^{n} x_i}{n} = 0 \quad (2.3)$$

D.h. die Summe der Abweichungen - nicht zu verwechseln mit den Abweichungs*beträgen*, von denen gleich die Rede sein wird – aller Stichprobenwerte vom AM ergibt Null.

Eine weitere Eigenschaft des AM besteht darin, daß die Summe aller *quadrierten* Abweichungen der einzelnen Stichprobenwerte von $\bar{x}$ ein *Minimum* ergibt. D.h.: Berechnet man die Summe der quadrierten Abweichungen der x_i von irgendeinem anderen Wert, so ist diese stets größer. Hierin liegt ein feiner Unterschied

spricht übrigens der statistischen Konvention – vorbehalten bleibt. Ich schließe mich diesem geläufigeren Wortgebrauch an, jedoch bleibt zu beachten, daß es sich strenggenommen auch bei den anderen Maßen der zentralen Tendenz um „Mittelwerte" handelt.

zum Median, für den (im Falle intervallskalierter Werte) gilt, daß die Summe alle (unquadrierten) Abweichungs*beträge* von $\mathtt{m}$ ein Minimum ergibt.[10] Das folgende Zahlenbeispiel soll dieses verdeutlichen:

Meßwert	Abweichungen $\bar{x}$		Abweichungen $\mathtt{m}$	
x_i	$\lvert x_i - \bar{x}\rvert$	$(x_i - \bar{x})^2$	$\lvert x_i - \mathtt{m}\rvert$	$(x_i - \mathtt{m})^2$
1	3	9	4	16
2	2	4	3	9
5	1	1	0	0
6	2	4	1	1
6	2	4	1	1
$\mathtt{m} = 5$	Summe:	Summe:	Summe:	Summe:
$\bar{x} = 4$	10	22	9	27

Die Bedeutung dieser Eigenschaft für das AM läßt sich wie folgt verstehen: Ein Maß der zentralen Tendenz soll die Stichprobe möglichst gut repräsentieren – es liegt nahe, zu verlangen, daß ein solches Maß so liegen soll, daß die einzelnen Stichprobenwerte möglichst wenig von ihm abweichen. Dieses leistet der Median. Nun könnte man jedoch argumentieren, daß geringfügige Abweichungen von Meßwerten zum Maß der zentralen Tendenz nicht so sehr ins Gewicht fallen, wohingegen besonders große Abweichungen möglichst vermieden werden sollten. Letzterem Argument trägt das AM Rechnung: Durch die Quadrierung der Abweichungen fallen große Abweichungen viel stärker ins Gewicht, als kleine: Da $\bar{x}$ so gelegt ist, daß die Summe der quadrierten Abweichungen minimal wird, ist es derjenige Kennwert, bei dem sozusagen die „großen“ Abweichungen stärker bestraft werden, als geringfügige.

Darin kann allerdings auch ein Nachteil des AM gegenüber dem Median liegen, denn dieses bedeutet auch, daß das AM anfälliger gegen sogenannte Ausreißerwerte ist: Bei einer kleinen Stichprobe kann bereits ein einzelner Extremwert, der *sehr* weit von den übrigen Werten entfernt liegt, das AM so weit in Richtung dieses Wertes verschieben, daß der Median als Maß der zentralen Tendenz der Stichprobe besser geeignet ist. Dazu ein einfaches Zahlenbeispiel: Angenommen, in einer Stichprobe wurden die Meßwerte 2, 3, 4, 4, 5, 6, 9, 10 und 200 gemessen, dann ist $\mathtt{m} = 5$ und $\bar{x} = 27$ – das AM liegt hier, bedingt durch den Extremwert 200, weit außerhalb des Bereichs, in dem acht

[10]Herleitung der genannten Eigenschaften von $\bar{x}$ bzw. $\mathtt{m}$ z.B. bei Bosch (1994, S.23f/30).

von neun Werten der Stichprobe liegen.

Nachdem nun die wichtigsten Maße der zentralen Tendenz behandelt wurden, stellt sich die Frage, wann welches Maß zu verwenden ist. Hierbei ist zunächst das *Skalenniveau der Stichprobenwerte* zu berücksichtigen:

▷ Liegen *nominalskalierte Meßwerte* vor, so kann der *Modalwert* berechnet werden. So lag z.B. der Modalwert der Postleitzahlen der Teilnehmer an der besagten Statistik-Übung bei 69115, d.h. die meisten wohnten im Heidelberger Stadtteil Weststadt. Die Berechnung des Medians ist bei nominalskalierte Daten nicht sinnvoll: Sie setzt, wie gezeigt, voraus, daß die Stichprobenwerte nach ihrer Größe geordnet werden können – und eine solche Ordnungsrelation ist für Nominalskalen nicht bedeutsam. Erst recht ist die Berechnung des AM nominalskalierter Daten unsinnig – der Mittelwert der Postleitzahlen z.B. (er betrug 68440.52) kann nicht sinnvoll interpretiert werden.

▷ Liegen *ordinalskalierte Meßwerte* vor, so kann natürlich der Modalwert berechnet werden. Es kann nun aber auch der *Median* sinnvoll berechnet werden – die Meßwerte können jetzt der Größe nach geordnet werden. Die Berechnung des AM ist nach wie vor sinnlos, wie gleich noch dargelegt werden wird.

▷ Liegen *intervall- oder höherskalierte Meßwerte* vor – also *metrische Skalen* –, so können alle drei Maße der zentralen Tendenz, insbesondere nun auch das *arithmetische Mittel* berechnet werden.

Warum ist – wie soeben behauptet – bei ordinalskalierten Daten die Berechnung des AM sinnlos? Man erinnere sich daran, daß eine Ordinalskala durch jede monoton steigende Transformation in eine andere gleichwertige Ordinalskala überführbar ist (vgl. Kapitel 1.2). Ein Kennwert ist nur dann sinnvoll, wenn er bei allen zulässigen Transformationen der Skala in der Weise erhalten bleibt, daß die Transformation des Kennwertes auf den entsprechenden Kennwert der transformierten Skalenwerte fällt. Dazu ein kleines Zahlenbeispiel, das zeigen soll, daß dieses für $\bar{x}$ nicht der Fall sein muß. Dabei sollen die „Werte 1" die ordinalskalierten Meßwerte irgendeiner Variablen sein, so daß die „Werte 2" eine zulässige Transformation dieser Meßwerte in eine gleichwertige Ordinalskala darstellen:

Versuchsperson:	Ulf	Urs	Ute	Udo	Uwe	
Werte 1:	1	2	3	4	5	$\bar{x} = 3$
Werte 2:	0	3	4	5	13	$\bar{x} = 5$

Man sieht: Während mit den ursprünglichen Skalenwerten der Wert von Ute noch genau dem Mittelwert der Stichprobe entsprach, entspricht mit den transformierten Skalenwerten der Wert von Udo dem Stichprobenmittelwert, die Transformation des Mittelwerts der „Werte 1" fällt *nicht* auf den Mittelwert der transformierten „Werte 2".

Nun wird dem aufmerksamen Leser vielleicht aufgefallen sein, daß damit die in Gleichung (2.1) angegebene Berechnungsvorschrift für den Median eine gewisse Problematik enthält: Im Falle einer geraden Stichprobengröße n wird der Median durch Bildung des AM zwischen den beiden mittleren Werten bestimmt. Aus dem soeben Dargelegten folgt, daß dies genaugenommen nur dann sinnvoll ist, wenn es sich um metrisch skalierte Werte handelt. Tatsächlich ist in eher mathematischen Statistiklehrbüchern (z.B. Menges 1982, S.188) die Rede davon, daß der Median nur existiert, wenn n ungerade ist. Die Bestimmung des Medians bei geradem n nach (2.1) ist also gewissermaßen eine Behelfslösung.

Bei der Wahl eines Maßes der zentralen Tendenz stellt sich somit die Frage, welches Maß man angesichts des Skalenniveaus der Daten überhaupt benutzen kann. Stehen mehrere Maße zur Auswahl, so werden v.a. sachlogische Erwägungen den Ausschlag geben. Das bei weitem gebräuchlichste Maß der zentralen Tendenz ist, metrische Skalierung vorausgesetzt, das AM.

Weitere Maße der zentralen Tendenz, die allerdings kaum benutzt und hier nicht behandelt werden, sind: Das *geometrische Mittel* und das *harmonische Mittel*. Man kann sich darüber bei Bedarf in jedem umfänglicheren Nachschlagewerk zur Statistik informieren (z.B. Bortz 1993; Yaremko et al. 1982).

2.2.2 Dispersionsmaße

Dispersionsmaße liefern, ganz allgemein gesagt, Information über das Ausmaß, in dem sich die Werte einer Verteilung unterscheiden. Hat man nämlich eine Verteilung durch ein Maß der zentralen Tendenz charakterisiert, so weiß man noch nicht, wie „eng" oder wie „weit" sich die Stichprobenwerte um diese zentrale Tendenz herum versammeln.

Abbildung 2.1 soll veranschaulichen, worum es bei der Dispersion von Verteilungen geht: Dort sind zwei Häufigkeitsverteilungen irgendeiner Variablen X durch Balkendiagramme graphisch dargestellt – auf der horizontalen Achse sind die Merkmalsausprägungen von X angeordnet, die Höhe der jeweiligen Balken entspricht der Häufigkeit der Merkmalsausprägung in der Stichprobe. Beide Verteilungen haben dieselbe zentrale Tendenz (Modus, Median und AM liegen jeweils bei 6) und den gleichen Stichprobenumfang n (die Gesamtlänge aller Balken ist in beiden Diagrammen gleich), allerdings „streuen" ihre Werte in unterschiedlichem Ausmaß. Letzteres wird daran deutlich, daß die linke Verteilung in der graphischen Darstellung „schmaler" ist, als die rechte. In der linken Verteilung kommen nur wenige nebeneinanderliegende Variablenwerte – nämlich die Werte 5 bis 8 – überhaupt vor, d.h. die Mitglieder dieser Stichprobe unterscheiden sich im großen und ganzen in der Ausprägung von X untereinander nicht so sehr, auch weichen ihre jeweiligen Meßwerte kaum vom Mittelwert der Stichprobe ab. Anders in der rechten Verteilung: Hier sind mehrere und weiter auseinanderliegende Variablenwerte besetzt, hier gibt es insgesamt größere Unterschiede zwischen den Variablenwerten der einzelnen Merkmalsträger untereinander und zum Mittelwert der Stichprobe. Mit Dispersionsmaßen soll nun das für eine Verteilung charakteristische Ausmaß solcher Unterschiedlichkeit der Variablenwerte erfaßt werden.

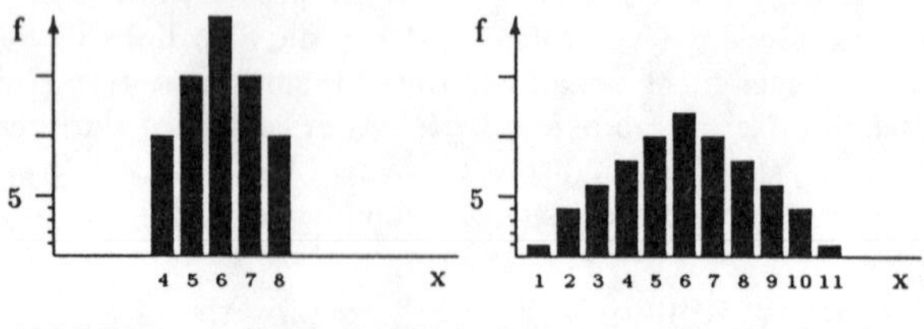

Abbildung 2.1: Unterschiedliche Dispersion von Häufigkeitsverteilungen (Beispiel).

Mit Bortz (1993, S.54) kann man die Information von Dispersionsmaßen auch so sehen: *„Während Maße der zentralen Tendenz angeben, wie sich die gesamte Verteilung am besten durch einen Wert repräsentieren läßt, geben die Dispersionsmaße darüber Auskunft, wie gut (oder schlecht) eine Verteilung durch ein zentrales Tendenzmaß repräsentiert werden kann."*

Eine einfache Art und Weise, die Unterschiedlichkeit der Stichprobenwerte zu charakterisieren, besteht darin, die Differenz zwischen Maximum und Minimum - d.h. zwischen dem größten und kleinsten Stichprobenwert - zu bilden: Das resultierende Maß wird als **„range“** bzw. **Variationsbreite** bezeichnet:

$$\text{range} = x_{max} - x_{min} \tag{2.4}$$

(x_{max} = Maximum, x_{min} = Mimimum).

Der Range ist nur ein sehr grobes Maß, da er das Ausmaß der Unterschiedlichkeit der Werte in der Verteilung bei Auftreten eines Extremwerts (Ausreißers) überschätzt! Als Beispiel können hier wieder die Daten der Tabelle 2.1 betrachtet werden: Der Range der Körpergrößen beträgt dort 76cm - ein Ausreißer ist dabei der niedrigste Wert von 113cm, alle übrigen Werte liegen innerhalb eines Range von nur noch 34cm.

Der genannte Nachteil des Range könnte vermieden werden, wenn stattdessen nur die Streubreite der mittleren 80% oder gar nur der mittleren 50% der Fälle berechnet wird: Diese Maße werden als **Interdezilbereich** bzw. als **Interquartilbereich** bezeichnet.

Zur Berechnung des Interdezilbereichs müssen das 9. (obere) und das 1. (untere) Dezil der Verteilung gefunden werden: Die neun Dezile einer Verteilung sind diejenigen Werte, durch welche die nach aufsteigender Ausprägung angeordneten Variablenwerte in zehn gleichgroße Teile geteilt werden. Ein solches Dezil wurde bereits behandelt: Der Median ist das 5. Dezil der Verteilung, durch das die unteren 50% von den oberen 50% der Werte abgetrennt werden, entsprechend ist das 1. Dezil der Wert, der die unteren 10% von den oberen 90% teilt, das 2. Dezil der Wert, der die unteren 20% von den oberen 80% trennt usw. - die Bestimmung der Dezilwerte erfolgt also analog zur Bestimmung des Medians. Somit ist der Interdezilbereich die Differenz zwischen dem 9. und dem 1. Dezil der Verteilung.

Der Interquartilbereich wird entsprechend als Differenz zwischen dem 3. und dem 1. Quartil der Verteilung berechnet. Das 1. Quartil ist der Wert, der die unteren 25% der Verteilung von den oberen 75 % trennt, das 2. Quartil ist wieder der Median und das 3. Quartil der Wert, der die oberen 25% der Verteilung vom Rest abteilt.

Bei der Häufigkeitsverteilung der Tabelle 2.1 errechnet man

als Interdezilbereich 183 – 160 = 23 und als Interquartilbereich 174 – 163 = 11 .

Insgesamt sind Streubreiten als Dispersionsmaße eher unbefriedigend, da sie u.a. nur unzureichend darüber Auskunft geben, wie gut der Mittelwert eine Verteilung repräsentiert: Es ist z.B. bei einigen sehr extremen Ausreißerwerten sogar möglich, daß $\bar{x}$ außerhalb des Interquartilbereiches oder Interdezilbereiches liegt! Interessanter sind deshalb Dispersionsmaße, die direkt auf den Abständen der einzelnen Stichprobenwerte vom Mittelwert aufbauen.

Ein solches Maß wäre zunächst einmal die sogenannte **AD-Streuung** („average deviation") oder **mittlere absolute Abweichung**:

$$\bar{d} = \frac{\sum_{i=1}^{n} |x_i - \bar{x}|}{n} \tag{2.5}$$

Es handelt sich also einfach um den Durchschnitt der absoluten Abweichungen der einzelnen Stichprobenwerte vom AM.[11]

Wesentlich gebräuchlicher als die mittlere absolute Abweichung ist die ***Varianz***:

$$s^2 = \frac{\sum_{i=1}^{n} (x_i - \bar{x})^2}{n} \tag{2.6}$$

Die Varianz einer Variablen in einer Stichprobe ist der Durchschnitt der *quadrierten* Abweichungen der Stichprobenwerte von ihrem AM.

Die Varianz unterscheidet sich von der AD-Streuung darin, daß durch die Quadrierung der Abweichungen vom Mittelwert größere Abweichungen stärker ins Gewicht fallen, während kleinere Abweichungen weniger zur Varianz beitragen. Da das AM, wie in Kapitel 2.2.1 bereits dargelegt, dasjenige Maß der zentralen Tendenz mit der minimalen Summe quadrierter Abweichungen ist, ist damit auch die Varianz aussagekräftiger hinsichtlich der Frage, wie gut ein AM die Stichprobe repräsentiert.

Die Varianz hat einen praktischen Nachteil: Durch die Quadrierung der Abstände zum Mittelwert liegt diesem Kennwert

[11] Während die Benennung der AD-Streuung mit $\bar{d}$ keiner allgemeingültigen Konvention entspricht, ist dieses für die folgenden Benennungen der Stichprobenvarianz mit s^2 bzw. der Standardabweichung mit s der Fall.

x_i		$\lvert x_i - \bar{x} \rvert$	$(x_i - \bar{x})^2$		
1		3	9		
2		2	4		
5		1	1		
6		2	4		
6	$\rightarrow$	2	4		
$\sum = 20$		$\sum = 10$	$\sum = 22$		
$\downarrow$		$\downarrow$	$\downarrow$		
$\bar{x} = 4$		$\bar{d} = 2$	$s^2 = 4.4$	$\rightarrow$	$s = \sqrt{4.4} = 2.097$

Abbildung 2.2: Rechenbeispiel zur Bestimung von AD-Streuung, Varianz und Standardabweichung.

auch das Quadrat der urspünglichen Einheit der Meßwerte zugrunde. Z.B. beträgt die Varianz der Körpergöße in der Stichprobe der Übungsteilnehmer 141, die Einheit dieser Größe wäre cm^2! Der Varianzwert wird so mit Blick auf die einzelnen Meßwerte schwer interpretierbar. Deshalb empfiehlt es sich, die Quadrierung der Einheiten wieder rückgängig zu machen, indem man die Quadratwurzel aus der Varianz zieht: Dieses Maß heißt ***Standardabweichung***:

$$s = \sqrt{\frac{\sum_{i=1}^{n} (x_i - \bar{x})^2}{n}} \tag{2.7}$$

Die Berechnung der behandelten Dispersionsmaße anhand der Formeln (2.5), (2.6) und (2.7) sollte jetzt, nachdem sich jeder Leser mit der Bedeutung des Summenoperators Σ vertraut gemacht hat, keine Schwierigkeit mehr bereiten. In Abbildung 2.2 ist zur Überprüfung des eigenen Verständnisses ein einfaches Rechenbeispiel dargestellt.

AD-Streuung, Varianz und Standardabweichung setzen mindestens *intervallskalierte Stichprobenwerte* voraus: Sie beruhen jeweils auf der Berechnung irgendwelcher Abstände zwischen Meßwerten, die auf niedrigeren Skalenniveaus keine bedeutsamen numerischen Größen wären.

Die wichtigsten, in der empiriewissenschaftlichen Praxis fast ausschließlich benutzten Dispersionsmaße sind Varianz und Standardabweichung.

2.2.3 Weitere Kennwerte

Mittelwert und Varianz können zum mathematischen Konzept der **Momente einer Verteilung** verallgemeinert werden, welches hier allerdings nur kurz erwähnt werden soll.

Die Definition des *v-ten gewöhnlichen Moments* (ungewogen) lautet:

$$m_v = \frac{\sum_{i=1}^{n} x_i^v}{n} \tag{2.8}$$

Die Definition des *v-ten zentralen Moments* (ungewogen) lautet:

$$z_v = \frac{\sum_{i=1}^{n} (x_i - m_1)^v}{n} \tag{2.9}$$

Wie man aus den Formeln direkt ersehen kann, entspricht das AM dem ersten gewöhnlichen Moment m_1, während die Varianz dem zweiten zentralen Moment z_2 entspricht (zur Verständniskontrolle: $z_1 = 0$ – vgl. Gleichung (2.3)). Vereinfachend kann man sagen: In den ersten vier Momenten einer Verteilung sind die eingangs angesprochenen vier Arten der Information über eine Verteilung enthalten. Dieses findet in *Redeweisen* seinen Niederschlag, wonach die zentrale Tendenz einfach als das 1. Moment, die Dispersion als das 2. Moment, die Schiefe als das 3. Moment und der Exzeß als das 4. Moment bezeichnet werden – und nur zum Verständnis dieser Redeweisen wurden die Momente der Verteilung hier erwähnt, eine vertiefende Behandlung würde allerdings einen mathematischen Rahmen erfordern, der in diesem Buch vermieden werden soll.

Abbildung 2.3 soll veranschaulichen, was mit der **Schiefe** (englisch: skewness) einer Verteilung gemeint ist. Es sind drei Häufigkeitsverteilungen irgendeiner Variablen X durch Polygonzüge graphisch dargestellt: Auf der Horizontalachse des Koordinatensystems sind wieder die verschiedenen Werte von X aufgetragen, entlang der Vertikalachse die Häufigkeiten. Ein Punkt in der Abbildung zeigt also die Häufigkeit des dazugehörigen X-Werts an, welche dem Abstand des Punktes von der X-Achse entspricht – diese Punkte sind dann, zur Verdeutlichung der „Gestalt" der Verteilung, durch Linien verbunden. Man sieht so: Während Verteilung a (durchgezogene Linie) eine symmetrische Form hat, sind die Verteilungen b (gestrichelte Linie) und

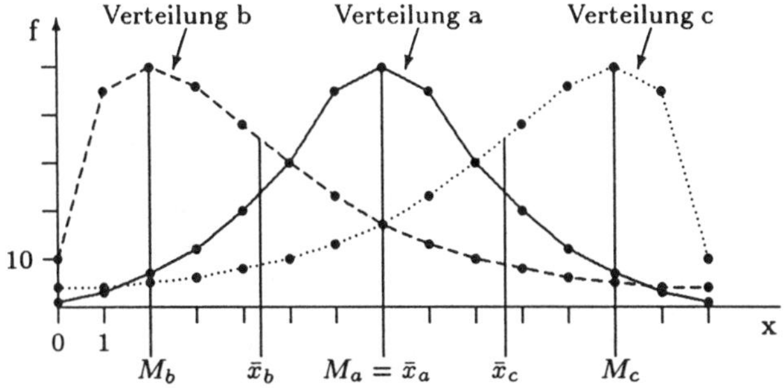

Abbildung 2.3: Unterschiedliche Schiefe von Häufigkeitsverteilungen (Beispiel).

c (gepunktete Linie) tatsächlich „schief". Diese Schiefe läßt sich jeweils besonders anschaulich durch das Verhältnis von Modalwert (M_a, M_b und M_c) und AM der jeweiligen Verteilung charakterisieren:

▷ In Verteilung a ist $M_a = \bar{x}_a$: Fallen Modus und AM zusammen, so handelt es sich um eine *symmetrische* Verteilung.

▷ In Verteilung b ist $M_b < \bar{x}_b$: Ist der Modus kleiner als das AM, so handelt es sich um eine *rechtsschiefe* bzw. *linkssteile* Verteilung.

▷ In Verteilung c ist $M_c > \bar{x}_c$: Ist der Modus größer als das AM, so handelt es sich um eine *linksschiefe* bzw. *rechtssteile* Verteilung.

Es existieren verschiedene Schiefemaße, von denen ich zwei behandle:

1. Anschaulich ist das **Pearsonsche Schiefemaß**, da es auf dem gezeigten Verhältnis von Mittelwert und Modalwert beruht:

$$S_p = \frac{\bar{x} - M}{s} \qquad (2.10)$$

2. Genauer charakterisiert das **Bowley-Fishersche Schiefemaß** die Schiefe einer Verteilung, es beruht auf dem 3. zentralen Moment der Verteilung:

$$S_b = \frac{z_3}{s^3} \qquad (2.11)$$

Beide Schiefemaße[12] ergeben einen negativen Wert bei Linksschiefe (Rechtssteilheit) und eine positive Schiefe bei Rechtsschiefe (Linkssteilheit). Verteilungen mit Schiefe Null sind symmetrisch.

Eine letzte Information über eine Verteilung, die nach zentraler Tendenz, Dispersion und Schiefe noch von Interesse sein könnte, ist die über deren **Exzeß** oder **Wölbung** (in englischsprachigen Darstellungen: kurtosis). Der Exzeß findet in der empirischen Forschungspraxis nur selten Berücksichtigung, weshalb er auch hier nur knapp behandelt wird. Zeigt die Form von Verteilungen in graphischen Darstellungen wie in den Abbildungen 2.1 und 2.3 einen „Gipfel" - beim Modalwert - auf, so bedeutet der Exzeß die Information darüber, wie steil dieser Gipfel ansteigt. Eine Verteilung mit hohem Exzeß ist also eine solche mit einem schmalen, steilen Gipfel, ein Maß dafür ist der **Wölbungskoeffizient**, dem das 4. zentrale Moment der Verteilung zugrundeliegt:

$$E = \frac{z_4}{s^4} - 3 \qquad (2.12)$$

Dieser Wölbungskoeffizient ist so konstruiert, daß die (im Kapitel 3.4.1) noch zu behandelnde Normalverteilung einen $E = 0$ hat, Verteilungen mit $E < 0$ sind also flacher gewölbt bzw. breitgipfliger, solche mit $E > 0$ sind steiler gewölbt bzw. schmalgipfliger, als diese Normalverteilung.

Damit kann die Behandlung der wichtigsten Kennwerte empirischer Häufigkeitsverteilungen abgeschlossen werden. Selbstverständlich setzen auch die zuletzt behandelten Maße für Schiefe und Exzeß wieder metrisch skalierte Stichprobenwerte voraus.

2.3 Standardisierung von Meßwerten

Sind (arithmetischer) Mittelwert und Standardabweichung einer Stichprobe berechnet, so kann man die Stichprobenwerte *standardisieren*. Die folgenden Überlegungen sollen das Ziel der Standardisierung veranschaulichen.

Wenn man einen einzelnen Meßwert eines Merkmalsträgers kennt, dann ist dieser Meßwert „für sich" genommen kaum besonders aufschlußreich: Weiß ich z.B. von einem Teilnehmer A an

[12] Die Benennungen der Schiefemaße mit S_p und S_b und des Exzeßmaßes in Gleichung (2.12) mit E entsprechen keiner allgemeingültigen Konvention.

meiner Statistik-Übung, daß seine Körpergröße 186cm betrug, so weiß ich *allein damit* noch nicht, ob er einer der eher großgewachsenen Teilnehmer der Übung war, oder ein eher durchschnittlich großer oder gar ein relativ kleiner. Um dieses einschätzen zu können muß ich natürlich die Verteilung der Größen bei den Übungsteilnehmern, wie sie in Tabelle 2.1 wiedergegeben wurde, kennen: Wenn ich weiß, daß die Durchschnittsgröße 168.37cm betrug, dann ist damit klar, daß A überdurchschnittlich groß war. Wenn ich darüber hinaus noch weiß, daß die Standardabweichung in dieser Stichprobe $s = 11.87$ betrug, dann weiß ich auch, daß A ca. $1.5s$ über dem Mittelwert lag, – was mir, bei einiger Erfahrung mit empirischen Verteilungen, schon „ziemlich weit weg" erscheint, so daß ich nun sagen kann, daß es sich bei A um einen der längsten Teilnehmer meiner Übung handelte. Nun kenne ich auch noch die Körpergröße von B, der nicht in meiner Statistik-Übung teilgenommen hat, sondern an der parallel laufenden Lehrveranstaltung eines Kollegen, und auch B ist 186cm groß: Ich kann nicht einfach von A auf B schließen, daß auch letzterer im Kreise seiner Übungsteilnehmer einer der besonders großgewachsenen gewesen sein muß. Wenn ich z.B. wüßte, daß die Durchschnittsgröße der Teilnehmer an jener Parallelveranstaltung 179cm betrug und die Standardabweichung dort bei $s = 14$ lag, dann bedeutet das, daß B nur $0.5s$ über dem Mittelwert seiner Gruppe lag und also *dort* kein besonders großer Teilnehmer war.

Es wurde soeben nach der „relativen Position" eines Meßwertes einer Person in einer Stichprobe gefragt: Zeigt ein Variablenwert eine relativ hohe oder niedrige oder eher durchschnittliche Merkmalsausprägung an? Es geht bei der Frage also darum, den einzelnen Variablenwert anhand der Gesamtheit aller Werte einer Bezugsgruppe – dies ist hier eine Stichprobe von Merkmalsträgern – zu relativieren.

Das, was im obigen Beispiel bereits implizit gemacht wurde, um zu einer solchen Relativierung zu gelangen, entspricht genau dem, was bei der Standardisierung von Variablenwerten geschieht: Die Werte werden in eine neue Skala transformiert, deren Skaleneinheit die Standardabweichung dieser Werte von ihrem Mittelwert ist. Im Beispiel lag die Körpergröße einer Person B $0.5s$ über ihrem Stichprobenmittelwert, der standardisierte Wert der Körpergröße von B betrüge somit 0.5. Beträgt umgekehrt der standardisierte Körpergrößenwert einer Person z.B. -1.3, so bedeutet das, daß die Körpergröße dieser Person genau um 1.3s kleiner ist, als der Stichprobenmittelwert.

Die Berechnung von standardisierten Werten wird als ***z-Transformation*** bezeichnet, die Formel lautet:

$$z_i = \frac{x_i - \bar{x}}{s} \tag{2.13}$$

Diese Formel ist leicht zu verstehen: Es wird zunächst der Abstand zwischen dem Variablenwert x_i und dem Mittelwert berechnet (im Zähler) und dieser Abstand dann an der Streuung der Stichprobe dadurch relativiert, daß durch die Standardabweichung geteilt wird. Die Standardwerte werden auch oft als **z-Werte** bezeichnet, die Benennung der standardisierten Werte mit z_i ist hier also eine bindende Konvention.

Die Einheit der z-Werte-Skala entspricht, wie bereits gesagt, der Standardabweichung vom Mittelwert der unstandardisierten Werte. Die folgende Betrachtung dreier spezieller Fälle soll dieses nocheinmal verdeutlichen:

▷ Angenommen, ein Meßwert läge genau eine Standardabweichung über dem AM, d.h. $x_i = \bar{x} + s$, dann resultiert als z-Wert:

$$z_i = \frac{(\bar{x} + s) - \bar{x}}{s} = \frac{s}{s} = 1$$

▷ Angenommen, ein Meßwert läge genau auf dem AM, d.h. $x_i = \bar{x}$, dann resultiert als z-Wert:

$$z_i = \frac{\bar{x} - \bar{x}}{s} = 0$$

▷ Angenommen, ein Meßwert läge genau eine Standardabweichung unter dem AM, d.h. $x_i = \bar{x} - s$, dann resultiert als z-Wert:

$$z_i = \frac{(\bar{x} - s) - \bar{x}}{s} = \frac{-s}{s} = -1$$

Die Betrachtung dieser Fälle sollte auch das folgende gezeigt haben: Wurden alle Werte einer Verteilung in z-Werte transformiert, so resultiert wiederum eine Verteilung von z-Werten, diese hat das AM $\bar{z} = 0$ und die Standardabweichung bzw. Varianz $s_z = s_z^2 = 1$. Dieses gilt völlig unabhängig davon, aus welchem numerischen Zahlenbereich die ursprünglichen Meßwerte stammen bzw. welche zentrale Tendenz und Dispersion diese Werte besitzen. Dadurch könnten sogar die sprichwörtlichen Äpfel und Birnen miteinander verglichen werden: Z.B. könnte das Alter von A mit seiner Größe daraufhin verglichen werden, ob A auch hinsichtlich des Alters eine ähnliche Position „im oberen Teilnehmerfeld" einnimmt, wie hinsichtlich der Größe – wäre dies der Fall, so müßte A, dessen z-Wert der Körpergröße ca. 1.5 beträgt, auch einen ähnlichen z-Wert des Alters aufweisen (tatsächlich war A 21 Jahre alt, was einem z-Wert von ca. -0.4 entsprach).

Für die Statistik sind standardisierte Werte von allergrößter Bedeutung, dieses sollte in nachfolgenden Kapiteln noch deutlich werden.

2.4 Maße der Assoziation

Bei den in Kapitel 2.2 behandelten statistischen Operationen ging es darum, die Häufigkeitsverteilung eines Merkmals in einer Stichprobe zu beschreiben. Nun soll es darum gehen, zwei Häufigkeitsverteilungen „zusammen" zu betrachten: Nämlich die Verteilungen von zwei verschiedenen Merkmalen in ein und derselben Stichprobe von Merkmalsträgern. D.h. es wird gefragt, wie diese beiden Merkmale in der Stichprobe zusammenhängen. Man könnte z.B. fragen, ob bei den Teilnehmern meiner besagten Statistik-Übung die Körpergröße mit dem Lebensalter zusammenhängt und wie „eng" dieser Zusammenhang ist.

Die Antwort auf derartige Fragen liefern Assoziations- oder Zusammenhangsmaße. Es soll hier zunächst der Fall (mindestens) intervallskalierter Messungen der Merkmalsausprägungen in beiden zu analysierenden Variablen behandelt werden.

In der statistischen Theorie werden die Zusammenhangsmaße im Rahmen der Analyse sogenannter **bivariater** oder **zweidimensionaler Häufigkeitsverteilungen** behandelt. Grundlage der bisher behandelten statistischen Kennwerte war – wie gezeigt – die Häufigkeitsverteilung *einer* Variablen in einer Stichprobe: Insofern handelte es sich also um eine *uni*variate oder *ein*dimensionale Häufigkeitsverteilung. Die bivariate Häufigkeitsverteilung ist nun nicht mehr die Verteilung der Häufigkeiten der Merkmalsausprägungen einer Variablen in der Stichprobe, sondern die Verteilung der Häufigkeiten der Kombinationen von Merkmalsausprägungen zweier Variablen.

Dazu ein Zahlenbeispiel: Gegeben zwei Variablen X und Y, die jeweils die Ausprägungen 1,2,3,4 annehmen können, dann könnte eine entsprechende bivariate Häufigkeitsverteilung in einer Stichprobe so aussehen:

		$x_i =$				
		1	2	3	4	
$y_i =$	1	1	1	2	1	5
	2	3	4	3	2	12
	3	2	2	5	1	10
	4	1	2	1	2	6
		7	9	11	6	33

In den Zellen dieser Matrix stehen die Häufigkeiten, mit denen die jeweilige Kombination (x_i, y_i) in der Stichprobe vorkommt. Die „Randsummen" geben zeilenweise (letzte Spalte) die Häufigkeiten der verschiedenen y_i und spaltenweise (letzte Zeile) die Häufigkeiten der verschiedenen x_i wieder, sie summieren sich jeweils zur Stichprobengröße $n = 33$.

Man kann nun den Zusammenhang zweier Variablen in einer Stichprobe graphisch durch ein Koordinatensystem darstellen, auf dessen Achsen die Ausprägungen in jeweils einem Merkmal abgebildet sind: Die Mitglieder der Stichprobe „liegen" dann als Punkte in diesem zweidimensionalen Raum. Ein Beispiel dafür gibt Abbildung 2.4, in der die bivariate Verteilung der Variablen Alter und Körpergröße bei den Teilnehmern meiner Statistik-Übung dargestellt ist.

Wenn nun vom Zusammenhang zweier Merkmale die Rede ist, so ist zu fragen, welcher Art dieser Zusammenhang sein soll. Ein Satz wie „Intelligenz hängt mit Kreativität zusammen" drückt wohl nach umgangssprachlichem Vorverständnis das folgende aus: Je intelligenter eine Person, desto kreativer ist sie. Ein Zusammenhang dieser Art bestünde in idealtypischer Weise als vollständiger und positiver **linearer Zusammenhang** zwischen den beiden Variablen. Für die graphische Darstellung im Koordinatenkreuz bedeutet ein solcher Zusammenhang, daß alle Punkte auf einer aufsteigenden Geraden liegen, dieser Fall ist im Beispiel A in Abbildung 2.5 dargestellt.

Die funktionale Form einer Geraden in einem X-Y-Koordinatensystem lautet bekanntlich:

$$y_i = ax_i + b \tag{2.14}$$

Formel (2.14) gehört zu jenen schulmathematischen Vorkenntnissen, die hier vorausgesetzt werden müssen – zur Erinnerung:

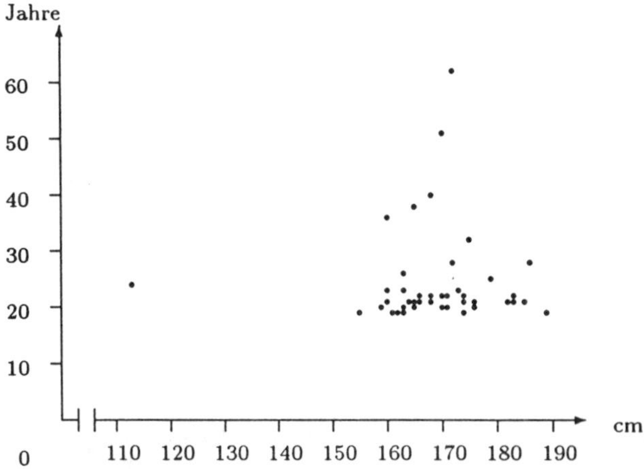

Abbildung 2.4: Bivariate Häufigkeitsverteilung Körpergröße × Alter (Beispiel).

Die Konstante b gibt an, wo die Gerade, auf der die Punkte liegen, die Y-Achse schneidet, a gibt die Steigung der Geraden an.

„Linear" ist ein Zusammenhang also dann, wenn er graphisch durch eine Gerade dargestellt werden kann, und ein vollständig linearer Zusammenhang besteht zwischen zwei Variablen dann, wenn sich die Merkmalsausprägungen x_i auf der einen Variablen X nach Formel (2.14) in die Merkmalsausprägungen y_i der anderen Variablen Y überführen lassen. Diese Gleichung bildet die Grundlage für das Modell der linearen Regressionsanalyse, welche später noch behandelt werden wird (vgl. Kap. 6.1).

Ein vollständig linearer Zusammenhang zwischen zwei Variablen wird bei empirischen Erhebungen i.allg. nicht vorkommen: Psychologische Merkmale – wie z.B. Kreativität und Intelligenz – hängen normalerweise nicht völlig voneinander und von sonst nichts weiter ab, sondern eben immer nur in einem gewissen Ausmaß. Wenn nun also ein *„hoher"* positiv linearer Zusammenhang zwischen Intelligenz und Kreativität bestünde, dann würden in einer entsprechenden graphischen Darstellung nicht

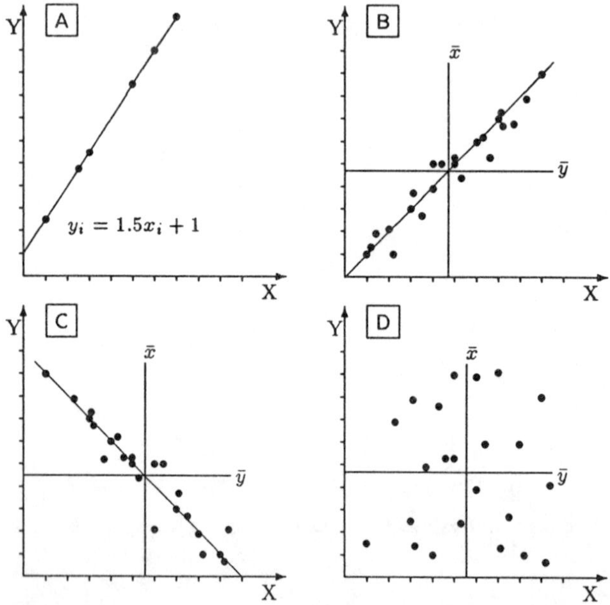

Abbildung 2.5: Verschiedene Formen des linearen Zusammenhangs (Beispiele).

alle Punkte exakt auf einer Linie liegen, sondern sie würden eine länglich ovale Punktewolke von links unten nach rechts oben bilden: Dieses zeigt das Beispiel B in Abbildung 2.5. Es gehen hier mit großer Wahrscheinlichkeit hohe Merkmalsausprägungen auf X mit hohen Ausprägungen auf Y, mittlere X- mit mittleren Y-Ausprägungen und niedrige X- mit niedrigen Y-Ausprägungen einher. Dort ist auch eine Gerade eingezeichnet, der sich die Punktewolke gewissermaßen annähert: Der lineare Zusammenhang zwischen den Variablen X und Y ist umso enger, je enger diese Annäherung ist, und man könnte sagen, daß der Zusammenhang durch diese Gerade – bzw. ihre funktionale Form gemäß Gleichung (2.14) – beschrieben werden kann.

Der positiv lineare Zusammenhang ist aber nur eine mögliche Form eines Zusammenhangs zwischen zwei Merkmalen. Das Beispiel C in Abbildung 2.5 zeigt einen negativ linearen Zusammenhang, bei dem im großen und ganzen gilt: Je größer x_i, desto kleiner y_i. Das Beispiel D schließlich zeigt eine bivariate Verteilung ohne Zusammenhang, die Punktewolke nähert sich weder einer Geraden, noch sonst irgendeiner Form eines funktionalen Zusammenhangs an.

Außer linearen Zusammenhängen, die durch Geraden dargestellt werden können, sind auch nichtlineare Zusammenhänge zwischen zwei Variablen möglich, z.B. exponentielle Zusammenhänge. In diesem Falle nähert sich die Punktewolke der graphischen Darstellung der Kurve einer Exponentialfunktion an bzw. kann der Zusammenhang zwischen den Merkmalen durch eine solche Exponentialfunktion beschrieben werden.

Die nachfolgend vorgestellten und in der empirischen Forschung immer wieder verwendeten Assoziationsmaße für intervallskalierte Variablen sind nun **Maße des linearen Zusammenhangs.** Durch sie soll also ausgedrückt werden, wie eng ein solcher linearer Zusammenhang zwischen zwei Variablen ist – bildlich gesprochen: Wie eng die Annäherung der Punktewolke im Koordinatensytem an eine Gerade ist.

Ein solches Maß für den linearen Zusammenhang zweier Variablen ist die ***Kovarianz***. Die Kovarianz zwischen den Variablen X und Y in einer bivariaten Häufigkeitsverteilung beträgt:

$$s_{xy} = \frac{\sum_{i=1}^{n}(x_i - \bar{x})(y_i - \bar{y})}{n} \qquad (2.15)$$

Vergleicht man diese Formel[13] mit der Varianzformel (2.6), so erkennt man, daß beide Konzepte verwandt sind: Ersetzt man in (2.15) $(y_i - \bar{y})$ durch $(x_i - \bar{x})$, dann erhält man die Varianz des Merkmals X. Etwas unmathematisch könnte man diesen Zusammenhang so beschreiben: Die Kovarianz drückt sozusagen das Ausmaß aus, in dem zwei Variablen „gemeinsam variieren", d.h. in dem die Unterschiedlichkeit der einen Meßwertreihe mit der der anderen einhergeht.

Die Bedeutung von Kovarianzwerten läßt sich anhand der Abbildung 2.5 veranschaulichen. Dort ist in den Beispielen B, C und D jeweils der Mittelwert $\bar{x}$ als senkrechte und der Mittelwert $\bar{y}$ als waagerechte Linie eingezeichnet – durch diese Mittelwertslinien wird der Punkteschwarm in vier Quadranten unterteilt, welche nun genauer betrachtet werden sollen:

---

[13]Die Benennung mit s_{xy} entspricht einer verbreiteten Konvention.

▷ Besteht ein hoher positiv linearer Zusammenhang (Beispiel B), dann liegen die meisten Punkte in den Quadranten oben rechts und unten links. Im oberen rechten Quadranten liegen alle Fälle, bei denen der Wert x_i über dem AM $\bar{x}$ *und* der Wert y_i über $\bar{y}$ liegt, d.h. $x_i - \bar{x} > 0$ und $y_i - \bar{y} > 0$ und damit wird auch in allen diesen Fällen das Produkt $(x_i - \bar{x})(y_i - \bar{y})$ positiv. Entsprechend liegen im unteren linken Quadranten alle die Fälle, bei denen $x_i - \bar{x} < 0$ und $y_i - \bar{y} < 0$, d.h. auch bei diesen Fällen wird $(x_i - \bar{x})(y_i - \bar{y})$ positiv. Damit aber gehen in die Summe $\sum_{i=1}^{n}(x_i - \bar{x})(y_i - \bar{y})$ sehr viele positive Summanden ein, d.h. – vgl. Gleichung (2.15) – es resultiert eine hoher positiver Kovarianzwert.

▷ Besteht ein hoher negativ linearer Zusammenhang (Beispiel C), dann liegen die meisten Punkte im Quadranten oben links und unten rechts. In diesen Quadranten aber liegen – wie nach der vorherigen Überlegung einsehbar sein sollte – alle die Fälle, bei denen das Produkt $(x_i - \bar{x})(y_i - \bar{y})$ negativ wird d.h., es resultiert hier ein hoher negativer Kovarianzwert.

▷ Besteht kein linearer Zusammenhang (Beispiel D), so verteilen sich die Punkte ungefähr zu gleichen Teilen auf die vier Quadranten. Dadurch halten sich die Fälle, bei denen das Produkt $(x_i - \bar{x})(y_i - \bar{y})$ negativ wird, ungefähr die Waage mit denen, bei denen dieses Produkt positiv wird, d.h. es resultiert eine Summe $\sum_{i=1}^{n}(x_i - \bar{x})(y_i - \bar{y})$ bzw. ein Kovarianzwert nahe bei Null.

In der „Verwandtschaft" von Varianz und Kovarianz zeigt sich ein Umstand, der in folgender Regel zum Ausdruck kommt: *Wo keine Varianz, da keine Kovarianz!* Dieses sollte sich jeder Leser selbst durch den Vergleich der beiden Formeln (2.6) und (2.15) klarmachen. Wenn z.B. in einer Untersuchung eine Stichprobe gezogen wurde, deren Mitglieder sich in einem der beiden Merkmale sehr ähnlich sind, so daß dieses Merkmal eine geringe Stichprobenvarianz aufweist, so wird man auch eine geringe Kovarianz errechnen, die nicht dem „wahren" Zusammenhang der beiden Merkmale, wie er in der Grundgesamtheit aller Merkmalsträger besteht, entspricht.

Nun hat die Kovarianz den Nachteil, daß ihr Wert von der „Einheitenbreite" der beiden Skalen der Meßwertreihen und auch von der Stichprobengröße abhängt. So beträgt z.B. die Kovarianz zwischen Alter und Körpergröße in der durch Abbildung 2.4 dargestellten Stichprobe 3.58. Hätte man diese Kovarianz auf der Basis von Meter- statt Centimeterwerten berechnet, so betrüge sie 0.0358. Will man ein Assoziationsmaß, dessen Wert die Enge des linearen Zusammenhangs unabhängig von der Breite der beiden Skaleneinheiten ausdrückt, so muß man die Kovarianz normieren. Aus dieser Normierung resultiert der ***Pearsonsche Korrelationskoeffizient*** bzw. ***Produkt-Moment-Korrelationskoeffizient***:

$$r_{xy} = \frac{s_{xy}}{s_x s_y} \tag{2.16}$$

Hierbei ist s_x die Standardabweichung von X, s_y die von Y in der Stichprobe. Dieser Koeffizient[14] ist i.allg. gemeint, wenn in Veröffentlichungen einfach nur von „Korrelation" die Rede ist. Es handelt sich bei r_{xy} um die Kovarianz zwischen den standardisierten X- und Y-Werten, wie die folgende Umformung zeigt:

$$\begin{aligned} r_{xy} &= \frac{s_{xy}}{s_x s_y} = \frac{\frac{1}{n}\sum_{i=1}^{n}(x_i - \bar{x})(y_i - \bar{y})}{s_x s_y} \\ &= \frac{1}{n}\sum_{i=1}^{n}\left(\frac{x_i - \bar{x}}{s_x}\right)\left(\frac{y_i - \bar{y}}{s_y}\right) = \frac{1}{n}\sum_{i=1}^{n} z_{(x)i} z_{(y)i} \end{aligned}$$

Die Größe des (Pearsonschen) Korrelationskoeffizienten ist also unabhängig von den Einheiten der Skalierung der beiden Variablen, da ja – wie in Kapitel 2.3 behandelt – alle standardisierten Werte diesselbe Skaleneinheit haben (nämlich die Standardabweichung vom Mittelwert der unstandardisierten Werte).

r_{xy} kann Werte zwischen -1 und 1 annehmen. Die *Bedeutung bestimmter Korrelationswerte* soll hier durch die Betrachtung der Korrelationswerte 1, -1, 0 veranschaulicht werden:

▷ Wenn $r_{xy} = 1$, dann besteht ein vollständig positiv linearer Zusammenhang zwischen den X- und Y-Werten, d.h. alle Wertepaare (x_i, y_i) liegen auf einer Geraden mit positiver Steigung.

▷ Wenn $r_{xy} = -1$, dann besteht ein vollständig negativ linearer Zusammenhang zwischen den X- und Y-Werten, d.h. alle Wertepaare (x_i, y_i) liegen auf einer Geraden mit negativer Steigung.

[14]Die Benennung mit r_{xy} entspricht der verbreiteten Konvention.

▷ Wenn $r_{xy} = 0$, dann sind X und Y „unkorreliert", d.h. es besteht absolut kein linearer Zusammenhang zwischen den X- und Y-Werten.

Natürlich werden diese „reinen" Werte des Korrelationskoeffizienten aus empirischen Daten kaum resultieren. Solange man den Korrelationskoeffizienten nur als deskriptives Maß zur Beschreibung eines Zusammenhangs benutzt, bleibt letztlich ein gewisser *Interpretationsspielraum* hinsichtlich der Frage, ab welchem Wert eine Korrelation als „hoch" zu bezeichnen ist: Im einen Fall wird eine Korrelation von 0.6 für hoch gehalten, in einem anderen für niedrig – hierbei werden zunächst sachlogische, inhaltliche Erwägungen des Forschers den Ausschlag geben. Jedenfalls gilt: Eine Korrelation ist umso niedriger, je näher sie bei 0 liegt, und umso höher, je näher sie bei 1 *oder* -1 liegt! Eine Korrelation nahe -1 ist also keine niedrige, sondern eine „hoch negative", da in ihr ein hoher negativ linearer Zusammenhang zum Ausdruck kommt.

Im Kontext der Inferenzstatistik, welche in späteren Kapiteln behandelt wird, werden Signifikanztests für bestimmte statistische Stichprobenkennwerte entwickelt – u.a. auch für den behandelten Korrelationskoeffizienten (vgl. Kap. 5.5). In der Forschungspraxis wird häufig das Ergebnis solcher Tests zur Interpretation von Korrelationskoeffizienten herangezogen. Diese Vorgehensweise will ich aber an dieser Stelle nicht weiter ausführen, da wir uns hier ja noch nicht im inferenzstatistischen Kontext bewegen.

Obwohl der vorgestellte Korrelationskoeffizient nur für metrisch skalierte Variablen X und Y berechnet werden kann, sind Korrelationswerte selbst nicht als metrisch skaliert aufzufassen. Liegen z.B. die drei Korrelationswerte 0.2, 0.4 und 0.6 vor, so bedeutet dieses weder, daß im zweiten Fall „doppelt soviel linearer Zusammenhang" vorliegt, wie im ersten, noch, daß im zweiten gegenüber dem ersten Fall „genausoviel mehr linearer Zusammenhang" besteht, wie im dritten Fall gegenüber dem zweiten. Es gibt allerdings eine Möglichkeit, Korrelationswerte so zu transformieren, daß verhältnisskalierte Werte resultieren, nämlich **Fishers Z-Transformation**:

$$Z_{xy} = \frac{1}{2} ln \left(\frac{1 + r_{xy}}{1 - r_{xy}} \right) \tag{2.17}$$

Hierbei ist *ln* der Logarithmus zur Basis *e*. Im Übrigen ist angesichts der Bezeichnung dieser transformierten Korrelationswerte Vorsicht angebracht: Fishers-Z-Werte sollten nicht mit den *z*-Werten, die in Kapitel 2.3 behandelt wurden, verwechselt werden.

Es bleibt nun die Frage, welche Maße der Assoziation zweier Merkmale zur Verfügung stehen, wenn *nicht* beide Variablen metrisches Skalenniveau besitzen. Daß dabei nicht mehr das Modell eines linearen Zusammenhangs nach Gleichung (2.14) zugrunde gelegt werden kann, sollte sich jeder Leser inzwischen selbst klar machen können. Es existieren eine Reihe von Koeffizienten – je nach Kombination der Skalenniveaus der beiden Variablen in einer bivariaten Häufigkeitsverteilung –, von denen im folgenden nur die Koeffizienten zur Berechnung der *Korrelation ordinalskalierter Variablenwerte* eingehender behandelt werden sollen.

Zwischen zwei ordinalskalierten Variablen X und Y besteht ein vollständiger positiver Zusammenhang in einer bivariaten Häufigkeitsverteilung dann, wenn der Merkmalsträger mit dem höchsten X-Wert auch den höchsten Y-Wert besitzt, derjenige mit dem zweithöchsten X-Wert auch den zweitgrößten Y-Wert usw., entsprechend hat bei vollständig negativem Zusammenhang der Merkmalsträger mit dem höchsten X-Wert den niedrigsten Y-Wert usw..

Wenn also für beide Merkmale X und Y ordinalskalierte Meßwerte vorliegen, existieren zwei gebräuchliche Korrelationskoeffizienten, nämlich der Spearmansche Rangkorrelationskoeffizient und Kendalls τ (sprich: tau). Beide sind so konstruiert, daß wiederum bei vollständigem positivem Zusammenhang eine Koeffizient von 1, bei vollständig negativem Zusammenhang -1 und bei gar keinem Zusammenhang zwischen den beiden Meßwertreihen 0 resultiert. Damit sind die Werte dieser beiden Koeffizienten, was das Ausmaß des dadurch angezeigten Zusammenhangs zwischen zwei Meßwertreihen anbelangt, genauso zu interpretieren, wie die der Produkt-Moment-Korrelation.

Der ***Spearmansche Rangkorrelationskoeffizient*** läßt sich einfach erklären. Wenn nämlich die ordinalen Werte der beiden Variablen X und Y jeweils als *Rangplätze* $1, 2, \ldots, n$ vorliegen, dann kann als Assoziationsmaß die Produkt-Moment-Korrelation über diese Rangplatzreihen nach Formel (2.16) berechnet werden. Somit wird die Spearman-Korrelation zwischen jeglichen ordinalskalierten Variablen dadurch berechnet, daß die

Variablenwerte x_i und y_i zunächst in ihre Rangplätze $R(x_i)$ und $R(y_i)$ transformiert werden – d.h. dem niedrigsten X-Wert und dem niedrigsten Y-Wert wird jeweils der Rangplatz 1 zugeordnet, dem nächsthöheren die 2 usw. – und anschließend über die transformierten Werte die Produkt-Moment-Korrelation berechnet wird.

Meßwert x_i	2	3	4	5	6	9	17
Rangplatz $R(x_i)$	1	2	3	4	5	6	7
Meßwert y_i	8	6	15	1	11	4	4
Rangplatz $R(y_i)$	5	4	7	1	6	2.5	2.5
d_i	-4	-2	-4	3	-1	3.5	4.5
Q_i	4	3	4	0	2	0	0
Ergebnisse: $r_{xy}^{(s)} = -0.223$, $\tau_{xy} = -0.238$							

Tabelle 2.3: Zahlenbeispiel zur Berechnung von Spearmans-Rangkorrelation und Kendalls τ.

Diese Vorgehensweise veranschaulicht das Zahlenbeispiel in Tabelle 2.3: Der Spearman-Koeffizient $r_{xy}^{(s)}$ wäre hier als Produkt-Moment-Korrelation der Werte $R(x_i)$ mit den Werten $R(y_i)$ zu berechnen.[15] Das Zahlenbeispiel zeigt übrigens auch, wie bei der Transformation der ordinalen Werte in Rangplätze vorzugehen ist, wenn gleiche Variablenwerte auftauchen: So gibt es bei den y_i zweimal die 4, für diese beiden Werte müßten nun die Rangplätze 2 und 3 vergeben werden – wie man sieht wurde stattdessen jedem der beiden Werte als „Rangplatz" die 2.5 zugewiesen, d.h. der Durchschnitt der Rangplätze, die von den beiden Werte insgesamt belegt werden.

Die Berechnung des Spearman-Koeffizienten kann nun noch vereinfacht werden, denn für Mittelwert und Varianz ganzzahliger Werte $1, 2, \ldots, n$ gilt:

$$\bar{x} = \frac{1}{2}(n+1) \quad , \quad s^2 = \frac{1}{12}(n^2 - 1)$$

Setzt man diese Formeln in die Formel (2.16) ein, so erhält man als *Berechnungsvorschrift für den Spearman-Koeffizienten*:

[15]Die Benennungen $R(x_i)$, $R(y_i)$, $r_{xy}^{(s)}$ beruhen hier *nicht* auf allgemeingültiger Konvention.

$$r_{xy}^{(s)} = 1 - \frac{6\sum_{i=1}^{n} d_i^2}{n(n^2-1)} \tag{2.18}$$

Dabei ist $d_i = R(x_i) - R(y_i)$, d.h. die Differenz der Rangplätze, die Merkmalsträger i bezüglich der Merkmale X und Y hat (vgl. Tabelle 2.3).

Ein anderes gebräuchliches Maß für die Korrelation, das mit Hilfe von ordinalen Variablenwerten ermittelt werden kann, ist ***Kendalls*** τ. Ich begnüge mich hier damit, die Berechnung dieses Koeffizienten wieder anhand des Zahlenbeispiels in Tabelle 2.3 darzustellen:

1. Die Tabelle wurden bereits so angelegt, daß die Rangplätze $R(x_i)$ von links nach rechts ansteigen.
2. Es wurde dann für jeden Merkmalsträger i der Wert Q_i wie folgt berechnet: Es wird der Rangplatz $R(y_i)$ betrachtet und alle Rangplätze gezählt, die in der Tabelle rechts von $R(y_i)$ stehen und kleiner als dieser Rangplatzwert sind. Z.B. ist der erste $R(y)$-Wert 5, rechts von ihm stehen 4 kleinere Werte, nämlich 4, 1, 2.5 und 2.5 - somit ist $Q_i = 4$.
3. Die Berechnung des Korrelationskoeffizienten τ_{xy} erfolgt dann nach folgender Formel:

$$\tau_{xy} = 1 - \frac{4\sum_{i=1}^{n} Q_i}{n(n-1)} \tag{2.19}$$

Die Bedeutung dieser Berechnungsvorschrift als Maß der Assoziation kann man leicht deutlich machen, indem man zeigt, wie bei Gleichung (2.19) im Falle gar keines Zusammenhangs von X und Y auch $\tau_{xy} = 0$ resultiert, während bei vollständig positivem Zusammenhang $\tau_{xy} = 1$ und bei vollständig negativem $\tau_{xy} = -1$ wird.[16]

Wie schon gesagt, existieren außer den behandelten Koeffizienten noch weitere Assoziationsmaße. Es handelt sich dabei v.a. um solche „Pseudokorrelationskoeffizienten", die dann berechnet werden können, wenn für mindestens eine der beiden Variablen lediglich nominalskalierte Werte vorliegen. Tabelle 2.4 gibt einen Überblick, der allerdings auch noch nicht vollständig ist.[17]

---

[16] Der Kürze wegen verzichte ich hier darauf, dieses zu zeigen und verweise auf die Darstellung bei Bortz et al. (1990, S.422ff).

[17] Es tauchen dort Begriffe auf, die noch nicht erklärt wurden: Eine

Skalenniveaus X, Y	Assoziationsmaß
nominal×nominal	Phi-Koeffizient, Pearsons Kontingenzkoeffizient, Cramers V, tetrachorischer Korrelationskoeffizient[1]
nominal×ordinal	Biserielle[2] und punkt-biserielle[3] Rangkorrelationen
nominal×metrisch	Biserielle[2] und punkt-biserielle[3] Korrelationen
ordinal×metrisch	Spearmans Rangkorrelation, Kendalls τ
metrisch×metrisch	Produkt-Moment-Korrelation

[1] Korrelation zweier künstlich dichotomisierter stetiger Variablen
[2] Nominalskalierte Werte: Künstl. dichotomisierte, stetige Variable
[3] Nominalskalierte Werte: Dichotome Variable

Tabelle 2.4: Assoziationsmaße.

Die von mir nicht weiter behandelten Korrelationsmaße können bei Bedarf in der einschlägigen Statistikliteratur nachgeschlagen werden, eine ausführliche Darstellung liefern Bortz et al.(1990).

Damit schließe ich das Kapitel 2 ab. Es empfiehlt sich, mit den folgenden Kapiteln erst dann fortzufahren, wenn die bis jetzt vorgestellten statistischen Rechenoperationen ganz und gar verstanden wurden - man sollte also diesem Verständnis notfalls auch etwas mehr Zeit opfern und z.B. die formalen Ausdrücke mittels eigener kleiner Zahlenbeispiele nachvollziehen. Dies gilt ganz besonders für diejenigen Kennwerte bzw. Operationen, die durch kursiven Fettdruck hervorgehoben wurden und die Formeln (2.1), (2.2) (2.6), (2.7) (2.13), (2.15) (2.16).

---

dichotome Variable ist eine solche, die zwei mögliche Ausprägungen besitzt, z.B. Geschlecht. *Künstlich dichotomisiert* ist eine Variable, deren verschiedene Werte zu zwei Ausprägungen zusammengefaßt wurden, z.B. „über- vs. unterdurchschnittliche" Körpergröße. Der Begriff der *stetigen Variablen* wird im nächsten Kapitel behandelt.

3 Wahrscheinlichkeitsverteilungen

„*Statistik hat mit Ursache, Zufall, Wahrscheinlichkeit und Daten zu tun*“ (Menges 1982, S.17). Denn: Man könnte das letztendliche Ziel jeglicher wissenschaftlicher Bemühung (zumindest in den empirischen Wissenschaften) ganz allgemein darin sehen, die Ursachen von Ereignissen zu erforschen. Der Begriff Ursache aber verweist auf den der *Kausalität*.

Menges gibt dazu a.a.O. das folgende Beispiel: Immer dann, wenn man einen blanken Eisenstab mehrere Tage ins Wasser legt, beginnt er zu rosten. Eine derart *eindeutige zeitliche Abfolge* nennt man **kausale Abfolge**: Auf ein Ereignis A folgt immer ein Ereignis B, A kann so als Ursache von B angesehen werden.

Wenn wir nun aber einen Würfel werfen, so kann eines von sechs möglichen Ereignissen eintreten – jedes dieser Ereignisse ist eine Folge meines Wurfes, jedoch ist es *Zufall*, welches davon eintritt.

Genauso verhält es sich im Grunde z.B. mit dem Zusammenhang von Rauchen und Bronchialkrebs: Viele, aber nicht alle Raucher, entwickeln Bronchialkrebs – welcher Raucher von diesem Schicksal getroffen wird und welcher nicht, ist Zufall. Eine **Zufallsabfolge** von Ereignissen ist also eine solche, bei der auf Ereignis A mehrere Ereignisse $B_1, B_2, \ldots$ (alternativ) folgen können und man nicht eindeutig aus dem Ereignis A eine bestimmte Folge B_i $(i = 1, 2, \ldots)$ vorhersagen kann.

Dieses bedeutet aber nicht, daß bei zufälligen Ereignisabfolgen sich die Frage nach der Ursache erübrigt. Es kann z.B. sinnvoll sein, zu behaupten: Rauchen *verursacht* Bronchialkrebs. Auch die Zufallsabfolge kann kausal interpretiert werden, denn: „*Zufall ist meßbar. Das Maß für die Neigung oder Leichtigkeit des Eintretens eines zufälligen Ereignisses ist die Wahrscheinlichkeit*“ (Menges 1982, S.18). Man kann z.B. sagen: Die Wahrscheinlichkeit eines Rauchers, Bronchialkrebs zu bekommen, ist größer als die eines Nichtrauchers. Man könnte also von probabilistischen Ursachen reden, womit solche Ereignisse A gemeint wären, auf die mit „hoher Wahrscheinlichkeit“ ein Ereignis B folgt.

Tatsächlich hat man es in den Sozial- und Verhaltenswissenschaften – wie schon im Kapitel 1.1 behandelt – kaum mit deterministischen Gesetzmäßigkeiten (d.h. kausalen Abfolgen) zu tun, sondern praktisch immer mit probabilistischen, also mit Zufallsabfolgen: Es kommt so also die Wahrscheinlichkeit ins Spiel.

3.1 Wahrscheinlichkeitstheorie

Im folgenden sollen lediglich einige der grundlegendsten Definitionen und Rechenregeln der Wahrscheinlichkeitstheorie behandelt werden, ehe darauf aufbauend die für die Inferenzstatistik fundamentalen Konzepte der Zufallsvariablen und der Wahrscheinlichkeitsverteilung dargestellt werden. Dazu müssen zunächst einige Begriffe erklärt werden:

- ▹ Ein **Zufallsexperiment** ist ein „*beliebig oft wiederholbarer Vorgang, der nach einer ganz bestimmten Vorschrift ausgeführt wird und dessen Ergebnis ... nicht im voraus eindeutig bestimmt werden kann*"(Kreyszig, 1975, S.50). Gemeint ist also das, was oben als Zufallsabfolge bezeichnet wurde.
- ▹ Von **Ereignis** war bereits die Rede und im folgenden ist damit jedes Ergebnis eines Zufallsexperiments gemeint.
- ▹ Als **Elementarereignis** wird jedes Ereignis bezeichnet, das nicht weiter untergliedert werden kann. Das Würfelbeispiel verdeutlicht, was damit gemeint ist: Wenn z.B. eine 1 erwürfelt wird, dann kann dieses Ergebnis sozusagen Mitglied verschiedener Ereignisse sein: „Wurf einer Zahl kleiner 4" oder „Wurf einer ungeraden Zahl" oder „Wurf einer 1" usw. - nur das letzte dieser Ereignisse wäre ein Elementarereignis, dagegen setzt sich das Ereignis „Wurf einer ungeraden Zahl" zusammen aus den Elementarereignissen „Wurf einer 1" und „Wurf einer 3" und „Wurf einer 5". Man könnte also Elementarereignisse von *komplexen Ereignissen* unterscheiden, erstere wären gewissermaßen die möglichen nackten Ergebnisse des Zufallsexperiments, während letztere sich aufgrund gewisser inhaltlicher Zusammenfassungen von Elementarereignissen ergeben.
- ▹ Als **Ereignisraum** wird schließlich die Menge aller Elementarereignisse bezeichnet. Im Falle des Würfelns besteht der Ereignisraum also aus den sechs Elementarereignissen „Wurf einer 1", „Wurf einer 2", ..., „Wurf einer 6".

Die obigen Formulierungen enthalten bereits Begriffe der Mengenlehre - tatsächlich werden in der Wahrscheinlichkeitstheorie Ereignisse mengentheoretisch aufgefaßt. Beim Würfelbeispiel sind demnach die Mengen $\{1\}, \{2\}, \{3\}, \{4\}, \{5\}, \{6\}$ die Elementarereignisse. Ihre Vereinigungsmenge $E = \{1, 2, 3, 4, 5, 6\}$

ist der Ereignisraum des Zufallsexperiments und komplexe Ereignisse sind alle Teilmengen des Ereignisraums mit mehr als einem Element, z.B. $\{2, 4, 6\}$ (das Ereignis „gerade Zahl").

Auf dieser mengentheoretischen Grundlage lassen sich dann weitere begriffliche Vereinbarungen treffen:[18]

▷ Der Ereignisraum, also die Menge E, die alle Elementarereignisse enthält, und wird auch als das *sichere Ereignis* bezeichnet.

▷ $\emptyset$ (leere Menge) ist das Ereignis, das keine Elementarereignisse enthält und heißt deshalb *unmögliches Ereignis*.

▷ Gegeben ein Ereignis A, dann ist $E \backslash A$ (d.h. „E ohne A") das zu A *komplementäre Ereignis* $\neg A$. Beispiel (Würfel): $A = \{1, 4\} \Rightarrow \neg A = \{2, 3, 5, 6\}$.

▷ Zwei Ereignisse A_1 und A_2 werden als *einander ausschließende* bzw. *disjunkte Ereignisse* bezeichnet, wenn sie kein gemeinsames Elementarereignis besitzen, d.h. wenn gilt $A_1 \cap A_2 = \emptyset$. Beispiel (Würfel): $A_1 = \{1, 3\}, A_2 = \{2, 4\} \Rightarrow A_1 \cap A_2 = \emptyset$.

▷ Man sagt: Das Ereignis A_2 *enthält* das Ereignis A_1, wenn jedes Elementarereignis, das in A_1 enthalten ist, auch in A_2 enthalten ist, d.h. wenn gilt $A_1 \subseteq A_2$. Beispiel (Würfel): $A_1 = \{1, 3\}, A_2 = \{1, 2, 3, 4\} \Rightarrow A_1 \subseteq A_2$.

Die Wahrscheinlichkeit wird nun durch Axiomatisierung definiert, d.h. es werden grundlegende, zweckdienliche Eigenschaften der Wahrscheinlichkeit in Form von Axiomen festgelegt. Diese Axiome wurden von A. Kolmogoroff postuliert und werden deshalb als ***Kolmogoroff-Axiome*** bezeichnet:

1. Jedem Ereignis A wird eine Zahl $p(A)$, die Wahrscheinlichkeit des Ereigbnisses A, zugeordnet, wobei gilt:

$$0 \leq p(A) \leq 1 \tag{3.1}$$

2. Die Wahrscheinlichkeit des sicheren Ereignisses ist 1:

$$p(E) = 1 \tag{3.2}$$

3. Schließen sich die Ereignisse $A_1, A_2, \ldots, A_k$ wechselseitig aus, dann gilt:

---

[18] Zur Erinnerung: $\cap$ meint das logische „und", $\cup$ das logische „oder". $A_1 \cap A_2$ ist demnach die Schnittmenge von A_1 und A_2, $A_1 \cup A_2$ ist die Vereinigung der beiden Mengen. $A_1 \subseteq A_2$ bedeutet: A_1 ist Teilmenge von A_2.

$$p(A_1 \cup A_2 \cup \ldots \cup A_k) = \sum_{i=1}^{k} p(A_i) \tag{3.3}$$

Durch die Kolmogoroff-Axiome ist die mathematische Wahrscheinlichkeitsrechnung praktisch begründet, es lassen sich alle weiteren Rechenregeln *ausschließlich* aus diesen drei Axiomen herleiten.

Zunächst aber ist zu fragen: Wo kommen die Wahrscheinlichkeitszahlen, also die in den Axiomen genannten p-Werte, her? Oder: Wie wird die Wahrscheinlichkeit gemessen? Darauf gibt es drei Antworten, nämlich drei Arten der Bestimmung von Wahrscheinlichkeitswerten:

▷ (Objektive) a priori Wahrscheinlichkeiten.
▷ (Objektive) a posteriori Wahrscheinlichkeiten.
▷ Subjektive Wahrscheinlichkeiten.

Die **a priori Wahrscheinlichkeiten** bilden sozusagen die ursprünglichste Methode der Bestimmung von Wahrscheinlichkeitswerten. Grundlage der a priori Wahrscheinlichkeiten bildet die *Laplacesche Gleichmöglichkeitsdefinition*: Danach haben alle Elementarereignisse des Ereignisraums dieselbe Wahrscheinlichkeit. Wenn der Ereignisraum aus k gleichwahrscheinlichen Elementarereignissen besteht, so ergibt sich aufgrund der Kolmogoroff-Axiome 2 und 3 als Wahrscheinlichkeit eines Elementarereignisses A:

$$p(A) = \frac{1}{k} \tag{3.4}$$

Wenn – um beim Würfelbeispiel zu bleiben – der Würfel nicht manipuliert wurde, dann hat jede Zahl von 1 bis 6 die gleiche Wahrscheinlichkeit, geworfen zu werden. Nach (3.2) ist die Gesamtwahrscheinlichkeit dafür, eine der Zahlen 1 bis 6 zu werfen, gleich 1, so daß nach (3.3) gelten muß:

$$p(1) = p(2) = p(3) = p(4) = p(5) = p(6) = \frac{1}{6}$$

Was bedeutet nun eigentlich solch ein Wahrscheinlichkeitswert *praktisch*? Es kann beispielsweise geschehen – jeder erfahrene

Brettspieler wird wohl schon derartige schmerzhafte Erfahrungen gemacht haben –, daß beim Würfeln in 30 Versuchen 25-mal die 1 fällt: Die *relative Häufigkeit*, mit der das Ereignis $\{1\}$ dann eingetreten ist, hätte demnach $\frac{25}{30} = \frac{5}{6} = 0.833$ betragen – während nach der Wahrscheinlichkeit für dieses Ereignis nur zu erwarten wäre, daß in $\frac{1}{6}$ der Würfe die 1 fällt. Selbstverständlich gibt die Wahrscheinlichkeit für irgendein Ergebnis eines Zufallsexperiments keine sichere Auskunft darüber, mit welcher Häufigkeit dieses Ereignis in einer endlichen Menge von Versuchen tatsächlich eintreten wird. Je mehr Versuche jedoch unternommen werden, desto eher nähert sich die relative Häufigkeit eines Ereignisses seiner Wahrscheinlichkeit an. Dieser Zusammenhang zwischen relativer Häufigkeit und Wahrscheinlichkeit ist im sogenannten ***Bernoulli-Theorem*** formuliert:

$$p\left(\left|\frac{f(A)}{n} - p(A)\right| \geq e\right) \to 0 \qquad \text{für} \qquad n \to \infty \qquad (3.5)$$

Dabei ist $f(A)$ die absolute Häufigkeit, mit der das Ereignisses A in n Versuchen des Zufallsexperiments aufgetreten ist, so daß die relative Häufigkeit von A sich aus $f(A)/n$ ergibt. Das Theorem (3.5) besagt genau: Die Wahrscheinlichkeit, daß die Abweichung der relativen Häufigkeit eines Ereignisses (in n Versuchen) von der Wahrscheinlichkeit dieses Ereignisses größer-gleich einer beliebigen positiven Zahl e ist, geht gegen Null, wenn die Anzahl der Versuche des Zufallsexperiments gegen Unendlich geht.

Nun ist die Gleichwahrscheinlichkeitsdefinition nicht für alle Fälle, in denen man ein Geschehen als Zufallsexperiment auffassen möchte, angemessen. Betrachtet man z.B. wieder den Zusammenhang von Rauchen und Bronchialkrebs, dann kann man das Rauchen als Zufallsexperiment mit den zwei Elementarereignissen „Krebs“ und „kein Krebs“ auffassen: Die Gleichwahrscheinlichkeit der beiden Ereignisse wird man dabei wohl kaum annehmen wollen. Die beiden Wahrscheinlichkeiten dieser Elementarereignisse sind zunächst unbekannt. Sie können nun aufgrund des Zusammenhangs zwischen relativer Häufigkeit und Wahrscheinlichkeit, der durch das Bernoulli-Theorem (3.5) formuliert ist, über relative Häufigkeiten *geschätzt* werden. Eine solche Vorgehensweise entspräche der Ermittlung von **a posteriori Wahrscheinlichkeiten**:

$$\hat{p}(A) = \frac{f(A)}{n} \tag{3.6}$$

Die a posteriori Wahrscheinlichkeit eines Ereignisses A wird also durch die relative Häufigkeit, mit der das Ereignis in einer Anzahl von Durchgängen des Zufallsexperiments eintritt, geschätzt. Das „Dach" über dem p in Formel (3.6) soll hier anzeigen, daß es sich um eine Schätzung des Wahrscheinlichkeitswertes aufgrund empirischer Daten handelt.

Die Wahrscheinlichkeit, mit der Rauchen zu Bronchialkrebs führt, könnte also geschätzt werden, indem z.B. eine möglichst große, für die Gesamtheit aller Raucher „repräsentative" Stichprobe von Rauchern (über einen genügend langen Zeitraum) daraufhin beobachtet würde, ob sie Krebs entwickeln, oder nicht: Jeder einzelne der beobachteten Raucher wäre dabei sozusagen als Durchgang eines Zufallsexperiments aufzufassen – in jedem einzelnen Fall ist nicht exakt vorhersagbar, ob das Ereignis „Bronchialkrebs" eintritt, oder nicht – und die relative Häufigkeit der Krebserkrankung in dieser Stichprobe würde dann als Schätzung der gesuchten Wahrscheinlichkeit dienen.

Das Bernoulli-Theorem (3.5) besagt auch, daß die Schätzung der Wahrscheinlichkeiten durch relative Häufigkeiten mit zunehmender Zahl von Versuchen des Zufallsexperiments genauer wird. Für das Raucherbeispiel bedeutet das: Je größer die Stichprobe der untersuchten Raucher ist, desto genauer wird die Schätzung der Wahrscheinlichkeit für den Bronchialkrebs bei Rauchern.

Als weitere Möglichkeit zur Ermittlung von Wahrscheinlichkeitswerten wurden oben **subjektive Wahrscheinlichkeiten** aufgeführt, welche ich allerdings hier vernachlässigen will. Gemeint ist die Einschätzung der Wahrscheinlichkeit eines Ereignisses aus Intuition, subjektiver Vermutung u.dgl.. Menges (1982, S.38) bemerkt dazu: „*Diese Methode ist universell und billig, aber unwissenschaftlich.*"

Die Regeln der Wahrscheinlichkeitsrechnung lassen sich, wie bereits gesagt, ausschließlich aus den drei Kolmogoroff-Axiomen (3.1), (3.2) und (3.3) herleiten. Im folgenden werden einige dieser Regeln behandelt, ohne daß die jeweilige Ableitung aus diesen Axiomen gezeigt wird (interessierte Leser können dieses selbst versuchen – eine gute Übung zum Verständnis).

Das ***Additionstheorem*** für zwei beliebige Ereignisse A und

B lautet:

$$p(A \cup B) = p(A) + p(B) - p(A \cap B) \qquad (3.7)$$

Demnach ist die Wahrscheinlichkeit dafür, daß *entweder* Ereignis A *oder* Ereignis B eintritt, gleich der Summe der Wahrscheinlichkeiten der beiden Ereignisse abzüglich der Wahrscheinlichkeit dafür, daß A *und* B eintreten.

Dazu ein Beispiel: Wie groß ist die Wahrscheinlichkeit, aus einem (Skat-) Kartenspiel entweder Kreuz, oder ein As zu ziehen (A sei „Kreuz", B sei „As")? Das komplexe Ereignis A besteht aus acht Elementarereignissen – aus den acht Kreuz-Karten. Unter Annahme der Gleichwahrscheinlichkeit aller Elementarereignisse hat gemäß (3.4) jede Karte die Wahrscheinlichkeit $\frac{1}{32}$ und somit beträgt, nach (3.3) die Wahrscheinlichkeit für eine Kreuz-Karte $p(A) = \frac{8}{32}$. Das Ereignis B besteht aus den vier Assen, d.h. $p(B) = \frac{4}{32}$. Das Problem bei der Bestimmung von $p(A \cup B)$ – „Kreuz oder As" – liegt darin, daß sich beide Ereignisse überschneiden: Unter den acht Kreuz-Karten ist eines das Kreuz-As, d.h. A und B haben ein gemeinsames Element. Wäre dem nicht so, so könnte $p(A \cup B)$ wiederum nach (3.3) einfach durch Addition von $p(A)$ und $p(B)$ berechnet werden. Da aber das dritte Kolmogoroff-Axiom ausdrücklich nur für einander ausschließende Ereignisse gilt, ist diese Addition hier nicht korrekt. Tatsächlich sind in $A \cup B$ elf Elementarereignisse enthalten, nämlich ein Kreuz-As, die sieben sonstigen Kreuz-Karten und die drei anderen Asse: Demnach ist $p(A \cup B) = \frac{11}{32}$. Durch das Additionstheorem (3.7) erhält man genau dieses Ergebnis:

$$p(A \cup B) = \frac{1}{4} + \frac{1}{8} - \frac{1}{32} = \frac{8}{32} + \frac{4}{32} - \frac{1}{32} = \frac{11}{32}$$

Das **Theorem über das unmögliche Ereignis** lautet:

$$p(\emptyset) = 0 \qquad (3.8)$$

Das unmögliche Ereignis hat also die Wahrscheinlichkeit Null. Dieses mag als Selbstverständlichkeit angesehen werden, tatsächlich ist (3.8) aber aus den Kolmogoroff-Axiomen hergeleitet und nicht selbst Bestandteil der Axiomatisierung der Wahrscheinlichkeit.

Das **Theorem über komplementäre Ereignisse** lautet:

$$p(A) + p(\neg A) = 1 \tag{3.9}$$

D.h. die Wahrscheinlichkeit dafür, daß entweder A eintritt oder nicht eintritt, ist gleich 1. Auch dieses wird man wohl als Selbstverständlichkeit ansehen, und auch (3.9) ist aus den Kolmogoroff-Axiomen hergeleitet und nicht selbst Bestandteil der Axiomatisierung.

Durch (3.9) könnte beispielsweise die Wahrscheinlichkeit, aus einem Skat-Kartenspiel weder Kreuz, noch ein As zu ziehen, ganz einfach aus der schon berechneten Wahrscheinlichkeit, Kreuz oder ein As zu ziehen, berechnet werden:

$$p(\neg(A \cup B)) = 1 - p(A \cup B) = 1 - \frac{11}{32}$$

Von besonderer Wichtigkeit für die Wahrscheinlichkeitsrechnung sind ***bedingte Wahrscheinlichkeiten.*** Die bedingte Wahrscheinlichkeit $p(A|B)$ ist die Wahrscheinlichkeit des Ereignisses A unter der Bedingung, daß Ereignis B eingetreten ist. Sie wird wie folgt berechnet:

$$p(A|B) = \frac{p(A \cap B)}{p(B)} \tag{3.10}$$

Zum Beispiel: Wie groß ist die Wahrscheinlichkeit, daß beim Skatspiel, falls eine schwarze Karte gezogen wurde, diese ein Bube ist? Das Ziehen eines Buben sei Ereignis A, das Ziehen einer schwarzen Karte B, dann ist $p(A|B)$ die bedingte Wahrscheinlichkeit dafür, daß, falls Schwarz gezogen wurde, es sich um einen Buben handelt. Nun wird man in diesem einfachen Fall diese Wahrscheinlichkeit auch ohne die Formel (3.10) leicht finden: Da es insgesamt 16 schwarze Karten gibt und unter diesen zwei Buben sind, beträgt sie $\frac{2}{16} = \frac{1}{8}$. In schwierigeren Fällen wird Formel (3.10) die Berechnung erleichtern – hier soll nur gezeigt werden, daß auch sie zum Ergebnis führt: $p(A \cap B) = \frac{1}{16}$ (Wahrscheinlichkeit für „Schwarz *und* Bube"), $p(B) = \frac{1}{2}$, also:

$$p(A|B) = \frac{1/16}{1/2} = \frac{1}{8}$$

Bedingte Wahrscheinlichkeiten sind für die Statistik in zweierlei Hinsicht von besonderer Bedeutung. Zum einen nämlich zielt die Logik der inferenzstatistischen Verfahren, die in späteren Kapiteln behandelt werden, darauf ab, die bedingten Wahrscheinlichkeiten von empirischen Untersuchungsergebnissen unter der Voraussetzung, daß bestimmte Hypothesen richtig sind, zu schätzen. Zum anderen bilden – wie gleich gezeigt werden wird – die bedingten Wahrscheinlichkeiten die Grundlage der Definition der Unabhängigkeit bzw. Abhängigkeit von Ereignissen.

Zunächst aber kann Gleichung (3.10) zum ***Multiplikationstheorem*** für Wahrscheinlichkeiten umgeformt werden:

$$p(A \cap B) = p(B)p(A|B) = p(A)p(B|A) \tag{3.11}$$

Demnach ist die Wahrscheinlichkeit dafür, daß sowohl Ereignis A, als auch Ereignis B eintritt, gleich dem Produkt der Wahrscheinlichkeit für B mal der bedingten Wahrscheinlichkeit für A unter der Voraussetzung, daß B eingetreten ist (oder umgekehrt gleich dem Produkt der Wahrscheinlichkeit für A mal der bedingten Wahrscheinlichkeit für B unter der Voraussetzung, daß A eingetreten ist).

Wenn nun zwei Ereignisse voneinander „unabhängig" sind, dann bedeutet dieses, daß die Wahrscheinlichkeit jedes dieser Ereignisse in keiner Weise vom Eintreten des jeweils anderen abhängt, d.h. daß die bedingte Wahrscheinlichkeit jedes dieser beiden Ereignisse gleich seiner jeweiligen (unbedingten) Wahrscheinlichkeit ist. Bei Unabhängigkeit von A und B gilt also: $p(A|B) = p(A)$ und $p(B|A) = p(B)$. Ersetzt man im Multiplikationstheorem (3.11) die bedingten Wahrscheinlichkeiten entsprechend, so resultiert die gängige Definition für die ***stochastische Unabhängigkeit*** von Ereignissen:

Zwei Ereignisse A und B sind unabhängig, wenn gilt:

$$p(A \cap B) = p(A)p(B) \tag{3.12}$$

Demnach gilt für stochastisch unabhängige Ereignisse A und B, daß die Wahrscheinlichkeit dafür, daß sowohl A, als auch B auftritt, gleich dem Produkt der Wahrscheinlichkeiten für das Eintreten von A bzw. B ist. Z.B. ist die Wahrscheinlichkeit dafür, daß ich beim Würfeln eine gerade Zahl (A) und beim anschließenden Münzwurf „Zahl" (B) werfe: $p(A \cap B) = 0.5 \cdot 0.5 = 0.25$ – die beiden Ereignisse sind völlig unabhängig voneinander.

Mit der Definition der stochastischen Abhängigkeit bzw. Unabhängigkeit von Ereignissen gerät aber die eingangs dieses Kapitels aufgeworfene Frage der Kausalität von Zufallsabfolgen wieder ins Blickfeld: Wenn vorne von „probabilistischer Ursache" die Rede war, so kann dieser Begriff jetzt durch den der stochastischen Abhängigkeit präzisiert werden. Demnach ***kann*** (nicht: muß) in einer Zufallsabfolge $A \rightarrow B$ das Ereignis A dann als eine solche Ursache von B aufgefaßt werden, wenn A und B stochastisch abhängig sind, wenn also die bedingte Wahrscheinlichkeit $p(B|A)$ sich von der unbedingten $p(B)$ unterscheidet.

Um die Raucher unter den Lesern nicht noch mehr mit dem unerfreulichen Bronchialkrebsbeispiel zu belasten, illustriere ich diesen Gedanken anhand eines (amerikanischen) Beispiels von Hays (1994, S.49): Es wurde gefragt, ob das Erreichen eines Jahreseinkommens von über 60000\$ unabhängig vom Erreichen eines Collegeabschlusses sei. Ereignis A sei hier also „Jahreseinkommen über 60000\$", Ereignis B ist „Collegeabschluß". In den USA erreichen ca. 16% der berufstätigen Erwachsenen ein Einkommen über 60000\$, während 31% der berufstätigen Erwachsenen einen Collegeabschluß vorweisen – also: $p(A) = 0.16$, $p(B) = 0.31$. Nun liegt der Anteil der berufstätigen Erwachsenen, die Collegeabschluß und Einkommen über 60000\$ haben, bei 22%, sodaß $p(A \cap B) = 0.22$. Wenn die beiden Ereignisse A und B unabhängig wären, so müßte $p(A \cap B) = 0.16 \cdot 0.31 = 0.05$ betragen. Also kann man folgern, daß das Erreichen eines Jahreseinkommens von über 60000\$ nicht unabhängig vom Collegeabschluß ist. Mehr noch: Es gilt $p(A \cap B) > p(A)p(B)$, daraus kann man eine Schlußfolgerung über die Art der Abhängigkeit ziehen, denn es gilt damit auch:

$$p(A \cap B) = p(A)p(B|A) = p(B)p(A|B) > p(A)p(B)$$
$$\downarrow$$
$$p(A|B) > p(A) \quad \text{und} \quad p(B|A) > p(B)$$

Das aber bedeutet, daß die bedingte Wahrscheinlichkeit dafür, daß ein Jahreseinkommen von über 60000\$ erzielt wird, falls ein Collegeabschluß erreicht wurde, *höher* ist als die „unbedingte" Wahrscheinlichkeit für ein solches Jahreseinkommen – der Collegeabschluß erhöht die Wahrscheinlichkeit für ein Jahreseinkommens über 60000\$. Umgekehrt kann man bei einem berufstätigen Amerikaner, der mehr als 60000\$ verdient, mit größerer Wahrscheinlichkeit auf einen Collegeabschluß schließen, als ohne eine solche Information über das Einkommen.

In diesem Beispiel besteht zwischen A und B eine **positive Abhängigkeit**, d.h. es gilt:

$$p(A \cap B) > p(A)p(B) \tag{3.13}$$

Dementsprechend besteht eine **negative Abhängigkeit** zwischen A und B, wenn gilt:

$$p(A \cap B) < p(A)p(B) \tag{3.14}$$

Im Falle der negativen Abhängigkeit ist also die Wahrscheinlichkeit dafür, daß *A und B* eintreten, *geringer* als das Produkt ihrer Einzelwahrscheinlichkeiten, es gilt dann $p(A|B) < p(A)$ bzw. $p(B|A) < p(B)$.

Eine stochastische Abhängigkeit, wie die zwischen Collegeabschluß und hohem Einkommen, ist gewissermaßen Grundvoraussetzung für kausale Interpretationen: Man könnte z.B. nun vermuten, daß der Collegeabschluß tatsächlich für das Erreichen eines hohen Einkommens förderlich ist. Diese kausale Interpretation ist aber nicht zwingend! Zwar ist das hohe Einkommen i.allg. dasjenige Ereignis, das zeitlich auf den Collegeabschluß folgt, wodurch hier B als Ursache von A kaum in Frage kommt, jedoch könnte beispielsweise ein drittes „Ereignis" – etwa Oberschichtzugehörigkeit des Elternhauses – sowohl für den Collegeabschluß, als auch für das hohe Einkommen eine „förderliche Bedingung" sein. Auf diese Weise hätte die in den empirisch erhobenen Daten erscheinende stochastische Abhängigkeit von Collegeabschluß und Einkommen entstehen können, ohne daß der Collegeabschluß eine „echte" ursächliche Wirkung auf das Einkommen hat.

Ich beende hier die Behandlung wahrscheinlichkeitstheoretischer Grundlagen. Zumindest zwei wichtige Themen, welche in umfänglicheren Statistiklehrbüchern i.allg. noch abgehandelt werden, habe ich damit dem Leser vorenthalten:

▷ Ich übergehe das *Bayessche Theorem* der Wahrscheinlichkeitsrechnung, dessen Bedeutung v.a. darin besteht, daß es Grundlage der sogenannten Bayes-Statistik ist. Letztere wird in diesem Buch nicht behandelt, ich empfehle aber, sie nicht ganz und gar zu vergessen: Dem fortgeschrittenen Studierenden kann die Bayes-Statistik eine wertvolle Ergänzung zur klassischen Inferenzstatistik, wie sie in den nachfolgenden Kapiteln behandelt wird, sein. Eine gute Einführung gibt hier Wendt (1983).

▷ In den bisher gezeigten (Würfel-, Karten-) Beispielen war es immer einfach, die Anzahl von Elementarereignissen, aus denen der Ereignisraum oder ein komplexes Ereignis besteht, abzuzählen und auf der Grundlage dieser Zählung Wahrscheinlichkeiten zu berechnen. Wie aber steht es, wenn man z.B. die Wahrscheinlichkeit fünf Richtige im Lotto errechnen will? Das Abzählen der möglichen Elementarereignisse des Ereignisraumes wäre ziemlich mühsam! Für derart komplizierte Zufallsexperimente benötigt man *kombinatorische Rechenregeln*, die die Bestimmung der gesuchten Anzahlen vereinfachen. Ich übergehe deren Behandlung aufgrund des bereits dargelegten Vorsatzes, den inhaltlichen Umfang des Buches zu begrenzen, bei Bedarf können diese Rechenregeln der weiterführenden Statistikliteratur entnommen werden (z.B. Bortz 1993, Kap. 2.2; Hays 1994, Kap. 3.3-3.7).

3.2 Zufallsvariable und Wahrscheinlichkeitsverteilung

Auf der Basis des in 3.1 Behandelten lassen sich nun zwei Konzepte der Wahrscheinlichkeitstheorie definieren, die für die (Inferenz-)Statistik von grundlegender Bedeutung sind: Zufallsvariable und Wahrscheinlichkeitsverteilung.

Definition: Gegeben ein Zufallsexperiment mit dem Ereignisraum E, dann heißt eine Funktion X ***Zufallsvariable*** oder **stochastische Variable** in E, wenn gilt:

$$X : E \to R \quad \text{bzw.} \quad X(A) = x \in R \quad \text{für alle} \quad A \in E \tag{3.15}$$

X ist demgemäß also eine Funktion auf dem Ereignisraum E, die die Elemente dieses Ereignisraumes in die Menge der reellen Zahlen R abbildet - d.h. die jedem Element A des Ereignisraums eine reelle Zahl x zuordnet. Eine Schreibweise wie in (3.15) wird in vielen Statistikbüchern benutzt: Das große X benennt hier die Zufallsvariable, das kleine x steht für die numerischen Werte derselben.

Ein sehr einfaches Beispiel enthält Tabelle 3.1: Würfelt man zweimal nacheinander, dann wäre die dabei insgesamt erzielte „Augenzahl" als Zufallsvariable gemäß (3.15) aufzufassen. Die Elementarereignisse des Zufallsexperiments „Zweimaliges Würfeln" sind die verschiedenen möglichen Abfolgen von Augenzahlen $\{1,1\}, \{1,2\}$ usw., die Summe der Augenzahlen aus beiden Würfen ist eine reelle Zahl, die jeweils diesen Elementarereignissen zugeordnet wird. Die möglichen Werte, die diese Zufallsvariable annehmen kann – die *Realisationen* der Zufallsvariablen – sind alle ganzen Zahlen von 2 bis 12.

Durch das Konzept der Zufallsvariablen können nun deskriptivstatistische Berechnungen, wie die im vorangegangen Kapitel 2 behandelten, mit der Wahrscheinlichkeitstheorie verbunden werden. Die Grundlage jener Berechnungen waren empirische Häufigkeitsverteilungen: In einer Stichprobe von Merkmalsträgern werden die Ausprägungen einer (oder mehrerer) Variablen ermittelt, aus diesen Stichprobendaten werden statistische Kennwerte der empirischen Verteilung berechnet. Man kann diese deskriptivstatistischen Maße sozusagen wahrscheinlichkeitstheoretisch interpretieren, indem man die in der Stichprobe beobachtete(n) Variable(n) als Zufallsvariablen im Sinne der Definition (3.15) auffaßt.

So könnten die Körpergrößen, die bei einer Stichprobe von Versuchspersonen gemessen wurden, als Realisationen einer Zufallsvariablen aufgefaßt werden. Wenn z.B. die Mitglieder dieser Stichprobe zufällig aus der Gesamtheit aller Bewohner der BRD „gezogen" wurden, dann handelt es sich also bei jeder einzelnen Ziehung einer Person um ein Zufallsexperiment, dessen Ausgang genauso offen ist, wie etwa beim Würfeln. Der Ereignisraum dieses Zufallsexperiments enthielte als Elementarereignisse alle Bewohner der BRD. Wenn eine Stichprobe von n BRD-Bewohnern gezogen wurde, dann wurde somit das Zufallsexperiment n mal durchgeführt, und durch die Messung der Körpergrößen der gezogenen Personen wird nun jedem Ergebnis dieses Zufallsexperiments eine reelle Zahl – nämlich der Größenwert z.B. auf der Centimeterskala – zugeordnet. Somit aber wäre die Variable „Körpergröße" als Zufallsvariable im Sinne von (3.15) aufzufassen.

Man kann aber auch – dieser Betrachtungsweise wird in den folgenden Kapiteln noch besondere Bedeutung zukommen – das Ziehen der Stichprobe als ein Zufallsexperiment auffassen. Besteht die Stichprobe z.B. aus $n = 40$ zufällig ausgewählten Personen, dann gibt es nahezu unendlich viele Möglichkeiten, wie

A (Ergebnisse bei 2-maligem Würfeln)	x	$p(x)$
{1,1}	2	1/36
{1,2}, {2,1}	3	2/36
{1,3}, {2,2}, {3,1}	4	3/36
{1,4}, {2,3}, {3,2}, {4,1}	5	4/36
{1,5}, {2,4}, {3,3}, {4,2}, {5,1}	6	5/36
{1,6}, {2,5}, {3,4}, {4,3}, {5,2}, {6,1}	7	6/36
{2,6}, {3,5}, {4,4}, {5,3}, {6,2}	8	5/36
{3,6}, {4,5}, {5,4}, {6,3}	9	4/36
{4,6}, {5,5}, {6,4}	10	3/36
{5,6}, {6,5}	11	2/36
{6,6}	12	1/36

Tabelle 3.1: Zufallsvariable „Augenzahl bei 2-maligem Würfeln".

vgl. Problem von Leibniz auf S. 26 bei Kornbacher Schweizer

sich diese Stichprobe aus rund 80 Millionen BRD-Bewohnern zusammensetzen könnte. Eine gezogene Stichprobe ist dann das Ergebnis eines Zufallsexperiments, dessen Ereignisraum aus allen Stichproben mit $n = 40$, die aus der Gesamtheit aller Bewohner der BRD gebildet werden könnten, besteht. Berechnet man z.B. das AM der Körpergrößen in der gezogenen Stichprobe, dann ordnet man damit dem Ergebnis des Zufallsexperiments „Stichprobenziehung" ein Element aus der Menge der reellen Zahlen – nämlich den nach der Vorschrift (2.2) berechneten Mittelwert $\bar{x}$ – zu. Damit ist auch dieser Mittelwert $\bar{x}$ als Realisation einer Zufallsvariablen aufzufassen: Wenn man das Zufallsexperiment „Ziehung einer Stichprobe mit $n = 40$" immer wieder durchführen würde, dann erhielte man immer neue Stichproben und für jede Stichprobe einen Mittelwert $\bar{x}$, d.h. man könnte in Anlehnung an (3.15) eine Zufallsvariable $\bar{X}$ als Funktion, welche jeder möglichen Stichprobe mit $n = 40$ einen Wert $\bar{x} \in R$ zuweist, definieren. Auch alle anderen statistischen Kennwerte empirischer Häufigkeitsverteilungen – Mediane, Varianzen, Korrelationen etc. – können genauso als Zufallsvariablen aufgefaßt werden.

Man könnte nun z.B. fragen: Wie wahrscheinlich ist es, daß bei Ziehung einer Stichprobe von 40 Personen ein Mittelwert (der Körpergröße) von 170cm errechnet wird? Hier wird also nach der Wahrscheinlichkeit einer bestimmten Ausprägung der Zufallsvariablen $\bar{X}$ (= „AM der Körpergrößen in Stichproben mit

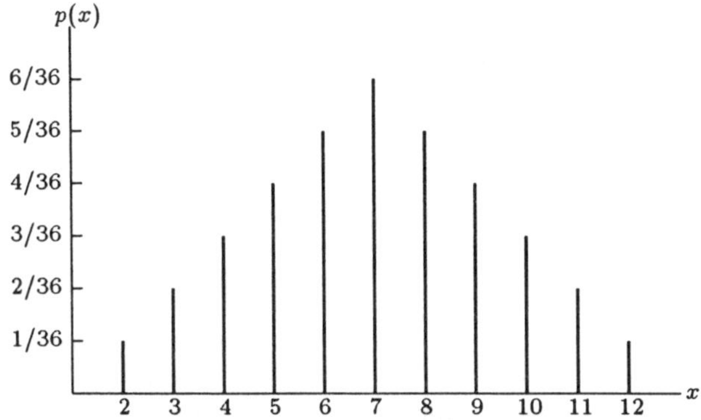

Abbildung 3.1: Wahrscheinlichkeitsmassefunktion der Zufallsvariablen „Augenzahl bei 2-maligem Würfeln".

$n = 40$") gefragt. Zur Beantwortung derartiger Fragen benötigt man die ***Wahrscheinlichkeitsverteilung*** dieser Zufallsvariablen.

„Vormathematisch" gesprochen handelt es sich bei der Wahrscheinlichkeitsverteilung einfach um die Verteilung der Wahrscheinlichkeiten der möglichen Ausprägungen einer Zufallsvariablen, also um die Verteilung der $p(X = x), x \in R$. Dies ist die Wahrscheinlichkeit dafür, daß die Zufallsvariable X den numerischen Wert $x \in R$ annimmt. Vereinfachend schreibt man dafür auch: $p(x)$.

Die Wahrscheinlichkeitsverteilung einer Zufallsvariablen ist also eine Funktion, die die Realisationen x einer Zufallsvariablen X mit ihren Wahrscheinlichkeiten $p(x)$ verknüpft. Ein wiederum sehr einfaches Beispiel enthält die Tabelle 3.1, wo in der dritten Spalte die Wahrscheinlichkeiten für die möglichen Realisationen der Zufallsvariablen „Augenzahl bei zweimaligem Würfeln" eingetragen sind.

Eine graphische Darstellung dieser Wahrscheinlichkeitsverteilung ist das Stabdiagramm in Abbildung 3.1. Dort entspricht die Höhe der Stäbe der Wahrscheinlichkeit der jeweiligen Realisation der Zufallsvariablen. Ein solches Stabdiagramm einer Wahrscheinlichkeitsverteilung heißt **Wahrscheinlichkeitsmassefunktion**. .

Die konkrete Bestimmung der Wahrscheinlichkeitsverteilung einer Zufallsvariablen X hängt nun davon ab, ob X diskret oder kontinuierlich ist. Es müssen also jetzt die beiden Begriffe der diskreten und der kontinuierlichen Variable, die bereits in Tabelle 2.4 auftauchten, erläutert werden:

▷ Eine **stetige** oder **kontinuierliche Variable** ist eine solche, deren Realisationen bzw. Ausprägungen *beliebig fein abstufbar* sind. Beispielsweise ist die schon oft bemühte Körpergröße eine stetige Variable: Messen wir z.B. die Größe einer Person mit 168cm, so ist das im Grunde nur ein Näherungswert, ein feineres Meßinstrument würde vielleicht 168.4cm messen, ein noch feineres 168.453cm usw. – *theoretisch* kann die Körpergröße in unendlich feinen Ausprägungen ausgedrückt werden.

▷ Eine **diskrete Variable** besitzt eine *abzählbare* Anzahl von Ausprägungen. So ist die Zufallsvariable „Augenzahl bei zweimaligem Würfeln" eine diskrete Variable mit 11 abzählbaren Ausprägungen (vgl. Tabelle 3.1). Aber auch eine Variable mit einer unendlichen Menge möglicher Ausprägungen kann diskret sein: Z.B. könnten die möglichen Realisationen einer diskreten Variablen X die ganzzahligen Werte $1, 2, 3, 4, \ldots, +\infty$ sein – diese Werte sind (theoretisch) abzählbar, weil eben zwischen den einzelnen Werten keine weiteren Abstufungen mehr möglich sind. Mit Abzählbarkeit ist hier also genau das Gegenteil zur beliebig feinen Abstufbarkeit der kontinuierlichen Variablen gemeint.

Im Falle einer diskreten Zufallsvariablen ist die Bestimmung der Wahrscheinlichkeitsverteilung theoretisch unproblematisch: Es wird eine ***Wahrscheinlichkeitsfunktion*** angegeben, durch die jeder möglichen Ausprägung der Zufallsvariablen eindeutig ein Wahrscheinlichkeitswert > 0 zugeordnet wird. Dies wurde durch das Beispiel des zweimaligen Würfelns bereits gezeigt (vgl. Tabelle 3.1), die entsprechende Wahrscheinlichkeitsfunktion könnte wie folgt formuliert werden:

$$p(x) = \begin{cases} -\frac{1}{36}(|7 - x| - 6) & \text{für } x = 2, 3, \ldots, 12 \\ 0 & \text{für alle sonstigen } x \end{cases}$$

Wie man sich leicht überzeugen kann, gilt hier, was aufgrund des 2. und 3. Kolmogoroff-Axioms ((3.2) und (3.3)) gelten muß:

$$\sum_{i=1}^{11} p(x_i) = 1 \quad \text{für} \quad x_i = 2, 3, \ldots, 12$$

Im Falle von stetigen Zufallsvariablen besteht dagegen eine theoretische Schwierigkeit bei der Bestimmung der Wahrscheinlichkeitsverteilung, nämlich aufgrund des 2. Kolmogoroff-Axioms. Wenn, wie im Falle diskreter Variablen, jeder möglichen Ausprägung der Zufallsvariablen durch eine Wahrscheinlichkeitsfunktion ein Wahrscheinlichkeitswert > 0 zugeordnet würde, dann wäre (3.2) nicht mehr zu erfüllen. Denn da eine stetige Variable theoretisch unendlich viele mögliche Ausprägungen besitzt, würde gelten:

$$\sum_{i=1}^{+\infty} p(x_i) \to +\infty \tag{3.16}$$

Wenn nun die Summe der Wahrscheinlichkeiten in (3.16) das 2. Axiom erfüllen und den endlichen Wert 1 ergeben soll, dann muß die theoretische Wahrscheinlichkeit einer einzelnen exakten Ausprägung der Variablen gleich Null gesetzt werden.

Die folgende Überlegung soll diese Notwendigkeit verdeutlichen: Wie groß ist die Wahrscheinlichkeit dafür, daß eine Person 168cm groß ist? Ein erstes grobes Meßinstrument erfaßt keine Unterschiede kleiner 1cm, hier werden alle Personen, die im Intervall (168 ± 0.5)cm liegen, mit 168cm gemessen. Ein feineres Meßinstrument erfaßt Unterschiede von 1mm, hier werden nun nur noch die Personen, die im Intervall (168 ± 0.05)cm liegen, mit „genau“ 168cm gemessen. Wenn ein noch feineres Meßinstrument Unterschiede von 0.1mm erfaßt, dann werden Personen im Intervall (168 ± 0.005)cm mit „genau“ 168cm gemessen usw.. Je kleiner das 168cm-Intervall mit zunehmender Meßgenauigkeit wird, desto geringer ist natürlich auch die Wahrscheinlichkeit dafür, daß eine Person in diesem kleineren Intervall liegt. Denkt man dieses zuende, dann geht, wenn die Intervallgröße bei beliebig feiner Messung gegen Null geht, auch die Wahrscheinlichkeit dafür, daß jemand in diesem Intervall liegt, gegen Null. Folglich ist hier die Wahrscheinlichkeit für einen Wert von *exakt* 168cm – und ebenso für jeden anderen exakten Wert – gleich Null zu setzen.

Wahrscheinlichkeitsangaben für stetige Zufallsvariablen – das sollte die letzte Überlegung gezeigt haben – beziehen sich im Grunde immer auf Intervalle im Wertekontinuum der Zufallsvariablen. Man mißt eben z.B. die Körpergröße nie „unendlich

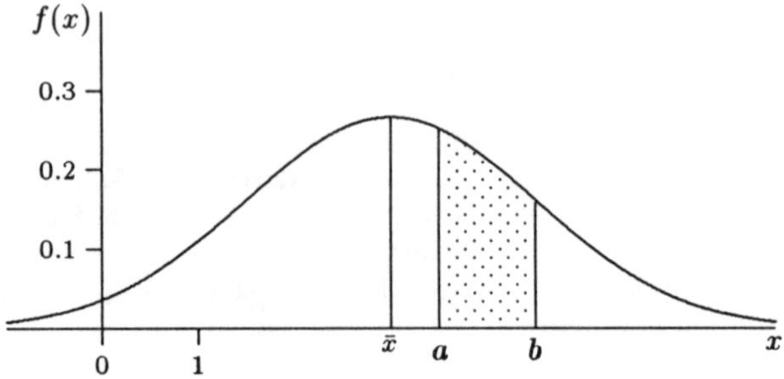

Abbildung 3.2: Wahrscheinlichkeitsdichtefunktion einer Normalverteilung ($\mu = 3, \sigma = 1.5$).

genau", sondern ein bestimmter Meßwert bedeutet praktisch immer, daß die Person in einen bestimmten Abschnitt der Größenskala fällt. Ohne theoretische Probleme kann man also immer nur die Wahrscheinlichkeit dafür angeben, daß der Wert x einer stetigen Zufallsvariablen X innerhalb eines bestimmten Intervalls $a \leq x \leq b$ liegt. Deshalb bestimmt man die Wahrscheinlichkeitsverteilung einer stetigen Zufallsvariablen wie folgt über die sogenannte ***Wahrscheinlichkeitsdichtefunktion*** $f(x)$. Diese Funktion $f(x)$ wird so spezifiziert, daß folgende Bedingungen gelten:

$$\int_{-\infty}^{+\infty} f(x)dx = 1 \qquad (3.17)$$

Und:

$$p(a \leq x \leq b) = \int_a^b f(x)dx \qquad (3.18)$$

Zur Erläuterung dieser beiden Formeln rufe ich schulmathematische Kenntnisse in Erinnerung: $\int_a^b f(x)dx$ ist das Integral einer Funktion $f(x)$ in den Grenzen a und b. Dieser Intergralwert gibt die Fläche zwischen dem Graph (der Funktionskurve) von $f(x)$ und der X-Achse im Intervall mit der unteren Grenze a und oberen Grenze b an. Zur Veranschaulichung betrachte man Abbildung 3.2, welche die graphische Darstellung einer Wahrscheinlichkeitsdichtefunktion – es handelt sich um eine Normalverteilung (vgl. Kapitel 3.4.1) – zeigt:

▷ Durch die Bedingung (3.17) ist festgelegt, daß die gesamte Fläche unter der Wahrscheinlichkeitsdichtefunktion $f(x)$ und über der X-Achse gleich 1 sein muß.

▷ Bedingung (3.18) sagt: Die Wahrscheinlichkeit dafür, daß der Wert der Zufallsvariablen X in einem Intervall mit der unteren Grenze a und der oberen Grenze b liegt, ist gleich dem Integral der Dichtefunktion $f(x)$ in den Grenzen a und b – d.h. diese Wahrscheinlichkeit entspricht der Fläche unter der Funktionskurve im entsprechenden Intervall. In Abbildung 3.2 ist dies die schattierte Fläche.

▷ Damit ist das 2. Kolmogoroff-Axiom (3.2) erfüllt: Die Wahrscheinlichkeit dafür, daß der Wert von X im gesamten Wertekontinuum – d.h. im Intervall von $-\infty$ bis $+\infty$ – liegt, beträgt 1. Mit anderen Worten: Die Gesamtwahrscheinlichkeit aller möglichen Ausprägungen von X ist gleich 1 gesetzt.

Die Wahrscheinlichkeitsdichtefunktion einer stetigen Variablen gibt also nicht mehr die Wahrscheinlichkeit einer Ausprägung der Zufallsvariablen an, sondern die sogenannte *Wahrscheinlichkeitsdichte* dieses Variablenwertes. Da ich die Leser nicht mit zuviel mathematischem Ballast belasten möchte, halte ich mich bei diesem Begriff der Dichte nicht länger auf[19] – *wichtig* ist dabei v.a., daß der Wert der Funktion $f(x)$ kein Wahrscheinlichkeitswert ist, sondern, in graphischer Darstellung, die Fläche zwischen X-Achse und der Funktionskurve von $f(x)$ Wahrscheinlichkeiten entspricht. Die Fläche über einem einzelnen Wert x ist gleich Null – d.h. eine bestimmte exakte Ausprägung der Variablen X hat, wie bereits dargelegt, die Wahrscheinlichkeit Null.

Eine Form der Wahrscheinlichkeitsverteilung, die in der Inferenzstatistik eine besondere Rolle spielt, ist die **kumulative Wahrscheinlichkeitsverteilung**. Diese wird über die kumulative Wahrscheinlichkeitsverteilungsfunktion bestimmt, welche in modereren Darstellungen der Statistik schlicht ***Verteilungsfunktion*** $F(x)$ heißt.

▷ Die Verteilungsfunktion einer *diskreten* Zufallsvariablen lautet:

[19] Eine genauere Darstellung liefert Menges (1982, S.48,73f).

$$F(x) = p(x \leq a) = \sum_{j=1}^{m} p(x_j) \quad \text{für alle} \quad x_1, \ldots, x_m \leq a \tag{3.19}$$

▷ Die Verteilungsfunktion einer *stetigen* Zufallsvariablen lautet:

$$F(x) = p(x \leq a) = \int_{-\infty}^{a} f(x)dx \tag{3.20}$$

Durch die Verteilungsfunktion $F(x)$ einer Zufallsvariablen X wird jedem Variablenwert x also die Wahrscheinlichkeit für diesen oder einen kleineren Wert zugeordnet.

Wahrscheinlichkeitsverteilungen sind mit den in Kapitel 2 behandelten empirischen Häufigkeitsverteilungen gewissermaßen eng verwandt – und diese Verwandtschaft verdient eine genauere Betrachtung. Was wäre z.B. die Wahrscheinlichkeitsverteilung des Lebensalters aller Menschen? Betrachtet man das (in Jahren gemessene) Lebensalter als diskrete Zufallsvariable, so bestünde diese Wahrscheinlichkeitsverteilung aus den Wahrscheinlichkeiten aller möglichen Alterswerte. Angenommen, wir würden zu einem bestimmten Zeitpunkt t das Lebensalter aller lebenden Menschen kennen – also die empirische Häufigkeitsverteilung des Lebensalters in der Gesamtheit aller Menschen –, so wäre damit auch die Wahrscheinlichkeit dafür, daß zu diesem Zeitpunkt t ein zufällig ausgewählter Mensch z.B. 27 Jahre alt ist, gegeben: Sie wäre gleich der relativen Häufigkeit des Alters 27 in dieser empirischen Häufigkeitsverteilung. Die Verteilung der Wahrscheinlichkeiten einer (diskreten) Zufallsvariablen entspricht also in gewisser Hinsicht einer Häufigkeitsverteilung, nämlich der Verteilung der relativen Häufigkeiten in der Gesamtheit aller Fälle, in denen Realisationen dieser Zufallsvariablen vorliegen.

Nun wurde in dem Beispiel diese Gesamtheit aller Fälle durch die Reduktion auf einen bestimmten Zeitpunkt t eingeschränkt, so daß es sich um eine endliche Anzahl von Menschen bzw. Lebensalterswerten handelte. Macht man diese Einschränkung nicht, so wird besonders deutlich, daß es sich bei Wahrscheinlichkeiten um theoretische Größen handelt – im Gegensatz zu den empirischen Häufigkeiten, wie sie in Kapitel 2 behandelt wurden. Selbst wenn es eine „Totalerhebung" des Lebensalters aller Menschen zu einem bestimmten Zeitpunkt t gäbe, so wäre damit eben nur dieser gewisse Zeitpunkt erfaßt, die relativen Häufigkeiten der Alterswerte wären bereits zum nächsten Zeitpunkt nicht mehr exakt diesselben (zeitliche Veränderung der Alterswerte, Geburten, Todesfälle usw.). Die „Gesamtheit aller Fälle“, in denen Alterswerte vorliegen, besteht nun im Grunde aus sämtlichen Alterswerten zu sämtlichen Zeitpunkten – es gibt unendlich viele solcher Fälle und es können nicht mehr *alle* beobachtet werden. Damit sind auch die relativen Häufigkeiten der Alterswerte in dieser Gesamtheit empirisch nicht beobachtbar – die Wahrscheinlichkeitsverteilung ist sozusagen die Verteilung dieser „theoretischen relativen Häufigkeiten“ aller Alterswerte, die *theoretisch* (jedoch nicht praktisch) beobachtbar sind. Letzteres ist auch im Bernoulli-Theorem (3.5) ausgedrückt, wenn man dieses auf die Wahrscheinlichkeiten einer Zufallsvariablen anwendet (was ich hier dem Leser überlassen möchte).

Diese Überlegung sollte gezeigt haben: Die Wahrscheinlichkeitsverteilung einer Zufallsvariablen X ist gewissermaßen die Verteilung der relativen Häufigkeiten der X-Werte in einer Stichprobe der Größe $n \to \infty$ – die Verteilung der relativen Häufigkeiten, die man erhielte, wenn man „unendlich oft“ einen Fall aus der Gesamtheit aller Fälle, in denen Realisationen der Zufallsvariablen vorliegen, ziehen und dessen Variablenwert ermitteln würde.[20] Es hätte die Überlegung nicht grundsätzlich verändert, aber doch erheblich kompliziert, wenn man sie am Beispiel einer stetigen Zufallsvariablen angestellt hätte: In diesem Fall entspräche die Wahrscheinlichkeit dafür, daß der Wert der Zufallsvariablen X in einem bestimmten Intervall des Wertebereichs liegt, der relativen Häufigkeit, mit der X-Werte aus diesem Intervall bei in einer Stichprobe mit $n \to \infty$ auftreten würden.

Es bleibt festzuhalten: Wahrscheinlichkeitsverteilungen sind – als Verteilungen theoretischer Werte – **theoretische Verteilungen**. Ich gebrauche darum auch im folgenden die Begriffe Wahrscheinlichkeitsverteilung und theoretische Verteilung synonym. Da Wahrscheinlichkeiten eine Erwartung über das Eintreten oder Nichteintreten eines Ereignisses ausdrücken, ist eine Wahrscheinlichkeitsverteilung gewissermaßen die Verteilung *erwarteter* relativer Häufigkeiten einer Zufallsvariablen, während

[20] Dieses kann auch dann gesagt werden, wenn die Gesamtheit der Fälle, in denen Realisationen der Zufallsvariablen vorliegen, endlich ist: Es könnte auch dann „unendlich oft“ ein Fall gezogen werden – nämlich bei einer Ziehung „mit Zurücklegen“.

eine empirische Häufigkeitsverteilung die Verteilung der in einer Stichprobe von Merkmalsträgern *beobachteten* Häufigkeiten ist. Wahrscheinlichkeitsverteilungen lassen sich somit in ähnlicher Art und Weise graphisch darstellen, wie empirische Häufigkeitsverteilungen, und die im Kapitel 2 behandelten Verteilungskennwerte sind auch für Wahrscheinlichkeitsverteilungen definiert – auch eine theoretische Verteilung besitzt Mittelwert, Varianz u.dgl..

Allerdings sind die Kennwerte theoretischer Verteilungen nicht durch die im Kapitel 2 angegebenen Formeln berechenbar, was jeder Leser selbst einsehen sollte, wenn er sich diese Formeln noch einmal betrachtet: Wie sollte z.B. Gleichung (2.2) oder (2.6) bei $n \to \infty$ berechnet werden können? Kennwerte theoretischer Verteilungen werden stattdessen als *Erwartungswerte* bestimmt. Das damit angesprochene mathematische Konzept des Erwartungswerts einer stochastischen Variablen und die Erwartungswertalgebra – die Regeln des Rechnens mit Erwartungswerten – behandle ich hier nicht. Der interessierte Leser findet in nahezu allen umfänglicheren Statistiklehrbüchern einen Anhang zu diesem Thema (z.B. Hays 1994, S.912ff; Bortz 1993, S.627ff).

Im folgenden sollen nun bestimmte theoretische Verteilungsmodelle behandelt werden, die für die Inferenzstatistik eine besondere Rolle spielen.

3.3 Diskrete Verteilungsmodelle

Da die mathematischen Verteilungsmodelle für diskrete Zufallsvariablen für diejenigen inferenzstatistischen Verfahren, welche später noch dargestellt werden, nicht derart grundlegend sind, wie die stetigen Verteilungsmodelle, behandle ich sie hier sehr knapp. Es soll damit aber nicht zum Ausdruck kommen, daß sie für die Statistik geringe Bedeutung hätten! V.a. die Binomialverteilung wird wohl jedem Leser bei einer Erweiterung der mit diesem Buch erworbenen Kenntnisse noch begegnen – weshalb auch zumindest auf ihre Behandlung hier nicht ganz verzichtet wird.

3.3.1 Die Binomialverteilung

Die Binomialverteilung ist das für die Statistik wohl bedeutsamste theoretische Verteilungsmodell für diskrete stochastische

Variablen. Die Zufallsvariable, um die es dabei geht, ist die Häufigkeit des Auftretens eines bestimmten Ereignisses in einer Reihe von voneinander unabhängigen Durchgängen eines Zufallsexperimentes.

Eine solche diskrete und „binomialverteilte" Zufallsvariable könnte z.B. die Häufigkeit sein, mit der bei zehnmaligem Würfeln die 6 fällt. Bei einzelnen Wurf hat das Ereignis A („6 fällt") die Wahrscheinlichkeit $p(A) = \frac{1}{6}$ und das Komplementärereignis $\neg A$ („6 fällt nicht") die Wahrscheinlichkeit $p(\neg A) = \frac{5}{6}$. Bei zehnmaligem Würfeln kann die 6 keinmal, einmal, zweimal, ..., zehnmal fallen, d.h. die Zufallsvariable X „Häufigkeit von 6 bei zehnmaligem Würfeln" hat die möglichen Ausprägungen $x_i = 0, 1, 2, \ldots, 10$. Die gesuchte Wahrscheinlichkeitsverteilung wäre also durch eine Wahscheinlichkeitsfunktion zu bestimmen, die jeder dieser Ausprägungen ihren Wahrscheinlichkeitswert zuordnet. Diese Wahrscheinlichkeitsfunktion wäre nun die der Binomialverteilung.

Eine derartige Folge von voneinander unabhängigen Durchgängen eines Zufallsexperiments wird als **stationärer Bernoulli-Prozeß** bezeichnet: Bei jeder Durchführung des Zufallsexperimentes können jeweils die (komplementären) Ereignisse A und $\neg A$ mit den gleichbleibenden Wahrscheinlichkeiten $\mathsf{p} = p(A)$ und $\mathsf{q} = 1 - \mathsf{p} = p(\neg A)$ eintreten. Der Begriff der *Stationarität* bezieht sich auf den Umstand, daß sich die Wahrscheinlichkeiten p und q im Verlaufe des Bernoulli-Prozesses *nicht* verändern. Es sind auch nichtstationäre Bernoulli-Prozesse definiert, bei denen sich die Wahrscheinlichkeiten für die Ereignisse A und $\neg A$ von Durchgang zu Durchgang ändern. Ein Beispiel für einen solchen nichtstationären Prozeß wäre das mehrmalige Ziehen einer Karte „ohne Zurücklegen": Die Wahrscheinlichkeit z.B. dafür, eine schwarze Karte zu ziehen, ändert sich von Zug zu Zug. „Mit Zurücklegen" wäre dieses mehrmalige Ziehen dann ein stationärer Prozeß.

Die Wahrscheinlichkeitsverteilung der Häufigkeiten, mit denen ein Ereignis A in einem Bernoulli-Prozeß mit n Durchgängen eintreten kann, ist die ***Binomialverteilung***, die wie folgt definiert ist:

Die Binomialverteilung ist die Verteilung einer Zufallsvariablen X mit den Parametern n und p (wobei $1 - \mathsf{p} = \mathsf{q}$) und der

Wahrscheinlichkeitsfunktion:

$$p(X = x, n, \mathsf{p}) = \binom{n}{x} \mathsf{p}^x \mathsf{q}^{(n-x)} \qquad (3.21)$$

Die Bedeutungen der Werte p, q und n, die in dieser Formel (3.21) auftauchen, wurden eben bereits erläutert.[21] Die Zufallsvariable X ist hier also die Häufigkeit des Eintretens von A in einem Bernoulli-Prozeß und der Ausdruck $p(X = x, n, \mathsf{p})$ bedeutet: Die Wahrscheinlichkeit dafür, daß X den Wert x annimmt, d.h. daß das Ereignis A in einem Bernoulli-Prozeß mit n Durchgängen und der Wahrscheinlichkeit p (für das Eintreten von A) genau x-mal eintritt. Für $p(X = x, n, \mathsf{p})$ schreibt man – und auch ich im folgenden – meist kürzer $p(x, n, \mathsf{p})$. Der Begriff Parameter schließlich, der oben genannt wurde, wird später noch erläutert.

Die Formel (3.21) enthält demnach die Berechnungsvorschrift für die Wahrscheinlichkeit, daß bei n voneinander unabhängigen Durchgängen eines Zufallsexperiments des Ereignis A genau x-mal eintritt. Zur Veranschaulichung leite ich diese Berechnungsvorschrift wieder an einem Würfelbeispiel her: Es soll nach der Wahrscheinlichkeit gefragt werden, daß bei viermaligem Würfeln genau dreimal die 6 fällt – d.h. also: $x = 3$, $n = 4$, $\mathsf{p}= \frac{1}{6}$ (zu ermitteln ist $p(3, 4, \frac{1}{6})$). Es gibt nun verschiedene mögliche Abfolgen von „Augenzahlen", in denen die 6 dreimal und $\neg 6$ („nicht 6") einmal vorkommt, nämlich die vier Abfolgen $(6, 6, 6, \neg 6)$, $(6, 6, \neg 6, 6)$, $(6, \neg 6, 6, 6)$ und $(\neg 6, 6, 6, 6)$. Dies entspricht einer kombinatorischen Regel, wonach es in einem Bernoulli-Prozeß mit n Durchgängen immer $\binom{n}{x}$ verschiedene Abfolgen gibt, in denen A genau x-mal vorkommt (die Leser mögen sich vergewissern, indem sie $\binom{4}{3}$ nach den in Fußnote 21 angegebenen Rechenregeln berechnen).

---

[21] Der Ausdruck $\binom{n}{x}$ (sprich: „n über x"), der in (3.21) enthalten ist, wird wie folgt berechnet:

$$\binom{n}{x} = \frac{n!}{x!(n-x)!}$$

Ein Ausdruck wie $n!$ (sprich: „n Fakultät") wiederum ist so zu berechnen:

$$n! = 1 \cdot 2 \cdot 3 \cdot \ldots \cdot n$$

Welche Wahrscheinlichkeit besitzt nun jede dieser Abfolgen? Wenn bei viermaligem Würfeln dreimal die 6 mit jeweils der Wahrscheinlichkeit $p = \frac{1}{6}$ und dementsprechend einmal $\neg 6$ mit der Wahrscheinlichkeit $q = \frac{5}{6}$ eingetreten ist, so ergibt sich nach dem Multiplikationstheorem (3.11):

$$p(3 \times 6 \cap 1 \times \neg 6) = \frac{1}{6} \cdot \frac{1}{6} \cdot \frac{1}{6} \cdot \frac{5}{6} = \left(\frac{1}{6}\right)^3 \cdot \frac{5}{6}$$

Dieses ist, wie gesagt, die Wahrscheinlichkeit einer einzigen Abfolge, bei der dreimal die 6 vorkommt. Nach dem 3. Kolmogoroff-Axiom (3.3) können nun die Wahrscheinlichkeiten aller dieser Abfolgen addiert werden zur gesuchten Gesamtwahrscheinlichkeit dafür, irgendeine dieser Abfolgen zu erwürfeln: Es gibt, wie gezeigt, $\binom{4}{3} = 4$ solcher Abfolgen, d.h. die gesuchte Wahrscheinlichkeit beträgt:

$$p\left(3, 4, \frac{1}{6}\right) = \binom{4}{3} \cdot \left(\frac{1}{6}\right)^3 \cdot \left(\frac{5}{6}\right)^1$$

Man erhält die gesuchte Wahrscheinlichkeit nach der Wahrscheinlichkeitsfunktion (3.21).

Bei Berechnungen der Wahrscheinlichkeitswerte einer Binomialverteilung tauchen immer wieder die verschiedenen Ausdrücke $\binom{n}{x}$ auf: Man bezeichnet diese Werte als **Binomialkoeffizienten.** Zu jedem Wert $X = x$ einer Binomialverteilung gibt es also den Binomialkoeffizienten $\binom{n}{x}$, der zur Berechnung der Wahrscheinlichkeit des X-Wertes gebraucht wird – X kann die die Werte $0, 1, 2, \ldots, n$ annehmen, d.h. eine Binomialverteilung besitzt die Koeffizienten:

$$\binom{n}{0}, \binom{n}{1}, \binom{n}{2}, \ldots, \binom{n}{n}$$

Anstatt nun jeden dieser Koeffizienten umständlich auszurechnen, kann man auf das sogenannte *Pascalsche Dreieck* zurückgreifen (vgl. Abbildung 3.3). Dort läßt sich der Wert für $\binom{n}{x}$ für jedes gegebene n und x relativ einfach ermitteln: Man begebe sich in Zeile n des Dreiecks (von oben nach unten, der Gipfel zählt als Zeile 0) und zähle dort, bei 0 beginnend, (von links nach rechts) die Zahlen ab, die „x-te" Zahl ist der gesuchte Binomialkoeffizient – z.B. $\binom{4}{2} = 6$. Das Pascalsche Dreieck kann sehr einfach für größere n fortgeschrieben werden: Die Randziffern sind jeweils 1, die übrigen Werte ergeben sich aus der Summe der beiden darüberliegenden Werte.

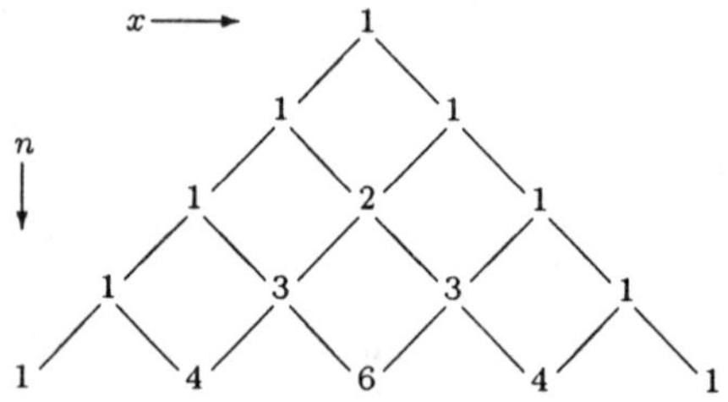

Abbildung 3.3: Pascalsches Dreieck.

Es war oben die Rede davon, daß n und p die **Parameter** der Binomialverteilung seien. Ein Parameter einer theoretischen Verteilung ist jede nicht spezifizierte Konstante, die im formalen Ausdruck der entsprechenden Wahrscheinlichkeitsfunktion oder Wahrscheinlichkeitsdichtefunktion vorkommt. Durch die Parameter kann eine Verteilung vollständig bestimmt werden: Werden für die Verteilungsparameter konkrete Werte angegeben, so kann für jeden Wert der Zufallsvariablen der entsprechende Wert der Wahrscheinlichkeits- bzw. Wahrscheinlichkeitsdichtefunktion berechnet werden. Verschiedene Verteilungen, die demselben theoretischen Verteilungsmodell angehören, unterscheiden sich lediglich in diesen Parametern. Es gibt also nicht eine, sondern viele verschiedene „Binomialverteilungen", die sich jeweils nur durch die Werte für die beiden Parameter n und p unterscheiden (Beispiele siehe Abb. 3.4). In der Inferenzstatistik – und d.h. auch später in diesem Buch – ist eine etwas „lockerere" Verwendung des Parameterbegriffs üblich: Als Parameter wird dann jeglicher statistische Kennwert einer theoretischen Verteilung bezeichnet, damit wäre z.B. auch der Modus einer Binomialverteilung ein solcher Parameter.

Ganz allgemein gilt für die Binomialverteilung (vgl. dazu auch Abb. 3.4):

▷ Binomialverteilungen sind unimodal.

▷ Wenn $\mathsf{p} = \mathsf{q} = 0.5$, dann sind Binomialverteilungen symmetrisch. Gilt $\mathsf{p} < 0.5$, dann sind sie linkssteil, gilt $\mathsf{p} > 0.5$, dann sind sie rechtssteil.

▷ Man kann zeigen, daß bei Binomialverteilungen gilt: $\mu = n\mathsf{p}$

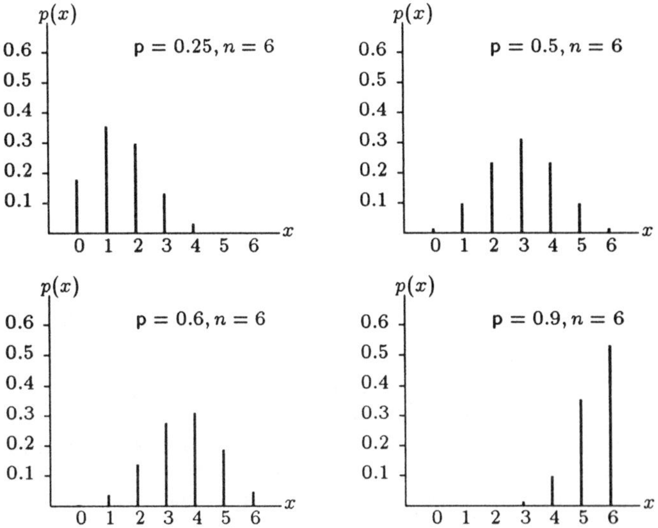

Abbildung 3.4: Verschiedene Binomialverteilungen.

und $\sigma = \sqrt{npq}$ (siehe z.B. Kreyszig 1975, S.111f). μ meint hier das arithmetische Mittel, σ die Standardabweichung – diese Schreibweise mit griechischen Buchstaben wird später im Zusammenhang der Normalverteilung erläutert.

3.3.2 Weitere diskrete Verteilungsmodelle

Es existiert noch eine Reihe weiterer theoretischer Verteilungsmodelle für diskrete Zufallsvariablen. Ich belasse es hier bei Erwähnungen.

Die **Poissonverteilung** ist ein Verteilungsmodell für die Häufigkeiten, mit denen sehr seltene Ereignisse auftreten. Man kann die Auftretenswahrscheinlichkeit seltener Ereignisse auch mittels der Binomialverteilung „modellieren": Es werden n Beobachtungen angestellt, bei denen ein Ereignis A mit sehr kleinem p und $\neg A$ mit sehr großem q aufteten kann. Dementsprechend sind Binomialverteilung und Poissonverteilung bei sehr großem n und sehr kleinem p auch nahezu identisch. Die Wahrscheinlichkeitsfunktion und eine ausführlichere Diskussion der Poissonverteilung kann z.B. bei Hays (1994, S.152ff) nachgelesen werden.

Weitere interessante diskrete Verteilungsmodelle sind die *geometrische Verteilung*, die *negative Binomialverteilung*, die *multinominale Verteilung* und *hypergeometrische Verteilung*. Hier informieren bei Bedarf umfänglichere Statistiklehrbücher (Bortz 1993; Hays 1994).[22]

3.4 Stetige Verteilungsmodelle

Die Grundlage der wichtigsten statistischen Hypothesentests (siehe ab Kap. 4.4) - und damit wohl der in der Forschungspraxis am häufigsten angewandten statistischen Prozeduren - sind die im folgenden behandelten Verteilungsmodelle für stetige Zufallsvariablen. Ich muß an dieser Stelle allerdings ein wenig an die Frustrationstoleranz meiner Leser appellieren, denn ich stelle hier diese Verteilungsmodelle gewissermaßen theoretisch trocken vor, ohne ihre statistische Bedeutung im gegenwärtigen Kapitel bereits veranschaulichen zu können. Diese Veranschaulichung wird sich dann weiter hinten, im Kontext der Inferenzstatistik, von selbst ergeben.

3.4.1 Die Normalverteilung

Das in diesem Unterkapitel behandelte Verteilungsmodell ist das wohl für die gesamte Statistik überhaupt bedeutsamste, nämlich die weithin bekannte ***Gaußsche Normalverteilung***, die durch die folgende Wahrscheinlichkeitsdichtefunktion definiert wird:

$$f(x) = \frac{1}{\sqrt{2\pi\sigma^2}} e^{-(x-\mu)^2/2\sigma^2} \qquad (3.22)$$

Hierbei ist:

$$\begin{aligned}
\pi &= 3.14 \\
e &= \text{Basis der natürlichen Logarithmen} \\
\mu &= E(X) = \text{Mittelwert der Verteilung} \\
\sigma^2 &= E(X-\mu)^2 = \text{Varianz der Verteilung}
\end{aligned}$$

Die Formel (3.22) sollte den mathematisch weniger begeisterten unter den Lesern keinen Schrecken einjagen: Ihre genaue

[22] V.a. die Darstellung bei Hays (S.149ff) ist m.E. gut und leicht verständlich.

Kenntnis gehört nicht zum unbedingt notwendigen Grundwissen eines Sozial- und Verhaltenswissenschaftlers! Wichtig ist allerdings die Kenntnis der grundlegenden Eigenschaften der Normalverteilung, welche z.T. direkt aus der Formel ersichtlich sind.

Zunächst aber noch einige Bemerkungen zur Notation:

▷ Im Themenblock Deskriptivstatistik wurden die Bezeichnungen $\bar{x}$ und s^2 für arithmetisches Mittel und Varianz eingeführt, während in der Dichtefunktion (3.22) griechische Buchstaben zur Bezeichnung verwendet werden. Dies entspricht einer verbreiteten Konvention, wonach die Kennwerte theoretischer Verteilungen eben mit solchen griechischen Buchstaben benannt werden, während kleine lateinische Buchstaben Kennwerte empirischer Häufigkeitsverteilungen bezeichnen.

▷ Der Ausdruck $E(X)$ meint den Erwartungswert der Zufallsvariablen X. Es wurde bereits darauf hingewiesen (S.84), daß die Kennwerte theoretischer Verteilungen über das mathematische Konzept des Erwartungswertes einer stochastischen Variablen definiert werden, welches ich nicht weiter behandle. Hier soll es für die Zwecke dieses Buches genügen, daß der Erwartungswert einer stetigen Zufallsvariablen der Mittelwert der Wahrscheinlichkeitsverteilung ist, der dem arithmetischen Mittel entspricht.

▷ Wenn $E(X) = \mu$ der Mittelwert ist, dann ist der Erwartungswert der quadrierten Abweichungen der einzelnen Variablenwerte von diesem Mittelwert die Varianz der Wahrscheinlichkeitsverteilung: $E(X - E(X))^2 = E(X - \mu)^2 = \sigma^2$.

Die Parameter einer theoretischen Verteilung – dies wurde bereits im Kapitel 3.3.1 gesagt – sind die nicht spezifizierten Konstanten, die im formalen Ausdruck der Wahrscheinlichkeitsdichtefunktion enthalten sind, mit Blick auf (3.22) erkennt man deshalb: *Die Parameter der Normalverteilung sind μ und σ^2*. Mit anderen Worten: Verschiedene Normalverteilungen unterscheiden sich voneinander ausschließlich in ihrem Mittelwert und ihrer Varianz! Dementsprechend gibt es eine verkürzende Schreibweise: $N(\mu, \sigma^2)$ bezeichnet die Normalverteilung mit dem Mittelwert μ und der Varianz σ^2.

Alle Normalverteilungen haben die folgenden **Verteilungseigenschaften** (vgl. auch Abb. 3.2):

1. Die Normalverteilung hat – in graphischer Darstellung – einen glockenförmigen Verlauf.
2. Die Normalverteilung ist symmetrisch, d.h. ihre Schiefe ist

Null und Modalwert, Median und Erwartungswert (Mittelwert) fallen zusammen.

3. Für $x \rightarrow \pm\infty$ nähert sich die Verteilungskurve der Normalverteilung asymptotisch der X-Achse (berührt diese allerdings nie, auch wenn es in manchen Abbildungen so erscheint, weil der Abstand zu gering wird, um noch erkennbar zu sein).
4. Die Wendepunkte der Verteilungskurve liegen bei $\mu \pm \sigma$, innerhalb dieses Intervalls liegen ca. 68% der Gesamtfläche unter der Verteilungskurve. D.h. die Werte einer normalverteilten Zufallsvariablen X liegen mit einer Wahrscheinlichkeit von ca. 0.68 innerhalb des Wertebereichs $\mu \pm \sigma$.
5. Der Wertebereich für die normalverteilte Zufallsvariable X ist die gesamte Menge der reellen Zahlen von $-\infty$ bis $+\infty$, d.h. $f(x)$ ist für alle $x \in R$ definiert.

An dieser Stelle nocheinmal eine Erinnerung an das, was im Kapitel 3.2 schon allgemein über stetige Verteilungsmodelle gesagt wurde: Es können durch Integrierung der Dichtefunktion (3.22) Wahrscheinlichkeiten berechnet werden - anschaulich handelt es sich dabei um Flächenanteile unter der Normalverteilungskurve. Beispielsweise - dies wird später noch bedeutsam sein - könnten diejenigen Werte $X = u$ und $X = o$ irgendeiner normalverteilten Zufallsvariablen X berechnet werden, für die gilt:

$$F(u) = 0.05 \quad \text{bzw.} \quad F(o) = 0.95$$

Die Verteilungsfunktion $F(x)$ gibt zu jeder möglichen Ausprägung x der Zufallsvariablen X die Wahrscheinlichkeit für einen X-Wert kleiner-gleich x an (vgl. Formel (3.20)). u ist dann der Wert, der die unteren 5% der Fläche unter der Kurve von den oberen 95% abschneidet - anschaulich in Abbildung 3.5 dargestellt (schattierte Fläche links). D.h. eine Ausprägung der Zufallsvariablen X kleiner-gleich u ist nur mit einer Wahrscheinlichkeit von 0.05 zu erwarten. Entsprechend ist o der Wert, der die oberen 5% der Fläche von den unteren 95% abschneidet (rechte schattierte Fläche in Abb. 3.5), d.h. ein X-Wert größer-gleich o ist nur nur mit einer Wahrscheinlichkeit von 0.05 zu erwarten.

Unter den vielen möglichen theoretischen Normalverteilungen ist eine von besonderer Bedeutung: Die ***Standardnormalverteilung***. Diese ist die $N(0,1)$, also die Normalverteilung mit Mittelwert 0 und Varianz 1 (siehe Abb. 3.5). Die Bedeutung dieser Normalverteilung liegt darin, daß sie die Verteilung *stan-*

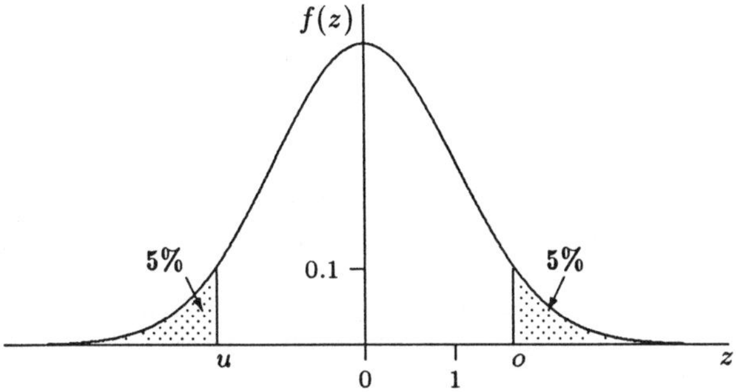

Abbildung 3.5: Standardnormalverteilung $N(1,0)$.

dardisierter normalverteilter Zufallsvariablen ist.

Die Standardisierung von Variablenwerten durch z-Transformation wurde im Kapitel 2.3 behandelt: Dort wurden die Werte x_i aus einer Stichprobe von Merkmalsträgern mittels der Kennwerte $\bar{x}$ und s der empirischen Häufigkeitsverteilung nach Formel (2.13) standardisiert. Prinzipiell kann eine solche z-Transformation natürlich auch mittels der entsprechenden Kennwerte μ (Mittelwert) und σ (Standardabweichung) einer Wahrscheinlichkeitsverteilung erfolgen – die Werte einer Zufallsvariablen X werden dann also nicht mehr anhand der in einer Stichprobe vorgefundenen Verteilung standardisiert, sondern anhand der theoretischen Verteilung einer unendlichen Menge von X-Werten. Bei korrekter Notation ist dann die z-Transformationsformel (2.13) wie folgt umzuschreiben:

$$z_i = \frac{x_i - \mu}{\sigma} \tag{3.23}$$

Aus der z-Transformation resultiert, wie schon im Kapitel 2.3 gezeigt, eine Verteilung der z-Werte mit Mittelwert 0 und Standardabweichung bzw. Varianz 1. Wird also irgendeine *normalverteilte* Zufallsvariable X mittels (3.23) standardisiert, dann sind auch die resultierenden z-Werte normalverteilt mit $\mu = 0$ und $\sigma = \sigma^2 = 1$. Mit anderen Worten: Jede Normalverteilung $N(\mu, \sigma^2)$ kann durch die z-Transformation in die Standardnormalverteilung $N(0,1)$ überführt werden.

Eine besondere praktische Bedeutung der Standardnormalverteilung liegt darin, daß für sie die Werte der Verteilungsfunktion $F(x)$ in Form einer Tabelle vorliegen (vgl. z.B. Bortz 1993: Tabelle B und Hays 1994: Table I). Man kann so auf einfache Weise zu einem gegebenen Wert x_i einer normalverteilten Zufallsvariablen den entsprechenden Wert $F(x_i)$ – also die Wahrscheinlichkeit $p(X \leq x_i)$ – bestimmen: Man standardisiert x_i nach (3.23) und entnimmt der Tabelle die gesuchte Wahrscheinlichkeit. Ist z.B. $x_i = 24$ ein Wert aus $N(30, 16)$, so ist $z_i = (24 - 30)/4 = -1.5$, in der Tabelle der Standardnormalverteilung findet man für diesen z-Wert den Wert $F(-1.5) = 0.0668$ – d.h. $p(X \leq 24) = 0.0668$.

Die enorme theoretische Bedeutung der Normalverteilung für die empirischen Wissenschaften wird i.A. hinsichtlich der folgenden vier Gesichtspunkte diskutiert, die ich hier nur knapp behandle:

1. Für die Statistik ist die Normalverteilung v.a. deshalb von grundsätzlicher Bedeutung, weil sie in vielfältiger Beziehung zu anderen theoretischen Verteilungsmodellen steht.

   Zum einen ist sie *mathematische Basisverteilung* für weitere wichtige stetige Verteilungsmodelle: Auf der Standardnormalverteilung basieren die anschließend in 3.4.2 behandelten t-, χ^2- und F-Verteilungen.

   Zum anderen besteht eine *Verbindung zur Binomialverteilung*, welche nämlich für $n \to +\infty$ in die Normalverteilung übergeht. Die Binomialverteilung mit den Parametern n und p hat den Mittelwert $\mu = \mathsf{p}n$ und die Standardabweichung $\sigma = \sqrt{n\mathsf{pq}}$, die Verteilungsfunktion $F(x)$ ist für ganzzahlige Werte $x = 0, 1, 2, \ldots, n$ definiert. Man kann nun eine Binomialverteilung mit der entsprechenden Normalverteilung, die denselben Mittelwert μ und dieselbe Standardabweichung σ hat, d.h. mit der $N(\mathsf{p}n, n\mathsf{p}\,\mathsf{q})$, vergleichen.

   Dabei steht man zunächst vor der Schwierigkeit, die Verteilung einer diskreten Variablen mit der einer stetigen vergleichen zu müssen. Dieses kann dadurch gelöst werden, daß man die diskrete binomialverteilte Variable X als stetige Variable auffaßt, wobei die ganzzahligen Werte $x_i = 0, 1, 2, \ldots, n$ jeweils die Kategorienmitten der Kategorien -0.5 – 0.5, 0.5 – 1.5, 1.5 – 2.5, ... repräsentieren. Dann kann z.B. die Wahrscheinlichkeit für den Wert 0 in der Binomialverteilung mit der entsprechenden Wahrscheinlichkeit für einen Variablenwert im Intervall -0.5 bis

0.5 in der Normalverteilung verglichen werden.

Bei einem derartigen Vergleich der Wahrscheinlichkeiten einer Binomialverteilung mit den entsprechenden Intervallwahrscheinlichkeiten der Normalverteilung kann man feststellen, daß mit größer werdendem n die Unterschiede immer geringer werden. D.h. mit größer werdendem n nähert sich die Binomialverteilung immer mehr einer Normalverteilung an, beim sogenannten *Grenzübergang* $n \to \infty$ geht die Binomialverteilung in eine Normalverteilung über.[23] Insbesondere ist zu beachten, daß dieser Übergang in die Normalverteilung auch dann stattfindet, wenn $\mathsf{p} \neq \mathsf{q} \neq 0.5$ ist.

2. Besondere Bedeutung für die Inferenzstatistik hat die Normalverteilung als *Verteilungsmodell für Stichprobenmittelwerte.* Damit ist der schon aufgeführte Fall gemeint, daß eine Stichprobenziehung als Zufallsexperiment und so die Stichprobenkennwerte als Zufallsvariablen aufgefaßt werden. Werden z.B. Stichproben der Größe 40 zufällig aus der Grundgesamtheit der Bewohner der BRD gezogen und für jede gezogene Stichprobe der Mittelwert $\bar{x}$ der Körpergrößen berechnet, so stellt $\bar{x}$ selbst eine Zufallsvariable dar (vgl. S.75f) . Für das AM aus Zufallsstichproben einer konstanten Größe n gilt das noch zu behandelnde *zentrale Grenzwerttheorem*, welches für diesen Fall besagt, daß die Mittelwerte aus Stichproben der Größe n bei hinreichend großem n annähernd normalverteilt sind (vgl. Kap. 4.2).

3. Eine weitere Bedeutung erwächst der Normalverteilung aus der *statistischen Fehlertheorie.* Wenn man die Ausprägung irgendeines Merkmals bei irgendeinem Merkmalsträger mehrfach mißt, dann wird man i.allg. feststellen, daß es eine Schwankung der gemessenen Werte gibt. Diesem Umstand wird in der Statistik (und der klassischen psychologischen Testtheorie) durch ein gedankliches Modell Rechnung getragen, das hier nicht ausführlich skizziert werden soll: Man nimmt an, daß der Meßwert x_i jeder einzelnen Messung sich aus einem „wahren Wert" t_i („true score"), d.h. der tatsächlichen Merkmalsausprägung, und einem „Fehleranteil" e_i („error component") zusammensetzt:

$$x_i = t_i + e_i$$

[23]„Mathematischer" findet man diesen De-Moivre-Laplaceschen Grenzübergang bei Menges (1982, S.76).

Der Fehleranteil e_i wird nun als normalverteilte Zufallsvariable mit dem Mittelwert $\mu_e = 0$ konzipiert. Die Argumentation, die zu dieser Annahme normalverteilter Fehler führt, übergehe ich hier.[24]

4. Schließlich wurde im Verlauf der Wissenschaftsgeschichte die Normalverteilung als gewissermaßen naturgesetzliche empirische Verteilungsform angesehen. Bei empirischen Erhebungen verschiedenster biologischer und psychologischer Merkmale findet man oft eine näherungsweise Normalverteilung. Deshalb wurde v.a. im 19. und anfangs des 20. Jahrhunderts die Auffassung vetreten, daß es sich bei der Normalverteilung der Merkmale um ein Naturgesetz handle. Demnach gibt es eine von Natur aus normative, ideale Ausprägung biologischer oder psychologischer Merkmale: Da nun aber individuelle Merkmalsausprägungen noch von einer großen Anzahl weiterer, individuell in unterschiedlichem Ausmaße wirksam werdender Faktoren abhängen, werden sie sowohl von der Idealnorm, als auch von solchen „Zufallseinflüssen" geprägt, so daß eine näherungsweise Normalverteilung aller Merkmale in der Grundgesamtheit resultieren würde.

   Diese Auffassung - wonach sozusagen die Natur selbst „normal" ist - wird heute nicht mehr vertreten, v.a. auch, da man eine Vielzahl von Merkmalen finden kann, bei denen sich empirisch keine näherungsweise Normalverteilung zeigt.

3.4.2 Weitere stetige Verteilungsmodelle

Weitere stetige Verteilungsmodelle, die für die im folgenden behandelten inferenzstatistischen Verfahren von großer Bedeutung sind, sind die bereits erwähnten t-, χ^2- und F-Verteilungen. Diese basieren jeweils auf der Standardnormalverteilung. Sie werden jeweils nur kurz erläutert, so daß später auf sie zurückgegriffen werden kann.

Die ***χ^2-Verteilung*** (χ^2 sprich: „Chi-Quadrat") beruht direkt auf der $N(0,1)$. Sie tut dieses insofern, als sie, wie schon der Name sagt, die Verteilung sogenannter χ^2-Werte ist, welche als Summe quadrierter normalverteilter z-Werte definiert sind.

Zunächst behandle ich den einfachsten Fall: Die χ^2-Verteilung

[24] Siehe die in umfänglichen Statistiklehrbüchern üblichen Darstellungen zu diesem Punkt - z.B. bei Bortz (1993, Kap. 2.5.1) und Hays (1994, Kap. 6.5).

„mit einem Freiheitsgrad".

Gegeben sei eine normalverteilte Zufallsvariable X: Wenn die X-Werte z-transformiert werden, dann ist die Verteilung der z-Werte dieser normalverteilten Zufallsvariablen die Standardnormalverteilung $N(0, 1)$. Quadriert man diese z-Werte, dann nennt man die quadrierten Werte χ^2-Werte „mit einem Freiheitsgrad" bzw. $\chi^2_{(1)}$-Werte:

$$\chi^2_{(1)} = z^2$$

Die Wahrscheinlichkeitsverteilung dieser $\chi^2_{(1)}$-Werte heißt χ^2-Verteilung „mit einem Freiheitsgrad".

Die χ^2-Verteilung „mit 2 Freiheitsgraden" ergibt sich nun wie folgt: Man wählt zufällig zwei Werte aus $N(0, 1)$ (wobei die beiden Ziehungen voneinander stochastisch unabhängig sind) – die Werte z_1 und z_2 – und quadriert jeden dieser beiden Werte. Die Summe dieser beiden Quadrate nennt man einen $\chi^2_{(2)}$-Wert:

$$\chi^2_{(2)} = z_1^2 + z_2^2$$

Die Wahrscheinlichkeitsverteilung der so definierten $\chi^2_{(2)}$-Werte ist die χ^2-Verteilung „mit 2 Freiheitsgraden".

Man könnte nun auch 3, 4, 5, ... z-Werte in voneinander stochastisch unabhängigen Zufallsziehungen aus $N(0, 1)$ ziehen, jeweils quadrieren und deren Summe bilden. Die Summen würden $\chi^2_{(3)}$-Werte, $\chi^2_{(4)} - Werte$, $\chi^2_{(5)}$-Werte usw. genannt. Die resultierenden theoretischen Wahrscheinlichkeitsverteilungen wären die χ^2-Verteilung „mit 3 Freiheitsgraden", „mit 4 Freiheitsgraden", „mit 5 Freiheitsgraden", usw.. Allgemein sind **χ^2-Werte** mit n Freiheitsgraden wie folgt definiert:

$$\chi^2_{(n)} = \sum_{i=1}^{n} z_i^2 \qquad (3.24)$$

Der Begriff **Freiheitsgrade** bezeichnet hier also die Anzahl der stochastisch voneinander unabhängigen Summanden, die zur Bildung des χ^2-Wertes benutzt werden. Man kann den Begriff darum so erklären: Es handelt sich um die Anzahl der *frei wählbaren z-Werte*, die in den χ^2-Wert eingehen. Eine in Statistikbüchern übliche Bezeichung für die Freiheitsgrade ist „*df*"

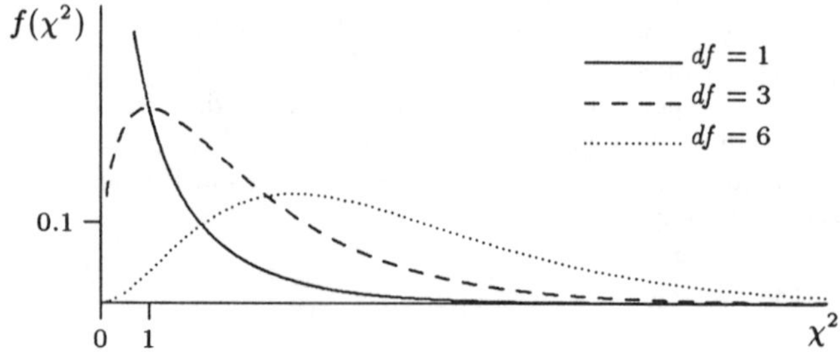

Abbildung 3.6: Verschiedene χ^2-Verteilungen.

(für „degrees of freedom"). Später (S.171) wird der Begriff der Freiheitsgrade noch genauer erläutert werden.

Die χ^2-Verteilung mit n Freiheitsgraden ist also die Verteilung der nach Gleichung (3.24) definierten stetigen Zufallsvariablen $\chi^2_{(n)}$. Die genaue Wahrscheinlichkeitsdichtefunktion dieses Verteilungsmodells zählt nicht zum unbedingt notwendigen Grundwissen des Sozial- und Verhaltenswissenschaftlers, ich erspare sie deshalb meinen Lesern (siehe z.B. Hays 1994, S.353). Allgemein gilt für χ^2-Verteilungen das folgende:

- ▷ Die χ^2-Verteilung hat nur einen *Parameter*, nämlich n. Mit anderen Worten: Verschiedene χ^2-Verteilungen unterscheiden sich ausschließlich durch die Anzahl ihrer Freiheitsgrade, d.i. die Anzahl der summierten z-Quadrate, die zur Berechnung des χ^2-Wertes benutzt wurden.
- ▷ Da χ^2-Werte Summen quadrierter Werte sind, können sie nie kleiner Null werden, d.h. der *Wertebereich* χ^2-verteilter Zufallsvariablen geht von 0 bis $+\infty$.
- ▷ Eine χ^2-Verteilung hat den Mittelwert $E(\chi^2) = \mu = n$ und die Varianz $E(\chi^2 - \mu)^2 = \sigma^2 = 2n$ (siehe z.B. Kreyszig 1975, S.160).

Die Form der χ^2-Verteilungen hängt ab vom Parameter n. Es handelt sich im rechtsschiefe Verteilungen, deren Kurve sich für $\chi^2 \to \infty$ asymptotisch der Ordinate nähert. Je kleiner n, desto größer die Schiefe, mit größer werdendem n nähert sich die Form der χ^2-Verteilung der einer Normalverteilung an. Abbildung 3.6 zeigt einige Beispiele.

Die ***t-Verteilung*** beruht auf der Standardnormalverteilung

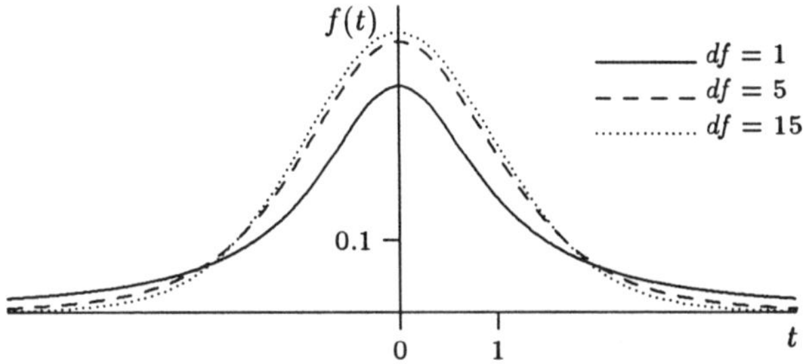

Abbildung 3.7: Verschiedene t-Verteilungen.

und der χ^2-Verteilung. Es handelt sich um die Wahrscheinlichkeitsverteilung sogenannter **t-Werte**, die wie folgt definiert sind:

$$t_{(n)} = \frac{z}{\sqrt{\chi^2_{(n)}/n}} \tag{3.25}$$

In Worten: Zieht man zufällig einen Wert aus der $N(0,1)$ und davon unabhängig einen Wert aus der χ^2-Verteilung mit n Freiheitsgraden, so erhält man nach Formel (3.25) den $t_{(n)}$-Wert. Die Verteilung der $t_{(n)}$-Werte heißt t-Verteilung mit n Freiheitsgraden.

Wie die χ^2-Verteilung hat die t-Verteilung nur einen *Parameter*, nämlich $df = n$, die Anzahl der Freiheitsgrade. Verschiedene t-Verteilungen unterscheiden sich also ausschließlich hinsichtlich ihrer Freiheitsgrade und haben alle die folgenden *Eigenschaften:*

- ▷ Alle t-Verteilungen sind symmetrisch und unimodal, ihre Form ähnelt sehr der der Normalverteilung – siehe die Beispiele in Abbildung 3.7.
- ▷ Sie haben den Mittelwert $\mu = 0$ und die Standardabweichung $\sigma = n/(n-2)$ (siehe Kreyszig 1975, S.162).
- ▷ Für $df \to \infty$ geht die t-Verteilung in die Standardnormalverteilung über.

Die ***F*-Verteilung** beruht direkt auf der χ^2-Verteilung – und damit indirekt auf der Standardnormalverteilung. Es handelt sich hier um die Wahrscheinlichkeitsverteilung sogenannter ***F*-Werte**, die wie folgt definiert sind:

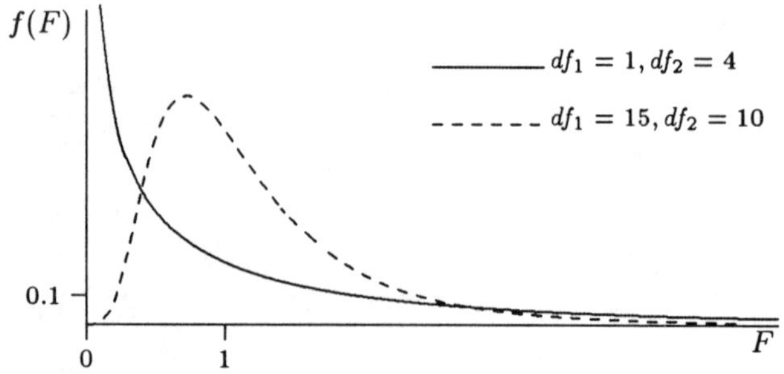

Abbildung 3.8: Verschiedene F-Verteilungen.

$$F_{(n_1,n_2)} = \frac{\frac{\chi^2_{(n_1)}}{n_1}}{\frac{\chi^2_{(n_2)}}{n_2}} = \frac{\chi^2_{(n_1)}}{\chi^2_{(n_2)}} \frac{n_2}{n_1} \tag{3.26}$$

In Worten: Zieht man zufällig einen Wert aus der χ^2-Verteilung mit n_1 Freiheitsgraden und davon unabhängig einen Wert aus der χ^2-Verteilung mit n_2 Freiheitsgraden, so erhält man nach der Formel (3.26) den $F_{(n_1,n_2)}$-Wert. Die Verteilung der $F_{(n_1,n_2)}$-Werte heißt F-Verteilung mit n_1 „Zählerfreiheitsgraden" und n_2 „Nennerfreiheitsgraden".

Die F-Verteilung hat zwei *Parameter*, nämlich $df_1 = n_1$, die Anzahl der Zählerfreiheitsgrade, also der Freiheitsgrade des χ^2-Wertes im Zähler des sogenannten F-Bruchs, und $df_2 = n_2$, die Anzahl der Nennerfreiheitsgrade, also der Freiheitsgrade des χ^2-Wertes im Nenner des F-Bruchs. Verschiedene F-Verteilungen unterscheiden sich demnach ausschließlich hinsichtlich df_1 und df_2. Die Form der F-Verteilung kann für verschiedene Werte n_1 und n_2 sehr unterschiedlich ausfallen, sie ist asymmetrisch und linkssteil. Abbildung 3.8 zeigt zwei Beispiele.

Es sei für alle zuletzt behandelten Verteilungsmodelle nocheinmal daran erinnert, daß es sich um theoretische Wahrscheinlichkeitsverteilungen von stetigen Zufallsvariablen handelt. Also entsprechen auch hier die Flächen unter der jeweiligen Wahrscheinlichkeitsdichtefunktion Wahrscheinlichkeiten. Man kann z.B. ähnlich, wie dies schon bei der Normalverteilung gezeigt wurde, nach dem „kritischen Wert“ einer χ^2-Verteilung mit $df = n$ fragen, bei dem die linken 95% der Fläche unter der Verteilungskurve von den oberen 5% getrennt werden, so daß nur mit einer Wahrscheinlichkeit von 0.05 ein $\chi^2_{(n)}$-Wert größergleich diesem fraglichen zu erwarten ist. Nahezu alle umfänglichen Statistiklehrbücher enthalten im Anhang ausführliche Tabellenwerke, in denen man solche „kritischen Werte“ für die meisten χ^2-, t-, und F-Verteilungen nachschlagen kann.

Damit sollten nun dem Leser die wichtigsten theoretischen Verteilungsmodelle für Zufallsvariablen bekannt sein. Dieses Wissen wird im folgenden schon sehr bald benötigt werden.

4 Grundlagen der Inferenzstatistik

Im Kontext der Inferenzstatistik geht es – ganz allgemein formuliert – um die Verallgemeinerung von Stichprobenergebnissen. Also um die Frage, ob und wie von empirischen Ergebnissen, die aus der Untersuchung einer begrenzten Gruppe von Merkmalsträgern (in der Psychologie sind dies meist Personen) resultieren, auf die Gegebenheiten insgesamt, d.h. die Ergebnisse in der „Gesamtgruppe" aller möglichen Merkmalsträger geschlossen werden kann.

Allerdings ist der letzte Satz – und ähnliche Formulierungen sind in vielen Statistiklehrbüchern zu finden – mit Vorsicht zu genießen. Genaugenommen beruht die Logik statistischer Hypothesentests, die am Ende dieses Kapitels behandelt wird, nicht auf einer verallgemeinernden Schlußfolgerung – was logisch problematisch wäre –, sondern auf einer *Entscheidung* über konkurrierende Hypothesen aufgrund von Wahrscheinlichkeitsabschätzungen, welche aus den Stichprobenergebnissen resultieren. Erdfelder (1994, S.86) betont darum auch, daß die Begriffe Inferenzstatistik bzw. schließende Statistik unglücklich gewählt seien: *„In der Statistik wird nicht ‚geschlossen', sondern ‚entschieden'."*

Es wären deshalb im Grunde Begriffe wie entscheidende oder beurteilende Statistik vorzuziehen, welche sich aber bisher nicht durchgesetzt haben, so daß auch ich bei der „Inferenzstatistik" bleiben will.

4.1 Stichprobe und Grundgesamtheit

Der für die Inferenzstatistik grundlegende Begriff der ***Population*** oder ***Grundgesamtheit*** kann wie folgt definiert werden: *„Eine Population ist in der Statistiktheorie ... die Gesamtheit von Ergebnissen (Daten) von Beobachtungen oder Versuchen, von denen angenommen wird, sie seien im wesentlichen unter gleichen Bedingungen zustande gekommen"* (Rogge 1995, S.177).

In vielen Statistiklehrbüchern sind Erklärungen des Populationsbegriffs zu finden (z.B. bei Bortz 1993, S.84), durch die die Population als Gesamtheit aller möglichen Merkmalsträger bzw. Untersuchungseinheiten einer Untersuchung beschreiben wird.

Solche Definitionen sind auf den ersten Blick anschaulicher, als die eingangs gewählte: In den Sozial-und Verhaltenswissenschaften wird es sich bei den Elementen – den Merkmalsträgern bzw. Untersuchungseinheiten – der so definierten Population häufig um Personen handeln, so daß es sich sehr anschaulich z.B. von der „Grundgesamtheit aller Bewohner der BRD" oder der „Population aller männlichen Alkoholiker" usw. reden läßt. Durch die Theorie, welche einer Untersuchung zugrundeliegt, würden demnach die Merkmale festlegt, durch die die potentiellen Untersuchungseinheiten und damit die Population definiert werden. Soll z.B. die materielle Situation alleinerziehender Mütter in der BRD untersucht werden, so ergibt sich die Population als Gesamtmenge aller Personen, für die die genannten Merkmale zutreffen.

In der Statistik hat man es nun allerdings mit Daten – nämlich Ausprägungen der untersuchten Variablen – zu tun und so ist die Population konsequenterweise nicht als Grundgesamtheit aller Merkmalsträger, die bei einer Untersuchung möglicherweise untersucht werden könnten, zu definieren, sondern im oben zitierten Sinne als Grundgesamtheit von Merkmalsausprägungen – also Daten. So besehen wäre, wenn z.B. in der Untersuchung alleinerziehender Mütter in der BRD deren materielle Situation über eine Einkommensvariable X erhoben würde, als Population die Gesamtmenge aller Ausprägungen (Realisationen, Daten, Ergebnisse) von X unter den Bedingungen „alleinerziehend", „Mutter" und „Bewohnerin der BRD" zu bezeichnen.

Gemäß der gewählten Definition des Populationsbegriffs kann nun auch der Begriff der ***Stichprobe*** wie folgt definiert werden: *„In der Statistiktheorie ... ist eine Stichprobe eine Teilmenge der Universalmenge von Ergebnissen (Daten), d.h. der Population"* (Rogge ebd.). Damit wird auch als Stichprobe nicht das bezeichnet, was i.allg. darunter verstanden wird: Stichprobe ist hier wiederum nicht eine Menge von Merkmalsträgern, sondern von Daten.

Es bestehen also im Grunde jeweils zwei Möglichkeiten, Population bzw. Stichprobe zu definieren: Als Mengen von Untersuchungsobjekten bzw. Merkmalsträgern (z.B. Personen) oder als Datenmengen. Ersteres ist wohl für den Einsteiger in die Statistik anschaulicher und entspricht mehr dem geläufigen Sprachgebrauch – gerade auch in Veröffentlichungen empirischer Forschung in den Sozial- und Verhaltenswissenschaften. Deswegen werde auch ich im folgenden die diesen Definitionen entsprechenden Redeweisen gebrauchen und von Populationen bzw. Stichproben von Merkmalsträgern reden. Es soll damit also zum Zwecke der Einführung eine weniger abstrakte Darstellung gewährleistet werden und ich weise darum an dieser Stelle noch einmal ausdrücklich darauf hin, daß Populations- und Stichprobenbegriff in der statistischen Theorie eigentlich nicht Mengen von Untersuchungsobjekten, sondern Datenmengen meinen.

Die Verteilung der Realisationen einer Variablen in der Population heißt ***Populationsverteilung***. Die Begriffe lassen sich einfach durch ein Urnenmodell veranschaulichen: In einer Urne liegen sehr viele Kugeln, welche jeweils mit irgendeiner Zahl beschriftet sind. Die Gesamtmenge aller Kugel bzw. aller Zahlen – je nachdem, auf welche Art man die Begriffe definiert – in der Urne ist die Population. Werden nun einige Kugeln herausgeholt, so wird damit eine Stichprobe gezogen. Die Verteilung aller Zahlen, die ursprünglich in der Urne waren, entspräche dann der Populationsverteilung.

Die statistischen Kennwerte – z.B. Mittelwerte, Varianzen etc. – einer Populationsverteilung werden als **Parameter** bezeichnet. Dieses mag zunächst nicht einleuchten, wenn man sich der im Kapitel 3.3.1 gemachten Erläuterungen zum Parameterbegriff erinnert (vgl. S.88), wonach, in lockerer Verwendung dieses Begriffs, die Kennwerte *theoretischer* Verteilungen Parameter genannt werden – es wird aber gleich noch dargelegt werden, daß Populationsverteilungen theoretischen Charakter haben. Auch sei noch einmal daran erinnert, daß Parameter mit griechischen Buchstaben und Stichprobenkennwerte mit lateinischen Buchstaben bezeichnet werden.

Die Parameter einer Population sind normalerweise nicht bekannt: Die Erhebung *aller* (möglichen) Daten ist i.d.R. unmöglich, zumindest aber teuer. Wenn nun darum eine Stichprobe Aufschluß über die Gegebenheiten in der Population geben sollen, dann ist dieses natürlich umso eher möglich, je genauer die Stichprobe diese Gegebenheiten in der Population abbildet: D.h. es ist grundsätzlich zu fordern, daß eine Stichprobe die Population möglichst gut *repräsentiert* – oder, anders gesagt: Die Stichprobe soll dergestalt **repräsentativ** für die Population sein, daß die Verteilung der Stichprobendaten der entsprechenden Populationsverteilung möglichst ähnlich ist. Es stellt sich damit die Frage, wie eine möglichst repräsentative Stichprobe gezogen werden kann, und diese Frage lenkt den Blick auf die verschiedenen Methoden der Stichprobengenerierung, die je nach (personellen, ökonomischen etc.) Resourcen der Untersuchung und Vorkenntnissen über den Untersuchungsgegenstand möglichst repräsentative Stichproben gewährleisten sollen. Man kann hier grob die folgenden Stichprobenarten unterscheiden: Zufallsstichproben, geschichtete bzw. stratifizierte Stichproben (mit dem speziellen Fall der proportional geschichteten bzw. Quotenstichproben), Klumpenstichproben und die sogenannten anfallenden Stichproben. Ich möchte nun aber, der Kürze meiner Darstellungen wegen, dieses Thema nicht vertiefen[25] und im folgenden lediglich der Zufallsstichprobe einige Aufmerksamkeit widmen, da im Grunde nur sie für die im weiteren behandelten inferenzstatistischen Verfahren relevant ist.

Eine ***Zufallstichprobe*** ist eine *zufällige Auswahl* von Elementen aus einer Population. Im gegenwärtigen Kontext soll damit die Zufallsauswahl „ohne Zurücklegen" gemeint sein: Bei jeder Ziehung hat jedes Element der Population, das noch nicht bei einer vorherigen Ziehung ausgewählt wurde, dieselbe Wahrscheinlichkeit, ausgewählt zu werden.

Das Problem der Zufallsstichprobe besteht in ihrer schwierigen praktischen Durchführbarkeit: Wollte man beispielsweise eine Zufallsstichprobe alleinerziehender Mütter in der BRD ziehen, so würde das praktisch bedeuten, daß tatsächlich *jede* alleinerziehende Mutter diesselbe Chance hat, gezogen zu werden, daß also zunächst eine Art Liste sämtlicher alleinerziehender Mütter erstellt wird, aus der dann ausgewählt werden kann.

Die inferenzstatistischen Vorgehensweisen, die im folgenden noch behandelt werden, sind Verfahren für die Analyse der Daten aus Zufallstichproben. Wurde ein Untersuchungsobjekt durch Zufallsauswahl aus der Population gezogen, dann ist die-

[25] Es gehört m.E. eher in den Kontext der Versuchplanung, als in eine Statistikeinführung. Mehr zu den genannten Stichprobenarten ist z.B. bei Bortz (1993, S.84ff) oder Yaremko et al. (1982, Stichwort „sample") nachzulesen. Was das Problem der Repräsentativität von Stichproben betrifft, so verweise auf seine Behandlung im thematischen Kontext der sogennanten externen Validität von Untersuchungen. Zur ersten Orientierung sei hier wieder Rogge (1995) empfohlen, darüber hinaus findet man bei Hager & Westermann (1983) eine fundierte einführende Behandlung der sogenannten Populationsvalidität von Untersuchungen.

se Auswahl das Ergebnis eines Zufallsexperiments. Wie bereits im Kapitel 3.2 dargelegt wurde, sind damit die bei den zufällig ausgewählten Untersuchungsobjekten gemessenen Ausprägungen eines Merkmals wahrscheinlichkeitstheoretisch als Realisationen einer Zufallsvariablen aufzufassen und genauso sind auch statistische Stichprobenkennwerte Zufallsvariablen. Geschichtete, Klumpen- und anfallende Stichproben unterscheiden sich von der Zufallstichprobe darin, daß bei ihrer Generierung nicht jedes Mitglied der Population diesselbe Wahrscheinlichkeit hat, aufgenommen zu werden.Die inferenzstatistischen Verfahren, die nachfolgend behandelt werden, sind aber **stochastische Modelle**, die auf der Grundvoraussetzung solcher durch „gleichwahrscheinliche" Zufallsauswahl erzeugter Zufallsvariablen beruhen.[26]

Da die im folgenden behandelten Verfahren also Zufallsstichproben voraussetzen, wären für anders generierte Stichproben *strenggenommen* auch modifizerte inferenzstatistische Techniken erforderlich, welche eben das veränderte Modell der Auswahl von Elementen aus der Grundgesamtheit berücksichtigen. Tatsächlich aber werden in der Praxis empiriewissenschaftlicher Forschung meist auch geschichtete, Klumpen- und anfallende Stichproben statistisch genauso behandelt, wie echte Zufallsstichproben. Das Problem, daß die angewandten inferenzstatistischen Techniken im Grunde nur für Zufallsstichproben Gültigkeit besitzen, wird häufig gar nicht berücksichtigt! Dieses kann teilweise damit gerechtfertigt werden, daß eine wie auch immer gezogene Stichprobe im Grunde auch eine Zufallsstichprobe ist – nämlich eine Zufallsstichprobe aus der Grundgesamtheit all derjenigen Elemente, die bei der Stichprobengenerierung diesselbe Chance hatten, gezogen zu werden. Die Frage ist nun allerdings, inwieweit diese „tatsächliche Population" der Zufallsstichprobe mit der Grundgesamtheit übereinstimmt, auf die sich die jeweilige Untersuchung beziehen *will*.

Wenn beispielsweise für das im Kapitel 1.1 skizzierte Frustrations-Aggressions-Experiment als Versuchspersonen Psychologiestudenten des psychologischen Instituts irgendeiner Universität durch einen Aushang, der zur freiwilligen Teilnahme einlädt,

[26] Den Begriff des stochastischen Modells will ich hier nicht ausführlicher gebrauchen. Ich empfehle dazu allerdings die Lektüre von Steyer (1994), die einiges zum Grundverständnis inferenzstatistischer Vorgehensweisen beitragen kann.

gewonnen würden, so wäre die so entstehende Stichprobe vielleicht noch (mit einigem guten Willen) als Zufallsstichprobe aus der Population der Psychologiestudierenden jener Universität zum Zeitpunkt der Durchführung des Experiments aufzufassen. Keinesfalls würde es sich um eine Zufallsstichprobe aus der Grundgesamtheit aller Studenten oder gar aller Menschen handeln. Würde man die in diesem Experiment erzeugten Daten zur inferenzstatistischen Überprüfung der Frustrations-Aggressions-Hypothese mittels des in 4.4 noch darzustellenden Verfahrens verwenden, so würden z.B. resultierende „Signifikanzaussagen" auch nur bezüglich der Population von Psychologiestudierenden jenes Instituts gelten. Die Frustrations-Aggressions-Hypothese zielt aber nicht nur auf diese begrenzte Grundgesamtheit ab, sondern letztendlich auf alle Menschen überhaupt.

Es soll damit nun nicht gesagt werden, daß die Anwendung inferenzstatistischer Verfahren, die auf der Modellannahme von Zufallsstichproben beruhen, dann sinnlos ist, wenn die „tatsächliche Population", deren Elemente jeweils diesselbe Chance hatten, in die untersuchte Stichprobe gezogen zu werden, nicht mit der gemeinten – für die die theoretische Aussage Gültigkeit beansprucht – übereinstimmt.[27] Ruft man die falsifikationistische Logik der Geltungsprüfung wissenschaftlicher Theorien in Erinnerung, welche in Kapitel 1.1 kurz angesprochen wurde, so erscheint es durchaus sinnvoll, diese Geltungsprüfung – als Versuch, die Theorie empirisch zu falsifizieren, – immer wieder anhand kleiner Teilpopulationen aus der Gesamtpopulation, für welche theoretisch Gültigkeit behauptet wird, durchzuführen. So mag die besagte Frustrations-Aggressions-Hypothese einmal in der kleinen Grundgesamtheit der Psychologiestudierenden einer bestimmten Universität zu einem bestimmten Zeitpunkt überprüft werden, und andere Male in anderen Populationen: Die Geltung der Theorie ergibt sich ja letztendlich aus der Bewährung in vielen solcher Untersuchungen.

Jedenfalls gebietet die angesprochene Problematik Vorsicht vor voreiligen Verallgemeinerungen, die sich auf inferenzstatistische Ergebnisse gründen. Es ist eben nicht nur – was i.d.R. auch getan wird – die Frage zu berücksichtigen, inwieweit die untersuchte Stichprobe repräsentativ für die theoretisch ins Au-

[27] Das würde übrigens bedeuten, daß der größte Teil aller Anwendungen inferenzstatistischer Verfahren in der Psychologie sinnlos ist.

ge gefaßte Population ist. Es sollte darüber hinaus auch stets bedacht werden, daß z.B. parametrische statistische Testhypothesen, welche mit den allgemein gebräuchlichen inferenzstatistischen Tests überprüft werden (siehe Kap. 4.4), eigentlich Aussagen über Verteilungsparameter in derjenigen Population, welche oben als „tatsächliche“ bezeichnet wurde, sind. Für die Interpretation der Testergebnisse gilt darum: *„Any generalization beyond the population actually sampled at random must rest on extrastatistical, scientific considerations“* (Hays 1994, S.226).

Es wurde im Kapitel 3.2 dargelegt, daß die Wahrscheinlichkeitsverteilung einer Zufallsvariablen im Grunde deren Häufigkeitsverteilung in der Gesamtheit aller Fälle, in der Realisationen dieser Variablen vorliegen, ist (vgl. S.82f). Wenn wir nun z.B. die Zufallsvariable X „Haushaltseinkommen alleinerziehender Mütter in der BRD“ betrachten, so ist die besagte Gesamtheit aller Fälle, in denen Realisationen von X vorliegen, die Population der alleinerziehenden Mütter der BRD, und somit entspricht die Populationsverteilung von X der *Wahrscheinlichkeitsverteilung* dieser Zufallsvariablen. Wahrscheinlichkeitsverteilungen aber, so wurde ebenfalls bereits erläutert, sind als Verteilungen mit $n \to \infty$ konzipiert - gewissermaßen als die Verteilungen der theoretischen relativen Häufigkeiten, die sich ergäben, wenn unendlich oft eine Realisation der Zufallsvariablen gezogen würde. Dieses gilt somit auch für Populationsverteilungen. Dabei ist es unerheblich, ob in der Population auch tatsächlich eine unendliche Zahl von Realisationen der Zufallsvariablen vorliegt, oder nur eine endliche - ob es sich um eine „unendlich große“ oder eine „endlich große“ Population handelt. Auch bei endlichen Populationen entsprächen die theoretischen relativen Häufigkeiten der Zufallsvariablen X, die man erhielte, wenn man unendlich oft die Ziehung (mit Zurücklegen) eines Elements aus dieser Population durchführen und dessen jeweiligen X-Wert bestimmen würde, den tatsächlichen relativen Häufigkeiten von X in der Population.

Ich habe diesen Gedanken für die Zwecke dieses Buches etwas vereinfachend dargestellt und möchte ihn hier nicht weiter vertiefen, sondern damit abschließen, daß die üblichen inferenzstatistischen Verfahren also von Populationsverteilungen mit unendlichem n ausgehen. Dieses ist auch praktisch sinnvoll, da i.d.R. die Populationen, auf die man sich in der empirischen Forschung beziehen möchte, zumindest so groß sind, daß nicht alle Elemente dieser Population beobachtbar sind und es sich sozusagen um quasi unendliche Grundgesamtheiten handelt.

4.2 Die Stichprobenkennwerteverteilung

*Die **Stichprobenkennwerteverteilung** eines Stichprobenkennwerts ist dessen (Wahrscheinlichkeits-)Verteilung aus allen möglichen Zufallsstichproben eines bestimmten Umfangs n, die unter der Annahme gleicher Bedingungen aus einer Population gezogen werden können.*

Man könnte z.B. den Mittelwert und die Standardabweichung der Körpergrößen in (Zufalls-)Stichproben von 20 Personen betrachten. Wenn die Population die Gesamtheit aller Bewohner der BRD wäre, dann könnte man die Ziehung einer Zufallstichprobe von 20 Personen unendlich oft wiederholen, dabei erhielte man (nahezu) unendlich viele *verschiedene* Stichproben von 20 Personen. Für jede dieser Stichproben könnte ein Mittelwert und eine Standardabweichung berechnet werden, sodaß sich eine Verteilung von (nahezu) unendlich vielen Mittelwerten und eine Verteilung von (nahezu) unendlich vielen Standardabweichungen ergäbe. In wahrscheinlichkeitstheoretischer Betrachtung – siehe Kapitel 3.2 – bedeutet das Ziehen einer Stichprobe von $n = 20$ ein Zufallsexperiment, Mittelwert und Standardabweichung von Stichproben von $n = 20$ wären dann Zufallsvariablen im Sinne der gemachten Definition. Die Verteilungen dieser beiden Zufallsvariablen heißen dann Stichprobenkennwerteverteilungen – es handelt sich im Wortsinne um die Wahrscheinlichkeitsverteilung statistischer Kennwerte aus Stichproben.

Wichtig für das Verständnis – deshalb sei nocheinmal ausdrücklich darauf hingewiesen – ist, daß eine Stichprobenkennwerteverteilung immer die Verteilung eines Kennwerts aus allen Zufallsstichproben *mit ein und demselben Umfang* n ist. Es gibt also z.B. für das AM irgendeiner einer Zufallsvariablen X in Stichproben aus einer Population nicht eine einzige Stichprobenkennwerteverteilung, sondern viele verschiedene für jede mögliche Stichprobengröße n.

Die **Stichprobenkennwerteverteilung des AM** ist sozusagen die prominenteste in der Statistik und wird deshalb hier ausführlicher behandelt. Man gehe also davon aus, daß bei einer Stichprobe von n Merkmalsträgern die Ausprägungen eines Merkmals X gemessen und dessen Stichprobenmittelwert $\bar{x}$ berechnet worden sei. Wenn man dieses $\bar{x}$ als Realisation einer Zufallsvariablen $\bar{X}$ betrachtet, dann kann man auch die Frage nach der Wahrscheinlichkeitsverteilung von $\bar{X}$ stellen.[28] Kennt man diese Wahrscheinlichkeitsverteilung, so könnte man z.B. fragen, wie groß die Wahrscheinlichkeit dafür ist, bei *irgendeiner* Ziehung einer Zufallsstichprobe von n Merkmalsträgern einen Stichprobenmittelwert zu bekommen, der kleiner-gleich demjenigen $\bar{x}$ ist, das man für die Stichprobe, die tatsächlich gezogen wurde, errechnet hat.

Zunächst soll nun das Verteilungsmodell dieser Stichprobenkennwerteverteilung eines Stichprobenmittelwerts $\bar{x}$ aus einer Zufallsstichprobe des Umfangs n betrachtet werden. Auch wenn die exakte Verteilungsform dieser Kennwerteverteilung nicht bekannt ist, so kann man sie doch näherungsweise bestimmen, denn es gilt hier das in 3.4.1 bereits erwähnte **zentrale Grenzwerttheorem**: *Die Stichprobenkennwerteverteilung des Mittelwerts $\bar{x}$ geht mit zunehmendem Stichprobenumfang n in eine Normalverteilung über – unabhängig von der Art der Populationsverteilung des Merkmals X.* Für größer werdende Stichprobenumfänge n nähert sich also die Wahrscheinlichkeitsverteilung von $\bar{x}$ der Normalverteilung an – und dieses ist auch dann der Fall, wenn das Merkmal X in der Population selbst nicht normalverteilt ist.[29]

Es ist in dieser Formulierung des Grenzwerttheorems von zwei verschiedenen theoretischen Verteilungen die Rede, was so manchem Einsteiger in die Statistik einige Verwirrung hervorruft: Die Stichprobenkennwerteverteilung von $\bar{x}$ ist hier von der Populationsverteilung von X zu unterscheiden! Letztere ist, so wie im Kapitel 4.1 dargelegt, die Verteilung der Variablen X in der Grundgesamtheit, aus der die Zufallsstichprobe gezogen wurde. Viele inferenzstatistische Verfahren – es werden später noch Bei-

---

[28] Ich erinnere nochmal an die im Kapitel 3.2 eingeführte Schreibweise, wonach eine Zufallsvariable durch einen Großbuchstaben benannt wird, ihre Realisationen durch den entsprechenden Kleinbuchstaben. Zur Vereinfachung der Notation mache ich im folgenden für Stichprobenkennwerte diesen Unterschied nicht mehr, sondern schreibe hier nur noch Kleinbuchstaben.

[29] Der zentrale Grenzwertsatz der Statistik ist nicht nur für den speziellen Fall des Stichprobenmittelwerts formuliert, sondern besagt ganz allgemein die Normalverteiltheit einer Summe von n Zufallsvariablen – und eine solche befindet sich im Zähler der Berechnungsformel (2.2) für $\bar{x}$. Eine sehr allgemeinverständliche Darstellung liefert hier Menges (1982, S.80f).

spiele hierfür behandelt werden – setzen nun voraus, daß es sich bei der Populationsverteilung der zu analysierenden Variablen X um eine (zumindest näherungsweise) Normalverteilung handelt bzw., anders ausgedrückt, daß X in der Population näherungsweise normalverteilt ist. Das zentrale Grenzwerttheorem enthält diese Normalverteilungsannahme *nicht*, es gilt auch dann, wenn X nicht normalverteilt ist: Ganz gleich, „wie" ein Merkmal X in der Grundgesamtheit aller Merkmalsträger verteilt ist, die X-Mittelwerte aller gleichgroßen Zufallstichproben sind gemäß des obigen Grenzwerttheorems annähernd normalverteilt, wenn nur diese Stichproben groß genug sind.

Mit wachsendem Stichprobenumfang n wird die Annäherung der Verteilung der Stichprobenmittelwerte an die Normalverteilung immer größer. Eine praktische Daumenregel besagt, daß bereits ab einer Stichprobengröße von $n = 30$ die Mittelwertsverteilung annähernd „normal" ist. Wenn man also das AM einer (Zufalls-)Stichprobe von mindestens 30 Merkmalsträgern errechnet hat, so kann man davon ausgehen, daß es sich bei der Wahrscheinlichkeitsverteilung dieses Stichprobenmittelwerts um eine Normalverteilung handelt.

Der mathematische Beweis des zentralen Grenzwerttheorems ist sehr kompliziert und kann hier nicht behandelt werden![30]

Wenn nun als Verteilungsmodell für die Wahrscheinlichkeitsverteilung eines Stichprobenmittelwerts die Normalverteilung identifiziert wurde, so stellt sich jetzt die Frage nach den Parametern – Mittelwert und Varianz – dieser Normalverteilung. Wenn wir also für eine untersuchte Stichprobe $\bar{x}$ errechnet haben, so können wir diesen Wert jetzt als Zufallsziehung aus einer Normalverteilung auffassen – die Frage ist, aus welcher? Für den Erwartungswert $E(\bar{x})$ bzw. den **Mittelwert** $\mu_{\bar{x}}$ dieser Verteilung (zwei unterschiedliche Bezeichnungen für ein und dasselbe) gilt:

$$E(\bar{x}) = \mu_{\bar{x}} = \mu \tag{4.1}$$

In Formel (4.1) bezeichnet μ den Mittelwert der Populationsverteilung der Variablen X. Sie besagt also, daß der Erwartungswert der Stichprobenkennwerteverteilung von $\bar{x}$ gleich dem Populationsmittelwert des analysierten Merkmals X ist. Die Gültigkeit dieser Beziehung kann mittels der Erwartungs-

[30] Siehe z.B. bei Fisz (1976, S.237f).

wertalgebra ganz einfach nachgewiesen werden.[31]

Bleibt noch die Frage nach der Varianz der Stichprobenkennwerteverteilung des AM. Erwartungswertalgebraisch ermittelt man diese **Varianz** $\sigma_{\bar{x}}^2$ wie folgt (siehe auch Fußnote 31):

$$\sigma_{\bar{x}}^2 = \frac{\sigma^2}{n} \tag{4.2}$$

In Formel (4.2) bezeichnet σ^2 die Varianz der analysierten Variablen X in der Population. Die Formel zeigt, daß die Varianz der Kennwerteverteilung des AM von zwei Einflußgrößen abhängt: Der Varianz des untersuchten Merkmals X in der Grundgesamtheit und der Stichprobengröße n. Je größer die Populationsvarianz σ^2 der untersuchten Variablen X, desto größer ist auch die Varianz der X-Mittelwerte aus allen möglichen Stichproben einer Größe n, die aus dieser Population gezogen werden können. Und mit zunehmendem Stichprobenumfang n wird die Varianz der Stichprobenkennwerteverteilung von $\bar{x}$ immer kleiner. Ganz abgesehen von der formalen Herleitung der Formel (4.2) sollte dieses auch „sachlogisch" unmittelbar einleuchten.

Ein Stichprobenmittelwert $\bar{x}$ eines Merkmals X in einer Zufallstichprobe „stammt" also – zumindest dann, wenn die Stichprobe hinreichend groß ist ($n \geq 30$) – aus $N(\mu, (\sigma^2/n))$. Nun kennen wir natürlich i.d.R. den Populationsmittelwert μ irgendeines untersuchten Merkmals X genausowenig, wie dessen Varianz σ^2. Im Gegenteil: Eines der Anliegen inferenzstatistischer Berechnungen besteht darin, aufgrund von Stichprobendaten die Größe solcher Populationsparameter abzuschätzen – und für diese Schätzung kann man nun, wie im nächsten Kapitel gezeigt werden wird, die Kenntnisse über die Wahrscheinlichkeitsverteilungen der entsprechenden Stichprobenkennwerte gebrauchen.

4.3 Parameterschätzung

Die Parameter eines Merkmals X in einer Population – wie z.B. dessen Populationsmittelwert oder Populationsvarianz – sind, wie bereits in Kapitel 4.1 gesagt wurde, normalerweise nicht

[31] Die erwartungswertalgebraische Herleitung der Gleichungen (4.1) und (4.2) findet man z.B. bei Hays (1994, Kap. 5.7) oder bei Bortz (1993, Anhang B).

bekannt. Besteht ein theoretisches Interesse an solchen Parametern, so müssen sie aus vorhandenen Stichprobendaten geschätzt werden. Es geht also jetzt schlicht darum, von dem Wert irgendeiner statistischen Größe, den man in einer Stichprobe errechnet hat, auf den Wert dieser Größe in der Grundgesamtheit zu schließen.

Wenn beispielsweise in einer (Zufalls-)Stichprobe von Studenten einer Universität ein durchschnittlicher Bierkonsum von zwei Litern pro Tag beobachtet wurde: Was läßt sich daraus auf den durchschnittlichen Bierkonsum aller Studenten dieser Universität schließen?

Es gibt zwei verschiedene Ansätze für diese Schlußfolgerung, die in den folgenden Unterkapiteln behandelt werden.

4.3.1 Punktschätzung

Wenn ein bestimmter Parameter – der Wert eines statistischen Kennwerts in der Population – durch einen einzigen Wert, d.h. durch eine einzige aus den Daten einer Stichprobe berechnete statistische Größe, geschätzt wird, so nennt man dieses **Punktschätzung**. Man kann die Bezeichnung wörtlich nehmen: Man schätzt einen Parameter „auf den Punkt" – dagegen wird bei der in 4.3.2 behandelten Intervallschätzung nicht ein Punkt geschätzt, sondern ein Intervall, in welchem sich der Wert des gesuchten Parameters mit einer bestimmten Wahrscheinlichkeit befinden sollte.

Ich behandle die Punktschätzung im folgenden wieder am Beispiel der Schätzung eines Populationsmittelwerts μ. Als Stichprobenkennwert, der zur Schätzung dieses Parameters benutzt werden könnte, bietet sich hier schlicht $\bar{x}$, also das AM des untersuchten Merkmals X in der gezogenen Stichprobe, an. Wenn also z.B. in einer (Zufalls-)Stichprobe von Studenten einer Universität die Ausprägungen auf der Zufallsvariablen X „Täglicher Bierkonsum in Litern" erhoben wurden und als AM dieser Stichprobe $\bar{x} = 2$ errechnet wurde, so würde dieser Wert als Schätzung für den durchschnittlichen Bierkonsums in der Grundgesamtheit aller Studenten dieser Universität verwendet:

$$\hat{\mu} = \bar{x} \tag{4.3}$$

In Formel (4.3) zeigt das „Dach" über dem μ wiederum (wie schon einmal im Kapitel 2.1 in Formel (3.6)) an, daß es sich um eine *Schätzung* des darunterliegenden Wertes handelt. Diese Schreibweise wird auch im folgenden beibehalten. $\hat{\mu}$ ist also die Schätzung des Populationsmittelwerts von X und die obige Formel besagt, daß dieser Parameter durch das AM der Stichprobe geschätzt werden kann.

Was also unter dem bedeutungsvoll klingenden Begriff Punktschätzung daherkommt, entpuppt sich nun als recht banale Angelegenheit: Ein Stichprobenkennwert - in diesem Fall das AM $\bar{x}$ - wird als Schätzung eines Parameterwerts - hier des Populationsmittelwerts μ - verwendet.[32] Allerdings gibt dafür gute und weniger banale Gründe: Ein Stichprobenkennwert, der zur Punktschätzung eines Parameters verwendet wird, - ein sogenannter *Schätzer* - sollte bestimmte Eigenschaften erfüllen, durch die er sich als ein solcher Schätzer eignet. Diese wünschenswerten Eigenschaften von Schätzern sind die vier **Kriterien der Parameterschätzung**, welche häufig als ***Fisher-Kriterien*** bezeichnet werden.

Wenn ein Stichprobenkennwert zur Schätzung eines Parameters verwendet werden soll, dann sollte es irgendeine hinreichende Wahrscheinlichkeit dafür geben, daß Kennwert, der aus einer zufällig ausgewählten Stichprobe resultiert, auf den gesuchten Parameter fällt oder zumindest recht nahe bei ihm liegt. Idealerweise sollte darum der Erwartungswert (Mittelwert) seiner Stichprobenkennwerteverteilung mit dem gesuchten Parameter zusammenfallen. Dieses würde bedeuten, daß der „Durchschnitt" aller *möglichen* Schätzungen - durch Ziehung einer Zufallstichprobe und Berechnung des Schätzwertes - dem zu schätzenden Parameter entspricht. Natürlich ist dieses keine Garantie dafür, daß ein einzelner Stichprobenkennwert aus einer Zufallsstichprobe den Parameter trifft, aber es ist doch immerhin einigermaßen *wahrscheinlich*, daß dieser Kennwert nahe beim Mittelwert seiner eigenen Stichprobenkennwerteverteilung - und damit beim Parameter - liegt. Aus dieser Überlegung resultiert das erste der Fisher-Kriterien, nämlich die ***Erwartungstreue***: *Ein statistischer Kennwert t einer Zufallsstichprobe ist eine erwartungstreue Schätzung eines Populationsparameters θ, wenn gilt:*

[32] Um keinen falschen Eindruck enststehen zu lassen: Es könnte z.B. auch der Stichprobenmedian als Schätzer für μ benutzt werden, ein Parameter muß also nicht zwangsläufig durch „seine" jeweilige Stichprobenstatistik geschätzt werden.

$$E(t) = \mu_t = \theta \tag{4.4}$$

Also muß der Mittelwert der Stichprobenkennwerteverteilung von t dem zu schätzenden Parameter θ entsprechen, damit θ durch t erwartungstreu geschätzt werden kann.

Ist $\mu_t \neq \theta$ dann verschätzt der Schätzer t den Parameter θ sozusagen „im Durchschnitt" um einen bestimmten Betrag, den sogenannten **Bias der Schätzung**:

$$\text{Bias} = |\mu_t - \theta| \tag{4.5}$$

Die englische Bezeichnung für Erwartungstreue lautet darum auch **„unbiasedness"** bzw. ist ein Schätzer nach dieser Terminologie entweder „unbiased" oder „biased".

Das AM der Zufallsvariablen X in einer Stichprobe ist demnach ein erwartungstreuer Schätzer des Populationsmittelwerts von X – siehe Formel (4.1). Ein Beispiel für einen Schätzer, der biased ist, ist die Stichprobenvarianz s^2 als Schätzer der entsprechenden Populationsvarianz σ^2: Die Stichprobenkennwerteverteilung der Varianzen (aus Stichproben des Umfangs n) hat nicht den Mittelwert σ^2. Stattdessen gilt hier:[33]

$$E(s^2) = \mu_{s^2} = \frac{n-1}{n}\sigma^2 \tag{4.6}$$

Die Stichprobenvarianz verschätzt also die entsprechende Populationsvarianz „im Durchschnitt" um den Faktor $(n-1)/n$. Soll aus der Stichprobenvarianz ein erwartungstreuer Schätzer konstruiert werden, so muß ein Stichprobenkennwert berechnet werden, der diese Verzerrung rückgängig macht. Dazu wird s^2 durch $(n-1)/n$ – d.h. durch genau den Faktor, um den es σ^2 verschätzt – geteilt und nach einer kleinen Umformung und Einsetzen der rechten Seite von Gleichung (2.6) resultiert der **erwartungstreue Schätzer einer Populationsvarianz**:

$$\begin{aligned}\hat{\sigma}^2 &= \frac{s^2}{(n-1)/n} = s^2\frac{n}{n-1} = \frac{\sum_{i=1}^{n}(x_i - \bar{x})^2}{n}\frac{n}{n-1} \\ &= \frac{\sum_{i=1}^{n}(x_i - \bar{x})^2}{n-1} \end{aligned} \tag{4.7}$$

[33]Herleitung siehe z.B. bei Bortz (1993, S.632).

Man betrachte den letzten Ausdruck von Gleichung (4.7): Die erwartungstreue Schätzung der Populationsvarianz erhält man, wenn man, anstatt wie bei der Berechnung der Stichprobenvarianz nach Formel (2.6) die Summe der Abweichungsquadrate (aller Meßwerte vom Mittelwert) durch die Stichprobengröße n zu teilen, diese durch $n-1$ teilt.[34] Diese Berechnung ist, um es noch einmal zu betonen, gleichbedeutend damit, die Stichprobenvarianz s^2 durch $(n-1)/n$ zu teilen bzw. mit $n/(n-1)$ zu multiplizieren.

Ein weiteres wünschenswertes Kriterium, welches ein Schätzer erfüllen sollte, ist das der ***Konsistenz***. Konsistent ist der Schätzer dann, wenn es mit wachsendem Umfang der Stichprobe immer wahrscheinlicher wird, daß der Schätzwert in der unmittelbaren Umgebung des Parameterwertes liegt. Formal wird dieses Kriterium etwas umständlich spezifiziert: *Ein statistischer Stichprobenkennwert t ist eine konsistente Schätzung des Populationsparameters θ, wenn gilt:*

$$\lim_{n\to\infty} p(|t-\theta| > \delta) = 0 \quad \text{für jedes} \quad \delta > 0 \tag{4.8}$$

Man kann dieses so ausdrücken: Die Wahrscheinlichkeit dafür, daß der Schätzer t einen Wert annimmt, der von dem Wert des Parameters θ um mehr als den beliebig kleinen Betrag δ abweicht, nähert sich mit größer werdendem Stichprobenumfang Null.

Die Konsistenz darf nicht mit der Erwartungstreue verwechselt werden: Die Erwartungstreue ist im Gegensatz zur Konsistenz eine „Kleinstichproben-Eigenschaft" des Schätzers, d.h. sie wirkt sich auch bei Schätzungen mit kleinen Stichprobenumfängen aus. Dagegen ist die Konsistenz eine „Großstichproben-Eigenschaft", die nur bei großen Stichprobenumfängen bedeutsam ist. Praktisch wird deshalb die Konsistenz häufig als Ersatz für mangelnde Erwartungstreue herangezogen, wenn die Verwendung eines Schätzers begründet werden soll: Ist z.B. kein erwartungstreuer Schätzer für einen bestimmten Parameter vorhanden, so wird man i.allg. wenigstens einen konsistenten suchen.

Wenn man wieder AM und Stichprobenvarianz betrachtet, so wären beide konsistente Schätzer „ihres" jeweiligen Parameters

[34] Die $n-1$ sind hier die *Freiheitsgrade* der Varianz, doch dazu an späterer Stelle (S.171) mehr.

(Populationsmittelwert bzw. Populationsvarianz). Die Stichprobenvarianz s^2 ist also ein Beispiel für einen statistischen Kennwert, der einen Parameter (Populationsvarianz) nicht erwartungstreu, jedoch konsistent schätzt. Dagegen ist der umgekehrte Fall zwar theoretisch möglich, jedoch praktisch kaum anzutreffen: In den meisten Fällen sind erwartungstreue Schätzer auch konsistent.

Zur Behandlung des nächsten Fisher-Kriteriums muß zunächst ein weiterer wichtiger Begriff eingeführt werden: Als ***Standardfehler*** eines Schätzers t wird die Standardabweichung der Stichprobenkennwerteverteilung von t bezeichnet.

Man betrachte wiederum das AM als Schätzer eines Populationsmittelwerts: Es wurde bisher dargelegt, daß dieser Schätzer erwartungstreu ist, d.h. daß der Mittelwert seiner Stichprobenkennwerteverteilung $\mu_{\bar{x}}$ mit dem gesuchten Parameter μ zusammenfällt (siehe Gleichung (4.1)). Würde man μ immer wieder durch zufällige Ziehung eines Stichprobenmittelwerts $\bar{x}$ schätzen, dann erhielte man als „durchschnittliche Schätzung" den Mittelwert der Stichprobenkennwerteverteilung und damit also μ. Durch die Erwartungstreue ist demnach lediglich sichergestellt, daß zumindest diese „durchschnittliche Schätzung" richtig ist, und prinzipiell läßt sich aus diesem Umstand die Berechtigung dafür ableiten, daß der Stichprobenmittelwert überhaupt als Schätzung des Parameterwertes verwendet wird.

Die Streuung bzw. Standardabweichung der Stichprobenkennwerteverteilung gibt dann Auskunft darüber, *wie gut* der Populationsmittelwert durch $\bar{x}$ geschätzt werden kann. Denn: Was immer ein Schätzer „im Durchschnitt" schätzt – ob den zu schätzenden Parameter oder nicht –, er schätzt dieses i.allg. mit einem gewissen Fehler. Ein einzelner, für eine Zufallsstichprobe ermittelter Wert $\bar{x}$ weicht ja i.d.R. von $\mu_{\bar{x}}$, dem Mittelwert der Stichprobenkennwerteverteilung, ab. Die Streuung der Stichprobenkennwerteverteilung von $\bar{x}$ kann nun als eine Art „durchschnittlicher Fehler" aufgefaßt werden, mit dem einzelne $\bar{x}$-Werte das schätzen, was sie „im Durchschnitt schätzen": Es handelt sich dabei im Grunde um die durchschnittliche Abweichung aller möglichen Stichprobenmittelwerte $\bar{x}$ von $\mu_{\bar{x}}$.[35]

[35]Meine Formulierung ist nicht ganz korrekt: Natürlich ist die Standardabweichung einer Verteilung nicht exakt die durchschnittliche Abweichung der Werte vom Mittelwert der Verteilung, dieses wäre die AD-Streuung (vgl. Gleichung (2.5)).

Aber auch ohne dergleichen Überlegungen sollte ohne weiteres einsehbar sein, daß ein zufällig gezogener $\bar{x}$-Wert umso weiter von $\mu_{\bar{x}}$ und damit vom zu schätzenden Parameter μ entfernt liegen kann, je breiter die Stichprobenkennwerteverteilung des AM streut. In diesem Sinne ist die Standardabweichung der Stichprobenkennwerteverteilung also ein Maß für die Güte der Punktschätzung, wodurch nun die Bezeichnung ***Standardfehler*** erläutert sein sollte. Was hier am Beispiel des AM betrachtet wurde, gilt genauso für alle möglichen Schätzer.

Bei jeder Parameterschätzung ist es natürlich wünschenswert, daß der Standardfehler der Schätzung möglichst gering ist. Diesem Wunsch trägt das Fisher-Kriterium der ***Effizienz*** Rechnung: *Ein Stichprobenkennwert t ist als Schätzer für den Parameter θ umso effizienter, je geringer sein Standardfehler ist.*

Beispielsweise ist der Stichprobenmedian m ein erwartungstreuer Schätzer für μ, jedoch dabei weniger effizient als das AM $\bar{x}$. Letzteres ist überhaupt der effizienteste Schätzer für den Populationsmittelwert.

Als letztes der Fisher-Kriterien bleibt die ***Suffizienz***: *Ein Stichprobenkennwert t ist ein suffizienter oder erschöpfender Schätzer des Parameters θ, wenn er alle in der Stichprobe enthaltene Information über den zu schätzenden Parameter berücksichtigt.*

So ist z.B. wiederum der Median als Schätzer von μ_x weniger erschöpfend als das AM, da bei seiner Berechnung nur die „ordinale Information" über die Rangfolge der Merkmalsausprägungen der Meßwerte x_i berücksichtigt wird, nicht aber die metrische Information über die Abstände zwischen den Merkmalsausprägungen. Die Suffizienz soll hier nicht weiter behandelt werden, der mathematisch interessierte Leser möge sich z.B. bei Menges (1982, S.282f) genauer informieren.

Ein Stichprobenkennwert, der als Schätzer eines Parameters eingesetzt wird, sollte also die vier Fisher-Kriterien möglichst optimal erfüllen. Existieren mehrere erwartungstreue Schätzer eines Parameters, so wird der effizienteste unter ihnen als **best** bezeichnet. So ist das AM „best" unter allen möglichen Schätzern des Populationsmittelwerts μ.

Nun sind Standardfehler bzw. Varianz der Kennwerteverteilung eines Schätzers, die durch das Effizienzkriterium in den Blickpunkt rücken, bei der Parameterschätzung genausowenig bekannte Größen, wie der zu schätzende Parameter selbst. Wenn man also am Standardfehler eines Schätzers interessiert ist, so muß man auch diesen *schätzen.* Zum Abschluß dieses Unterkapitels soll noch die **Schätzung des Standardfehlers**, wieder am Beispiel des AM, dargestellt werden.

In Gleichung (4.2) wurde die Varianz der Kennwerteverteilung des AM bereits näher spezifiziert, sie ist gleich dem Quotienten aus der Populationsvarianz σ^2 der analysierten Variablen X und der Stichprobengröße n. Nach dieser Gleichung könnte also der Standardfehler $\sigma_{\bar{x}}$ berechnet werden, wenn der Wert der darin enthaltenen Populationsvarianz σ^2 bekannt wäre. Zur Schätzung von $\sigma_{\bar{x}}$ wird deshalb zunächst σ^2 geschätzt, mit dem Schätzwert für die Populationsvarianz wird dann eine Schätzung des Standardfehlers nach Gleichung (4.2) berchnet.

Ein erwartungstreuer Schätzer für die Populationsvarianz eines Merkmals X wurde bereits in Gleichung (4.7) gezeigt. Ersetzt man also σ^2 in (4.2) durch das nach (4.7) berechnete $\hat{\sigma}^2$ (und zieht die Wurzel aus dem so entstandenen Quotienten), so resultiert die Schätzung des Standardfehlers des AM:

$$\hat{\sigma}_{\bar{x}} = \sqrt{\frac{\hat{\sigma}^2}{n}} = \sqrt{\frac{\sum_{i=1}^{n}(x_i - \bar{x})^2}{n(n-1)}} \qquad (4.9)$$

Ein kurzes Rechenbeispiel soll noch einmal die bisherigen Darlegungen zum Thema Punktschätzung illustrieren. Dazu greife ich wieder auf die Stichprobe der 46 Teilnehmer an meiner Statistikübung im Wintersemester 1996 zurück (siehe Kapitel 2). Der Mittelwert des Alters (in Jahren) in dieser Stichprobe betrug $\bar{x} = 24.24$, er soll also als Punktschätzung des Altersmittelwerts μ in der Population, aus der diese Übungsteilnehmer gezogen wurden, benutzt werden: $\hat{\mu} = 24.24$.

Die Frage wäre nun, wie präzise diese Schätzung ist. D.h. es müßte der Standardfehler geschätzt werden. Dazu wird also zunächst die Varianz des Alters in der Population aus den Stichprobendaten geschätzt: Als Varianz des Alters in der Stichprobe wurde $s^2 = 73.34$ errechnet, dieser Wert wäre als Schätzung der Populationsvarianz aber biased - wie vorne schon dargestellt muß er durch den Wert $(n-1)/n = 45/46 = 0.978$ geteilt werden, damit sich eine erwartungstreue Schätzung ergibt: $\hat{\sigma}^2 = 73.34/0.978 = 74.99$. Unter Verwendung dieser Schätzung der Populationsvarianz kann man nun den Standardfehler nach

(4.9) schätzen: $\hat{\sigma}_{\bar{x}} = \sqrt{74.98/46} = 1.28$.

Die Bedeutung eines solchen Standardfehlerwerts ergibt sich allerdings nicht „für sich", sondern in statistischen Zusammenhängen, welche erst noch zu behandeln sind. Ich verweise diesbezüglich also auf die noch folgenden Kapitel.

Bei diesem Rechenbeispiel bestand wieder die in 4.1 diskutierte Problematik: Die Stichprobe wird bereits bei dieser Punktschätzung implizit als Zufallsstichprobe behandelt – sie wurde aber nicht als „echte" Zufallstichprobe generiert bzw. ist allenfalls als eine solche aus der Grundgesamtheit all derjenigen Personen, die diesselbe Chance hatten, „gezogen" zu werden, aufzufassen. „Schätzt" man aufgrund der vorliegenden Stichprobendaten den Mittelwert einer umfangreicheren Population – etwa der Grundgesamtheit aller Psychologie-Studienanfänger im Wintersemester 1996 –, dann tut man dabei gewissermaßen so, als ob die Stichprobe durch Zufallsauswahl aus dieser Grundgesamtheit gezogen worden wäre. Wenn man gewillt ist, ein solches Tun-als-ob um der praktischen Erfordernisse empirischer Forschung willen zuzulassen – die Generierung echter Zufallsstichproben aus großen Populationen ist nun mal, wie in 4.1 bereits gesagt, ein aufwendiges und kostspieliges Unterfangen – dann sollte dieses doch zumindest im jeweiligen Einzelfall durch „nichtstatistische" Überlegungen einigermaßen plausibel begründet werden können.

4.3.2 Intervallschätzung

Ein zur Punktschätzung alternativer Zugang zum Problem der Schätzung von Populationskennwerten aus Stichprobendaten besteht darin, zu fragen, wo angesichts der Stichprobendaten ein Parameter mit einer gewissen Wahrscheinlichkeit zu erwarten ist. Das „wo" meint hier: Innerhalb welches Wertebereichs. Diese Fragestellung charakterisiert die **Intervallschätzung.**

Die Vorgehensweise dabei sei zunächst anhand des in 4.3.1 zuletzt behandelten Zahlenbeispiels dargestellt. In der Stichprobe der Übungsteilnehmer wurde der Altersmittelwert $\bar{x} = 24.24$ errechnet und als Standardfehler $\hat{\sigma}_{\bar{x}} = 1.28$ geschätzt. Der Standardfehler, daran sei erinnert, ist nichts weiter als die Streuung der Stichprobenkennwerteverteilung. Von letzterer aber wissen wir aufgrund des zentralen Grenzwerttheorems, daß es sich zumindest approximativ um eine Normalverteilung handelt, deren

Mittelwert laut (4.1) der gesuchte Populationsmittelwert μ des Alters ist. Wir fassen also $\bar{x} = 24.24$ als einen Wert auf, der zufällig aus dieser Normalverteilung um den gesuchten Parameter gezogen wurde.

Prinzipiell könnte diese Normalverteilung aller möglichen Altersmittelwerte aus Stichproben der Größe $n = 46$ durch z-Transformation (der Mittelwerte) in die Standardnormalverteilung überführt werden. Nach Gleichung (3.23) lautet die z-Transformation (wenn man anstatt der Standardabweichung $\sigma_{\bar{x}}$ deren Schätzung $\hat{\sigma}_{\bar{x}}$ akzeptiert):

$$z_{\bar{x}} = \frac{\bar{x} - \mu}{\hat{\sigma}_{\bar{x}}}$$

Dabei ist aber μ nach wie vor unbekannt.

Jetzt könnte man z.B. die Werte $z_{0.975}$, das ist der z-Wert, der die oberen 2.5% der Fläche unter der Standardnormalverteilungskurve von den unteren 97.5% abschneidet, und $z_{0.025}$, also den Wert, der die unteren 2.5% der Fläche unter der Kurve von den oberen 95% abschneidet, bestimmen (z.B. durch ablesen aus einer z-Tabelle, wie gezeigt bei der Behandlung der Normalverteilung in 3.4.1): $z_{0.025} = -1.96$ und $z_{0.975} = 1.96$.

Es gilt dann:

$$p(-1.96 \leq z_{\bar{x}} \leq 1.96) = 0.95$$

D.h.: Die Wahrscheinlichkeit dafür, daß der z-Wert irgendeines zufällig gezogenen Altersmittelwerts $\bar{x}$ (aus irgendeiner Stichprobe von 46 Mitgliedern der Population) im Intervall zwischen -1.96 und 1.96 liegt, beträgt 0.95. Nun kann man dieses Ereignis, das eine Wahrscheinlichkeit von 0.95 besitzt, umformen:

$$\begin{array}{rcccl} -1.96 & \leq & z_{\bar{x}} & \leq & 1.96 \\ -1.96 & \leq & \frac{\bar{x}-\mu}{\hat{\sigma}_{\bar{x}}} & \leq & 1.96 \\ -1.96\hat{\sigma}_{\bar{x}} & \leq & \bar{x} - \mu & \leq & 1.96\hat{\sigma}_{\bar{x}} \\ -1.96\hat{\sigma}_{\bar{x}} - \bar{x} & \leq & -\mu & \leq & 1.96\hat{\sigma}_{\bar{x}} - \bar{x} \\ \bar{x} + 1.96\hat{\sigma}_{\bar{x}} & \geq & \mu & \geq & \bar{x} - 1.96\hat{\sigma}_{\bar{x}} \end{array}$$

Also gilt:

$$p(\bar{x} - 1.96\hat{\sigma}_{\bar{x}} \leq \mu \leq \bar{x} + 1.96\hat{\sigma}_{\bar{x}}) = 0.95 \qquad (4.10)$$

In Worten: Die Wahrscheinlichkeit dafür, daß der gesuchte Parameter μ in einem Intervall $\bar{x} \pm 1.96\hat{\sigma}_{\bar{x}}$ liegt, beträgt 0.95.

Setzt man in (4.10) die Werte ein, die bei der Stichprobe der Übungsteilnehmer für $\bar{x}$ und $\hat{\sigma}_{\bar{x}}$ errechnet wurden, so resultiert:

$$24.24 + 1.96 \cdot 1.28 = 26.75 \text{ und } 24.24 - 1.96 \cdot 1.28 = 21.73$$

Wenn man die 46 Übungsteilnehmer als eine Zufallsstichprobe aus der Population aller Psychologie-Studienanfänger im Wintersemester 1996 betrachten könnte, so könnte man damit also sagen: Der Altersmittelwert aller dieser Psychologie-Studienanfänger lag mit einer Wahrscheinlichkeit von 0.95 innerhalb des Intervalls 21.73 bis 26.75.

Das, was soeben am Beispiel demonstriert wurde, war die Bestimmung eines sogenannten ***Vertrauensintervalls***: Eines Wertebereichs, innerhalb dessen man den gesuchten Parameter mit einer bestimmten hohen Wahrscheinlichkeit erwarten kann. *Intervallschätzung ist die Bestimmung solcher Vertrauensintervalle.*

Wenn man sagt, ein gesuchter Parameter liege mit einer Wahrscheinlichkeit von 0.95 innerhalb der Grenzen eines bestimmten Vertrauensintervalls, so bedeutet das natürlich auch, daß er mit einer Wahrscheinlichkeit von 0.05 außerhalb dieser Grenzen liegt. Diese Wahrscheinlichkeit heißt **Irrtumswahrscheinlichkeit**: Die Wahrscheinlichkeit dafür, daß wir uns irren, wenn wir darauf „vertrauen", daß der gesuchte Parameter innerhalb unseres Vertrauensintervalls liegt.

Anstatt für die Wahrscheinlichkeit 0.95 hätte man auch ein Vertrauensintervall für eine andere Wahrscheinlichkeit bestimmen können. Jedoch entspricht die Bestimmung von „95%-Vertrauensintervallen" bzw. die Intervallschätzung mit 5%iger Irrtumswahrscheinlichkeit einer weitverbreiteten Konvention in der statistischen Praxis. Eine andere häufig in Kauf genommene Irrtumswahrscheinlichkeit, ist 0.01 – dies bedeutet also die Bestimmung eines „99%-Vertrauensintervalls".

Mit dem dargestellten Beispiel sollte das Prinzip der Intervallschätzung hinreichend erläutert sein. Die Grundlage der Bestimmung eines Vertrauensintervalls war dabei die zumindest näherungsweise Kenntnis des Verteilungsmodells für den Stichprobenkennwert $\bar{x}$: Aufgrund des zentralen Grenzwerttheorems konnte, bei hinreichend großem Stichprobenumfang n, davon ausgegangen werden, daß es sich bei der Kennwerteverteilung um eine Normalverteilung handelt. Damit war der z-transformierte $\bar{x}$-Wert ein Wert aus der Standardnormalverteilung, für die die Grenzen des Intervalls, innerhalb dessen 95% der Werte liegen, bekannt sind. Die Bestimmung eines Vertrauensintervalls für einen Populationsmittelwert μ auf der Basis eines Stichprobenmittelwerts $\bar{x}$ ist darum eine relativ problemlose Angelegenheit.

Für andere statistische Größen funktioniert die Intervallschätzung *im Prinzip* genauso, wie beim AM: Es wird zum vorliegenden Stichprobenkennwert ein Vertrauensintervall bestimmt, innerhalb dessen der gesuchte Populationskennwert mit einer bestimmten Wahrscheinlichkeit liegt. Und genauso, wie beim AM, muß dazu die Kennwerteverteilung des betreffenden Stichprobenkennwerts genauer spezifiziert werden, um die Intervallgrenzen berechnen zu können.

4.4 Hypothesentestung

Es wurde bereits im Kapitel 1.1 dargelegt, daß die empirische Methodologie letzten Endes ihren Sinn in der Geltungsprüfung theoretischer Aussagen hat. Die Statistik, als Instrument dieser empirischen Methodologie, soll damit natürlich v.a. der Überprüfung von **Hypothesen** dienen: Hypothesen sind ungeprüfte Vermutungen über einen empirischen Sachverhalt.

Solche Vermutungen sind im typischen Forschungsprozeß zunächst theoretische Aussagen, welche i.A. aus einem größeren Theoriezusammenhang abgeleitet werden. Man kann solche theoretischen bzw. „inhaltlichen“ Hypothesen hinsichtlich verschiedener Gesichtspunkte differenzieren und somit verschiedene Arten inhaltlicher Hypothesen unterscheiden – dieses soll aber hier nicht geschehen, stattdessen weise ich noch einmal auf die in Fußnote 4 (S.12) gemachte Literaturempfehlung hin und begnüge mich im folgenden mit dem Begriff der Forschungshypothese (FH): Die FH ist diejenige theoretische Vermutung, die einer empirischen Untersuchung zugrundeliegt und durch diese überprüft werden soll. Eine FH postuliert letztendlich die Eigenschaften einer Population von Merkmalsträgern hinsichtlich bestimmter, thematisch relevanter Merkmale (bezüglich deren zentraler Tendenz, Variabilität Assoziation etc.).

Die grundsätzliche Fragestellung bei der inferenzstatistischen Prüfung von Hypothesen lautet also: Können die in der FH vermuteten Eigenschaften einer Population durch empirisch erhobene Stichprobendaten bestätigt werden?

4.4.1 Testhypothesen

Damit eine inhaltliche FH statistisch überprüfbar wird, muß sie in eine (oder mehrere) **statistische Vorhersagen** (SV) überführt werden. Die SV ist eine sogenannte ***statistische Hypothese***: *„Statistische Hypothesen sind Spezifikationen der Verteilung einer Zufallsvariablen. Sie spezifizieren die Verteilung entweder vollständig oder (meistens) teilweise, etwa durch Angabe der Parameter der Verteilung“* (Ostmann & Wutke 1994, S.699). Eine Hypothese, die eine Vermutung über statistische Parameter enthält, ist also eine statistische, dagegen enthält eine inhaltliche Hypothese keine Aussagen über statistische Kennwerte, sondern über theoretische Konstrukte. Die SV besteht somit in einer Vermutung über bestimmte statistische Kennwerte einer oder mehrerer Populationen, welche aus den inhaltlichen Aussagen der FH abgeleitet wurde.[36] Die statistische Hypothesenprüfung erfolgt dann durch sogenannte **statistische Tests**, mit denen auf der Basis von Stichprobendaten entschieden werden soll, ob die SV eingetreten ist, oder nicht.

Ich werde im folgenden immer wieder auf das im Kapitel 1.1 ausführlich dargestellte Beispiel des Frustrations-Aggressions-Experimentes zurückgreifen und empfehle daher dem Leser, sich dieses nocheinmal in Erinnerung zu rufen bzw. notfalls das Kapitel 1.1 nochmals zu lesen. Dort ist die Frustrations-Aggressions-Hypothese die zu überprüfende FH, die, wie bereits dargelegt, in die folgende SV über die Aggressionsmittelwerte der Frustrierten und der Nicht-Frustrierten überführt werden kann:

$$SV : \mu_F > \mu_{NF} \tag{4.11}$$

[36] Es soll also eine logische Implikationsbeziehung zwischen FH und SV bestehen, wie z.B. Erdfelder & Bredenkamp (1994) fordern. Hussy & Möller (1995) diskutieren die Problematik dieser Forderung und die Konsequenzen, die sich für das inferenzstatistische Hypothesentesten aus ihrer Nichterfüllung ergeben.

Hier ist μ_F der Aggressionsmittelwert in der „Population der Frustrierten" und μ_{NF} der Aggressionsmittelwert in der „Population der Nicht-Frustrierten".

Es wird nun wohl den einen oder anderen Leser verwirren, daß hier von zwei verschiedenen Populationen die Rede ist. Schließlich muß er doch, nach allem, was bisher über den Begriff der Population gesagt wurde, davon ausgehen, daß die Versuchpersonen, die am Experiment teilnehmen, aus ein und derselben Grundgesamtheit ausgewählt wurden. Es ist hier an die eingangs des Kapitels 4 gegebene Definition des Populationsbegriffs zu erinnern, wonach es sich eigentlich um die Gesamtmenge aller möglichen *Daten*, die *unter annähernd gleichen Bedingungen* zustandekommen, handelt. Wenn wir stattdessen weiterhin Population und Stichprobe als Mengen von *Merkmalsträgern* betrachten, so wäre z.B. die „Population von Frustrierten" das (sehr hypothetische) Gebilde, das man erhielte, wenn alle Mitglieder der Grundgesamtheit, aus der die Versuchspersonen gezogen wurden, in der Weise frustiert würden, wie es bei der Experimentalgruppe des Experiments (vgl. Abb. 1.1) getan wurde (also mit der Ankündigung eines erotischen Films gelockt und dann durch die Kanzleransprache enttäuscht würden). μ_F wäre demnach der Aggressionsmittelwert aller so behandelten Mitglieder der Population im anschließenden Videospiel. Entsprechend ist die „Population der Nicht-Frustrierten" und μ_{NF} zu erklären.

Die SV macht also sozusagen eine Aussage über das Verhältnis der beiden Mittelwerte der Aggression in der Population der frustrierten und in der Population der nicht frustrierten *potentiellen* Versuchspersonen, wobei hier die Bedeutung von Frustration und Aggression auf die jeweilige Operationalisierung der beiden Begriffe in der Untersuchung zu beschränken ist. An die Problematik solcher Operationalisierungen sei hier noch einmal erinnert, sie wurde in Kapitel 1.1 bereits diskutiert und soll im folgenden nicht weiter interessieren.

Bei Durchführung des Frustrations-Aggressions-Experimentes werden die beiden Stichprobenmittelwerte $\bar{x}_F$ (AM der Frustriertengruppe) und $\bar{x}_{NF}$ (AM der Nicht-Frustriertengruppe) berechnet. Man nehme einmal an, es ergäbe sich dabei erwartungsgemäß:

$$\bar{x}_F > \bar{x}_{NF}$$

Es kann nun daraus nicht ohne weiteres auf die Gültigkeit

der SV geschlossen werden – auch dieses wurde bereits „vorstatistisch“ im Kapitel 1.1 erklärt, dazu wurden Ursachen der „Zufallsschwankung“ diskutiert, der die Stichprobenmittelwerte unterliegen. Der Stichprobenmittelwert der Frustrierten könnte demnach „zufällig“ über dem der Nicht-Frustrierten liegen, obwohl tatsächlich die Gesamtpopulation der Frustrierten im Durchschnitt genauso (oder gar weniger) aggressiv ist, wie die der Nicht-Frustrierten. Diese Zufallsschwankung der Stichprobenmittelwerte wurde inzwischen mit den Konzepten der Zufallsvariablen und der Stichprobenkennwerteverteilung gewissermaßen statistisch präzisiert: Ein für eine (Zufalls-)Stichprobe berechnetes AM kann als Realisation einer Zufallsvariablen, als zufällige Ziehung aus der Gesamtheit aller *möglichen* Stichprobenmittelwerte aufgefaßt werden. Die Stichprobenkennwerteverteilung der Mittelwerte von Stichproben einer Größe n gibt darüber Auskunft, in welchem Wertebereich ein AM mit welcher Wahrscheinlichkeit zufällig fallen kann.

Das Ziel der statistischen Hypothesenprüfung ist also eine Entscheidung darüber, ob die SV durch die Untersuchungsergebnisse als bestätigt anzusehen ist, oder nicht. Letztere Entscheidung würde dann auch als Nichtbewährung der inhaltlichen FH gewertet – und die Frage, ob sich die FH empirisch bewährt oder nicht, ist das eigentliche Thema einer hypothesenprüfenden Untersuchung (vgl. Kap. 1.1). Entsprechend der beiden Entscheidungsmöglichkeiten – Bestätigung oder Nichtbestätigung der SV – gründet die Logik der inferenzstatistischen Tests auf zwei gegenläufigen statistischen **Testhypothesen:** ***Nullhypothese*** $\boldsymbol{H_0}$ und ***Alternativhypothese*** $\boldsymbol{H_1}$.

Diese beiden Begriffe werden im folgenden zunächst auf eine Art und Weise erläutert, die der gewissermaßen klassischen und idealtypischen inferenzstatistischen Vorgehensweise entspricht. Eine solche Erläuterung aber ist durchaus problematisch und man könnte sogar soweit gehen, sie als nicht korrekt zu bezeichnen, da sie allen nicht idealtypischen Fällen statistischer Hypothesenprüfung kaum gerecht wird. Dieses aber wird dem Leser wohl jetzt noch ebensowenig verständlich sein, wie auch eine korrektere Definition der Begriffe, weshalb ich letztere erst zum Ende von 4.4.2 auf S.142 behandle. Einstweilen sei darauf nur mit Nachdruck hingewiesen.

Man betrachte wieder das Frustrations-Aggressions-Beispiel: Dort wurde aus der inhaltlichen FH, deren Gültigkeit in dem

Experiment überprüft werden soll, die SV (4.11) abgeleitet, welche eine statistische Hypothese über die Populationsmittelwerte μ_F und μ_{NF} ist. Bei diesem Beispiel wäre nun die SV auch die Alternativhypothese H_1 des statistischen Tests:

$$H_1 : \mu_F > \mu_{NF} \tag{4.12}$$

Die dazugehörige Nullhypothese H_0 lautet dann:

$$H_0 : \mu_F \leq \mu_{NF} \tag{4.13}$$

Wie man sieht, behauptet die H_0 das Gegenteil von dem, was die H_1 behauptet. Es wurde hier also einfach die SV als Alternativhypothese H_1 bezeichnet und die statistische Gegenhypothese aufgestellt, die schlicht das Gegenteil der H_1 behauptet und Nullhypothese H_0 genannt wird.

In dieser Darstellung der Begriffe enthält also die Alternativhypothese H_1 sozusagen die statistische Substanz der FH, um die es geht, und ist mit der aus der FH abgeleiteten SV identisch. Bortz (1993) z.B. erklärt dementsprechend den Begriff *Alternativ*hypothese damit, daß die FH i.d.R. zu anderen, bereits vorhandenen theoretischen Aussagen im Widerspruch steht, daß sie also über den bisherigen Kenntnisstand hinausgeht und gewissermaßen neue, *alternative* theoretische Vorstellungen über den jeweiligen Sachbereich enthält. Diese alternativen theoretischen Vorstellungen müssen sich empirisch bewähren, d.h. es muß anhand der empirischen Daten entschieden werden, ob die Alternativhypothese gilt, oder nicht gilt. Letzteres, daß die H_1 nicht gilt und sozusagen „null und nichtig" ist, behauptet die Nullhypothese, sie ist weiter nichts, als die Negation der H_1.

Empirische Bewährung, daran sei erinnert, beruht auf dem Falsifikationsprinzip (vgl. Kap. 1.1), dessen Logik mit Blick auf die so erklärten Alternativ- und Nullhypothese, *sehr grob* wie folgt charakterisiert werden kann: Zur Überprüfung der FH wird versucht, diese zu falsifizieren. Wenn also die H_1 die FH widerspiegelt, dann soll inferenzstatistisch gezeigt werden, daß das Gegenteil der H_1 der Fall sein bzw. daß die H_0 richtig sein könnte. Im Lichte dieses Falsifikationismus besteht die Bedeutung der Nullhypothese H_0 somit darin, daß sie sozusagen die „falsifizierende" statistische Hypothese ist.

Die statistischen Tests, die im folgenden noch behandelt werden, dienen dazu, zu einer Entscheidung darüber zu kommen,

		Gültig in der Population:	
		H_0	H_1
Entscheidung für:	H_0	richtige Entscheidung	β-Fehler
	H_1	α-Fehler	richtige Entscheidung

Tabelle 4.1: Entscheidung bei statistischen Tests.

ob aufgrund der Stichprobenergebnisse H_0 oder H_1 als bestätigt angesehen werden kann. Infolge der falsifikationistischen Logik dieser Testung wird dabei zunächst einmal die Gültigkeit von H_0 angenommen und nur dann H_0 zugunsten von H_1 verworfen, wenn es sehr unwahrscheinlich ist, daß bei Gültigkeit der H_0 die Ergebnisse der empirischen Untersuchung so aufgetreten wären. Wenn also bei dem Frustrations-Aggressions-Experiment $\bar{x}_F > \bar{x}_{NF}$ herausgekommen ist, dann würde daraus erst dann eine Entscheidung zugunsten von H_1 resultieren, wenn $\bar{x}_F$ um soviel größer als $\bar{x}_{NF}$ ist, daß ein solcher Größenunterschied sehr unwahrscheinlich wäre, wenn für die beiden Populationen der Frustrierten und der Nicht-Frustrierten die H_0 (4.13) gelten würde.

Die bisherigen Darlegungen zu H_0 und H_1 entsprechen – wie bereits gesagt – dem klassischen Entwurf der statistischen Hypothesenprüfung, welcher nachfolgend genauer dargestellt werden wird: Im historischen Ursprung der Vorgehensweise wurde die H_1 als statistische Übersetzung der zu untersuchenden FH konzipiert, folglich ist dabei der Begriff der SV unnötig, da die SV mit der H_1 identisch ist. Tatsächlich ist auch in den meisten Statistiklehrbüchern von einer SV überhaupt nicht die Rede. Ich benutze diesen – von Hager (1987) bzw. Hussy & Möller (1994) entlehnten – Begriff deshalb, weil diese ursprüngliche Identität von SV und H_1 längst nicht mehr alle tatsächlichen Anwendungsfälle der statistischen Hypothesentestung charakterisiert. Die aus einer FH abgeleitete SV kann z.B., wie noch gezeigt werden wird, mit der H_0 des statistischen Tests identisch sein, oder sie kann sich auf mehrere Testhypothesen (H_1 oder H_0) erstrecken. Die korrektere Definition der H_0 bzw. H_1, die später noch genannt wird, wird nicht auf der Gleichsetzung von SV und H_1 beruhen, sondern auf der Funktion von H_0 und H_1 als

Testhypothesen im jeweiligen statistischen Hypothesentestverfahren.

Jede Entscheidung, die aus einem statistischen Test resultiert, kann richtig oder falsch sein. Wie Tabelle 4.1 zeigt, sind entsprechend der beiden Entscheidungsalternativen – für die H_0 oder für die H_1 – zwei verschiedene richtige Entscheidungen und insbesondere auch zwei verschiedene Fehler möglich:

1. Der **Fehler 1. Art** bzw. ***α-Fehler*** (sprich: alpha) wird dann begangen, wenn die H_0 zugunsten der H_1 verworfen wird, obwohl die H_0 richtig ist.
2. Der **Fehler 2. Art** bzw. ***β-Fehler*** (sprich: beta) wird dann begangen, wenn die H_0 zuungunsten der H_1 beibehalten wird, obwohl die H_1 richtig ist.

Die besagte falsifikationistische Logik der klassischen Hypothesentestung bedeutet nun, daß die Tests darauf ausgerichtet sind, das Risiko eines α-Fehlers, also die Wahrscheinlichkeit einer falschen Entscheidung für H_1 – und d.h. für die Gültigkeit der SV und die Bewährung der FH –, möglichst gering zu halten. Ich habe nun bereits mehrfach angedeutet, daß diese weiter vorne auch als „idealtypisch" bezeichnete Vorgehensweise nicht unproblematisch ist. Zunächst aber, im folgenden Unterkapitel, will ich sie ganz unkritisch darstellen, um dann in 4.4.3 diese Problematik zumindest ansatzweise zu diskutieren.

4.4.2 Grundprinzipien der Hypothesentestung

Im folgenden soll wiederum am Beispiel des Frustrations-Aggressions-Experiments das Grundmuster der Vorgehensweise bei der statistischen Hypothesentestung veranschaulicht werden. Der dabei dargestellte Test ist allerdings keines der gebräuchlichen inferenzstatistischen Verfahren und soll hier nur dem Zweck dieser Veranschaulichung dienen. Normalerweise würde zur inferenzstatistischen Prüfung einer Mittelwertsdifferenz der sogenannte t-Test angewandt, welcher in 5.1.1 behandelt wird. Dieser t-Test ist mit dem folgenden Test nahezu identisch, die beiden Vorgehensweisen unterscheiden sich lediglich in einigen wenigen Details.

Wie bereits in 4.4.1 dargelegt, ist dabei die SV, die aus der FH abgeleitet wurde, mit der H_1 (4.12) identisch, welche man auch wie folgt formulieren könnte:

$$H_1 : \mu_F - \mu_{NF} > 0 \tag{4.14}$$

Entsprechend könnte die bereits spezifizierte H_0 (4.13) nun so geschrieben werden:

$$H_0 : \mu_F - \mu_{NF} \leq 0 \tag{4.15}$$

Die beiden statistischen Testhypothesen sind also jetzt als Annahmen über die Differenz der beiden Populationsmittelwerte μ_F und μ_{NF} formuliert. Zum statistischen Test dieser Hypothesen wird nun die entsprechende Differenz der Stichprobenmittelwerte $\bar{x}_F$ und $\bar{x}_{NF}$ betrachtet, die **Prüfgröße** des Tests:

$$d_{\bar{x}} = \bar{x}_F - \bar{x}_{NF} \tag{4.16}$$

$d_{\bar{x}}$ ist ebenso wie die beiden Stichprobenmittelwerte, aus denen es gebildet wird, ein Stichprobenkennwert, für den eine Stichprobenkennwerteverteilung existiert. Dieser Verteilung soll nun die weitere Aufmerksamkeit gelten.

Man nehme an, das Experiment sei z.B. mit jeweils 40 Vpn in der Experimental- und Kontrollgruppe durchgeführt worden, so daß nach dem zentralen Grenzwerttheorem (vgl. Kap. 4.2) sowohl die Stichprobenkennwerteverteilung des Mittelwerts $\bar{x}_F$, als auch die von $\bar{x}_{NF}$ eine (näherungsweise) Normalverteilung ist.

$\bar{x}_F$ und $\bar{x}_{NF}$ sind also als Realisationen zweier voneinander *unabhängiger* Zufallsvariablen aufzufassen.[37] Es gilt ganz allgemein: Die Differenz zweier voneinander unabhängiger normalverteilter Zufallsvariablen A und B ist wiederum eine normalverteilte Zufallsvariable, deren Populationsmittelwert gleich der Differenz der Populationsmittelwerte von A und B und deren Populationsvarianz gleich der Summe der beiden Populationsvarianzen von A und B ist.[38] Darum ist auch die Stichprobenkennwerteverteilung von $d_{\bar{x}}$ eine (näherungsweise) Normalverteilung mit dem Mittelwert:

[37] Gemeint ist hier stochastische Unabhängigkeit im Sinne von Gleichung (3.12) – dieses bedeutet, daß die Wahrscheinlichkeit für jeden $\bar{x}_F$-Wert unabhängig vom $\bar{x}_{NF}$-Wert ist und umgekehrt.

[38] Zur Herleitung dieser Behauptung siehe z.B. Kreyszig (1975, S.188f).

$$\mu_d = \mu_F - \mu_{NF} \tag{4.17}$$

Entsprechend ist die Varianz der Stichprobenkennwerteverteilung von $d_{\bar{x}}$ gleich der Summe der beiden Varianzen von $\bar{x}_F$ und $\bar{x}_{NF}$:

$$\sigma_d^2 = \sigma_{\bar{x}_F}^2 + \sigma_{\bar{x}_{NF}}^2 \tag{4.18}$$

Diese Varianz kann unter Rückgriff auf bereits Behandeltes aus den Stichprobendaten geschätzt werden. So ist durch Gleichung (4.2) festgehalten, daß die Varianz der Stichprobenkennwerteverteilung eines AM gleich dem Quotienten aus der Populationsvarianz des analysierten Merkmals und der Stichprobengröße ist, dieses führt zur folgenden Umformung der Gleichung (4.18):

$$\sigma_d^2 = \frac{\sigma_F^2}{n_F} + \frac{\sigma_{NF}^2}{n_{NF}} \tag{4.19}$$

Hier ist σ_F^2 die Varianz der Aggressivität in der Population der Frustrierten und σ_{NF}^2 die Varianz der Aggressivität in der Population der Nicht-Frustrierten, n_F bezeichnet den Umfang der Frustriertenstichprobe und n_{NF} den der Nichtfrustriertenstichprobe.

Auch wurde bereits durch Gleichung (4.7) ein erwartungstreuer Schätzer für die Populationsvarianz eines Merkmals angegeben. Also können die beiden Populationsvarianzen σ_F^2 und σ_{NF}^2 jeweils mittels (4.7) aus den Stichprobendaten geschätzt werden. Setzt man die daraus resultierenden Schätzungen $\hat{\sigma}_F^2$ und $\hat{\sigma}_{NF}^2$ in die Formel (4.19) ein, so erhält man eine Formel zur Schätzung der Varianz von $d_{\bar{x}}$:

$$\hat{\sigma}_d^2 = \frac{\hat{\sigma}_F^2}{n_F} + \frac{\hat{\sigma}_{NF}^2}{n_{NF}} \tag{4.20}$$

Die Quadratwurzel dieser geschätzten Varianz wäre dann – wie bereits behandelt – die Schätzung des Standardfehlers der Differenzen $d_{\bar{x}}$.

Wir wissen somit einiges über die Stichprobenkennwerteverteilung der Mittelwertsdifferenz $d_{\bar{x}}$: Es handelt sich um eine (näherungsweise) Normalverteilung, deren Varianz wir mit $\hat{\sigma}_d^2$ schätzen können. Zur vollständigen Spezifikation dieser Verteilung fehlt somit nur noch der Mittelwert, für den Gleichung

(4.17) gilt. Der Blick auf die rechte Seite dieser Gleichung macht deutlich, daß die beiden Testhypothesen (4.15) und (4.14) jeweils eine Aussage über diesen Mittelwert enthalten, bzw. daß sie spezifizieren, in welchem Wertebereich dieser Mittelwert liegen soll.

Betrachten wir nun nur die Nullhypothese (4.15) und beschränken uns dabei weiter auf den darin enthaltenen Spezialfall:

$$H_0 : \mu_F - \mu_{NF} = 0 \qquad (4.21)$$

Wir vergessen also vorerst die Möglichkeiten $\mu_F - \mu_{NF} < 0$, die in der eigentlichen Nullhypothese (4.15) noch genannt werden. (4.21) ist, wie noch gezeigt wird, die für den Test relevante „Version" der Nullhypothese. Man bezeichnet eine solche statistische Hypothese auch als **spezifische** oder **exakte Hypothese** – „spezifisch" bzw. „exakt" insofern, als durch sie ein spezifischer, exakter Wert für einen Populationsparameter postuliert wird: Im vorliegenden Beispiel der Wert Null für die Differenz der Populationsmittelwerte μ_F und μ_{NF}. Im Gegensatz dazu sind die beiden Testhypothesen (4.14) und (4.15) Beispiele für unspezifische Hypothesen, in denen nicht ein konkreter Wert, sondern lediglich ein Wertebereich postuliert wird, in dem der Parameter liegen soll.

Die exakte H_0 (4.21) behauptet also: Es gibt keinerlei Unterschied in der Aggressivität zwischen den beiden Populationen der Frustrierten und Nicht-Frustrierten. Falls nun diese Hypothese gilt, dann lautet der Mittelwert der Stichprobenkennwerteverteilung von $d_{\bar{x}}$: $\mu_d = \mu_F - \mu_{NF} = 0$. Damit aber wäre die Stichprobenkennwerteverteilung von $d_{\bar{x}}$ für den Fall, daß (4.21) gilt, zumindest näherungsweise vollständig spezifiziert: Es handelt sich dann um $N(0, \hat{\sigma}_d^2)$ – diese Verteilung ist die ***Prüfverteilung*** unseres Tests.

Nun nehme man wieder an, bei der Durchführung des Frustrations-Aggressions-Experiments sei ein Ergebnis herausgekommen, das der aus der FH abgeleiteten SV entspricht, wonach die Versuchspersonen der Experimentalgruppe im Durchschnitt aggressiver sein sollten, als die der Kontrollgruppe. Mit anderen Worten: Es wurde eine positive Mittelwertsdifferenz $d_{\bar{x}} = c > 0$ errechnet.

Da nun die Wahrscheinlichkeitsverteilung der Mittelwertsdifferenzen unter Annahme der exakten H_0 (4.21) zumindest näherungsweise bekannt ist, kann nach der Wahrscheinlichkeit gefragt werden, bei einer Durchführung des Experiments eine *mindestens* so große Mittelwertsdifferenz „zufällig" zu erhalten, wenn die H_0 (4.21) gilt.[39] Gesucht wird also die bedingte Wahrscheinlichkeit $p(d_{\bar{x}} \geq c|\mu_F - \mu_{NF} = 0)$ – gefunden wird sie leicht: Sie entspricht, wie jeder Leser unter Rückbesinnung auf das im Kapitel 3.2 Behandelte einsehen sollte, der Fläche unter Kurve der $N(0, \hat{\sigma}_d^2)$ im Intervall c bis $+\infty$ (vgl. Abb. 4.1).

Konkret kann dieser gesuchte Wahrscheinlichkeitswert am einfachsten auf die Weise ermittelt werden, die bereits im Kapitel 3.4.1 dargestellt wurde, nämlich durch z-Transformation der Differenz $d_{\bar{x}} = c$ nach Formel (3.23) wie folgt:

$$z_c = \frac{c - \mu_d}{\hat{\sigma}_d} = \frac{c - 0}{\hat{\sigma}_d} = \frac{c}{\hat{\sigma}_d} \tag{4.22}$$

Allerdings steht hier im Nenner des z-Transformationsbruchs anstatt des Standardfehlers von $d_{\bar{x}}$ lediglich dessen Schätzung: Darin liegt eine Ungenauigkeit, die bei dem hier behandelten Testverfahren in Kauf genommen werden muß.

Da $d_{\bar{x}}$ normalverteilt ist, handelt es sich bei z_c um einen Wert aus der Standardnormalverteilung. Deshalb kann die Wahrscheinlichkeit für einen z-Wert im Intervall z_c bis $+\infty$ so, wie auf S.94 beschrieben, unter Rückgriff auf eine Standardnormalverteilungstabelle gefunden werden: Es wird dort der Wert $F(z_c)$ abgelesen, dieser entspricht $p(z \leq z_c)$, so daß $p(z \geq z_c) = 1 - F(z_c)$.[40]

Die auf diese Weise berechnete Wahrscheinlichkeit ist das sogenannte ***α-Risiko*** bzw. die **α-Irrtumswahrscheinlichkeit** des Tests: Das Risiko eines α-Fehlers, falls man sich aufgrund des Testergebnisses für die Gültigkeit der H_1 entscheidet und damit die H_0 (4.21) verwirft. Wenn man nämlich aufgrund der Mittelwertsdifferenz $d_{\bar{x}} = c > 0$, die ja sozusagen der Erwartung bei Gültigkeit der Alternativhypothese entspricht, auf eben diese

---

39 Man erinnere sich des in Kapitel 3.2 Behandelten: Da $d_{\bar{x}}$ eine stetige Zufallsvariable ist, ist die Wahrscheinlichkeit dafür, exakt $d_{\bar{x}} = c$ zu erhalten, gleich Null. Man kann nur nach der Wahrscheinlichkeit dafür fragen, daß $d_{\bar{x}}$ in einen bestimmten Wertebereich fällt.

40 Durch die z-Transformation wird also im Grunde nur die Prüfverteilung $N(0, \hat{\sigma}_d^2)$ in die $N(0, 1)$ überführt, die leichter handhabbar ist. Man hätte α aber auch ohne den Umweg über die z-Transformation finden können, indem man das Integral der Dichtefunktion der $N(0, \hat{\sigma}_d^2)$ im Intervall c bis $+\infty$ berechnet (vgl. Kap. 3.2).

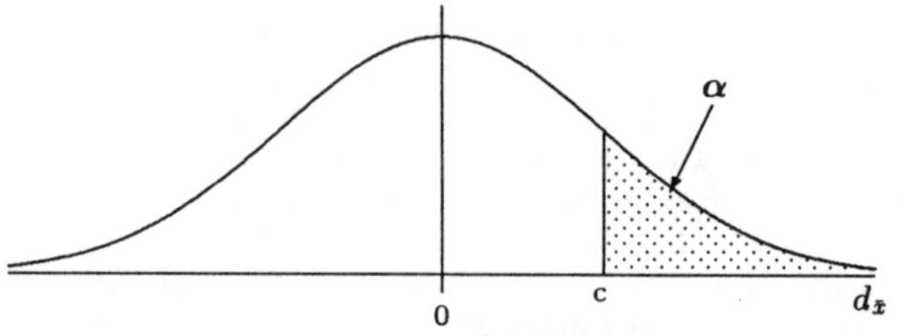

Abbildung 4.1: Kennwerteverteilung der Mittelwertsdifferenz $d_{\bar{x}}$ unter Annahme der H_0 (4.21); α-Risiko.

Gültigkeit der H_1 „rückschließt", dann ist die Wahrscheinlichkeit dafür, daß man bei dieser Entscheidung den α-Fehler begeht – daß also „in Wahrheit" doch die H_0 gilt –, gleich der Wahrscheinlichkeit des zufälligen Auftretens der errechneten oder einer noch extremeren Mittelwertsdifferenz bei Gültigkeit der H_0. Man schreibt dafür meist einfach nur α:

$$\alpha = \max[p(d_{\bar{x}} \geq c | H_0)] \qquad (4.23)$$

Formel (4.23) meint: Das α-Risiko des Tests ist die maximale Wahrscheinlichkeit dafür, daß eine Mittelwertsdifferenz größergleich der errechneten bei Gültigkeit der H_0 auftritt. Warum ist hier plötzlich von *maximaler* Wahrscheinlichkeit die Rede? Die Antwort liegt in dem Umstand, daß ja bisher die Betrachtung auf die exakte H_0 (4.21) eingeschränkt wurde. Diese ist aber nur eine von vielen Möglichkeiten, die die „eigentliche" H_0 (4.15) nennt, und bisher wurde lediglich vorgeführt, wie das α-Risiko berechnet wird, wenn man nur diese exakte H_0 in Betracht zieht. Genauso könnte man aber nun für jede der vielen Möglichkeiten $H_0 : \mu_F - \mu_{NF} < 0$ das α-Risiko berechnen und es läßt sich leicht zeigen, daß dabei dieses α stets kleiner wäre, als das für (4.21) errechnete.

Nimmt man z.B. $H_0 : \mu_F - \mu_{NF} = -1$ an, so ändert sich an den bisher gezeigten Rechenschritten im Prinzip nichts, nur daß eben jetzt $\mu_d = -1$ angenommen wird und also die Stichprobenkennwerteverteilung der Differenzen $d_{\bar{x}}$ im Falle der Gültigkeit dieser H_0-Version lautet: $N(-1, \hat{\sigma}_d^2)$. Abbildung 4.2 zeigt diese Verteilung zusammen mit der bereits in Abbildung 4.1 dargestellten,

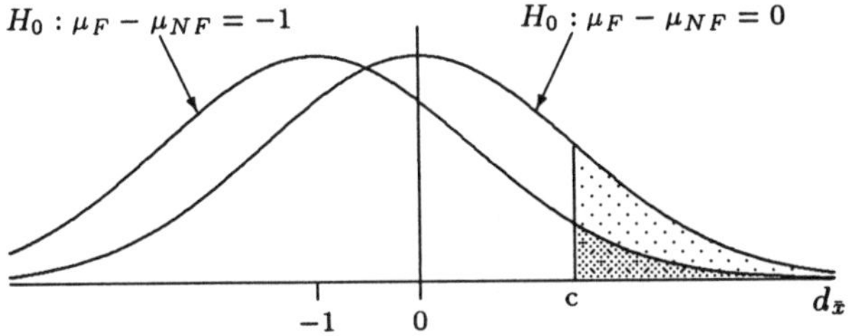

Abbildung 4.2: „Linksverschiebung" der Kennwerteverteilung der Mittelwertsdifferenz.

welche aus der exakten H_0 (4.21) bzw. aus $\mu_d = 0$ resultiert: Die erstere ist gegenüber letzterer einfach nur um -1 nach links verschoben und man erkennt nun deutlich, daß durch diese Verschiebung die Fläche unter der Kurve im rechten schattierten Randintervall - und d.h. das α-Risiko - kleiner wird. Dies zeigt hoffentlich besonders anschaulich, daß tatsächlich das mit der Annahme von $H_0 : \mu_F - \mu_{NF} = 0$ verbundene α das größtmögliche unter allen „Versionen" der Nullhypothese (4.15) ist.

Im folgenden sollen die bisher dargestellten Schritte des Hypothesentests nochmals mittels eines Rechenbeispiels veranschaulicht werden. Dazu wird angenommen, bei den 40 Versuchspersonen der Experimentalgruppe habe man einen Aggressionmittelwert von $\bar{x}_F = 15.4$, bei den 40 Nicht-Frustrierten jedoch $\bar{x}_{NF} = 12.6$ erhalten. Außerdem betrage in der Experimentalgruppe die Standardabweichung der Aggressionswerte $s_F = 3.3$, in der Kontrollgruppe $s_{NF} = 2.9$. Dieses ergibt die folgenden Rechenschritte:

1. Stichprobenkennwerte:

$$n_F = 40,\ \bar{x}_F = 15.4,\ s_F = 3.3,\ s_F^2 = 10.89$$
$$n_{NF} = 40,\ \bar{x}_{NF} = 12.6,\ s_{NF} = 2.9,\ s_{NF}^2 = 8.41$$

2. Prüfgröße nach (4.16):

$$d_{\bar{x}} = \bar{x}_F - \bar{x}_{NF} = 15.4 - 12.6 = 2.8$$

3. Standardfehler der Prüfgröße:

(1) Zunächst Schätzung von σ_F^2 und σ_{NF}^2 durch (4.7):

$$\hat{\sigma}_F^2 = \frac{s_F^2}{(n_F - 1)/n_F} = \frac{10.89}{0.975} = 11.17$$

$$\hat{\sigma}^2_{NF} = \frac{s^2_{NF}}{(n_{NF}-1)/n_{NF}} = \frac{8.41}{0.975} = 8.62$$

(2) Dann Schätzung von σ_d durch (4.20):

$$\hat{\sigma}_d = \sqrt{\hat{\sigma}^2_d} = \sqrt{\frac{\hat{\sigma}^2_F}{n_F} + \frac{\hat{\sigma}^2_{NF}}{n_{NF}}}$$

$$= \sqrt{\frac{11.17}{40} + \frac{8.62}{40}} = \sqrt{0.49} = 0.7$$

4. z-Transformation der Prüfgröße nach (4.22):

$$z_{2.8} = \frac{2.8}{0.7} = 4$$

5. α-Irrtumswahrscheinlichkeit:[41]

$$\alpha = p(4 \leq z) = 0.0000317$$

Bei diesem Rechenbeispiel betrüge demnach dann, wenn H_0 wahr wäre, die Wahrscheinlichkeit dafür, daß bei irgendeiner Durchführung des Frustrations-Aggressions-Experiments eine Mittelwertsdifferenz von 2.8 oder noch größer zustande kommt, lediglich 0.0000317. Wir betrachten dieses umgekehrt als Wahrscheinlichkeit dafür, daß wir uns irren, wenn wir aufgrund des Untersuchungsergebnisses schließen, daß die $H_1 : \mu_F > \mu_{NF}$ richtig sei.

Es wurde bereits gesagt, daß die falsifikationistische Logik bei der klassischen Vorgehensweise der statistischen Hypothesentestung, die von einer Identität von SV und H_1 ausgeht, darauf hinausläuft, das α-Risiko im Falle einer Entscheidung für H_1 möglichst gering zu halten. Zu einer strengen Überprüfung der SV bzw. der H_1 ist deshalb noch *vor* der Durchführung der Untersuchung bei deren Planung festzulegen, welches α-Risiko man gerade noch bereit ist, zu tolerieren. Mit anderen Worten: Es ist ein α-Schwellenwert festzulegen, so daß dann, wenn das beim

[41] Den Wert könnte man z.B. durch Nachschlagen in einer Standardnormalverteilungstabelle ermitteln: Dort ist $F(4) = 0.9999683$ angegeben. Also ist $\alpha = 1 - 0.9999683 = 0.0000317$. Normalerweise werden aber heutzutage statistische Tests nicht „von Hand", sondern durch Computerprogramme gerechnet, welche auch den α-Wert mitliefern.

statistischen Test errechnete α diesen überschreitet, eine Entscheidung für H_0 erfolgt, und andernfalls eine Entscheidung für H_1. Im Grunde bleibt es einer gewissen Willkür des jeweiligen Forschers überlassen, welchen derartigen Schwellenwert er bei der Planung seiner Untersuchung festlegt, i.allg. aber werden immer wieder drei bestimmte Werte benutzt, nämlich die folgenden sogenannten **Signifikanzschwellen** oder ***Signifikanzniveaus***:

1. $\alpha \leq 0.05$, d.h. das α-Risiko ist kleiner-gleich 0.05. Eine typische Redeweise dafür lautet: Das Ergebnis des statistischen Tests ist **signifikant** bzw. „signifikant auf dem 5%-Niveau".
2. $\alpha \leq 0.01$, d.h. das α-Risiko ist kleiner-gleich 0.01. Eine typische Redeweise dafür lautet: Das Ergebnis des statistischen Tests ist **hochsignifikant** bzw. „signifikant auf dem 1%-Niveau".
3. $\alpha \leq 0.001$, d.h. das α-Risiko ist kleiner-gleich 0.001. Die typische Redeweise dafür lautet: Das Ergebnis des statistischen Tests ist **höchstsignifikant** bzw. „signifikant auf dem 0.1%-Niveau".

Die Begriffe „hochsignifikant" und „höchstsignifikant" verwende ich hier nur mit schlechtem Gewissen, sie verleiten geradezu zu Fehlinterpretationen der Signifikanzaussage, wie sie im nächsten Unterkapitel noch behandelt werden. Es handelt sich, wie gesagt, lediglich um gebräuchliche Redeweisen, welche inhaltlich nichts weiter anzeigen, als die Unterschreitung einer bestimmten α-Risikoschwelle.

Im oben berechneten Zahlenbeispiel wurde also mit $\alpha = 0.0000317$ ein höchstsignifikantes Ergebnis errechnet. Hätte man für das Frustrations-Aggressions-Experiment eines der drei üblichen Signifikanzniveaus festgelegt, so würde aufgrund dieses Ergebnisses auf jeden Fall eine Entscheidung für die H_1 (4.14) erfolgen. Man würde also in dem berechneten Beispiel zu dem Schluß kommen, daß die H_1 und damit die SV als durch die Ergebnisse bestätigt anzusehen ist – die Frustrations-Aggressions-Hypothese hätte sich in dem Experiment bewährt.

Durch Festlegung eines Signifikanzniveaus erhält man einen sogenannten **Verwerfungsbereich** und einen **Akzeptanzbereich** für die H_0. Im bisher behandelten Beispiel handelt es sich dabei um die beiden Wertebereiche, in denen der nach (4.22) berechnete z-Wert einer Differenz $d_{\bar{x}}$ liegen muß, damit es zu einer Verwerfung bzw. Annahme der H_0 kommt. Zur graphischen Veranschaulichung betrachte man nochmals Abbildung 3.5 (S.93): Sie zeigt die Kurve der $N(0,1)$ und mit o denjenigen Schwellenwert, die oberen 5% der Fläche unter der Kurve vom Rest abschneidet (siehe auch Erklärung S.92f). Bei einem Signifikanzniveau von $\alpha \leq 0.05$ kennzeichnet also o die Schwelle von der Nichtsignifikanz zur Signifikanz des Untersuchungsergebnisses. Der H_0-Annahmebereich läge demnach links von o, und der H_0-Verwerfungsbereich rechts davon (wobei o selbst zum Verwerfungsbereich gehört). Konkret in Zahlen ausgedrückt: In der Standardnormalverteilung ist $z = 1.65$ ungefähr der Wert, der die „linken" 95% der Fläche unter der Kurve von den „rechten" 5% trennt, bei „5%iger α-Irrtumswahrscheinlichkeit" lautet also der Verwerfungsbereich für die H_0 (4.15): $z_c \geq 1.65$.

Der H_0-Verwerfungsbereich liegt in dem bisher behandelten Beispiel auf einer – nämlich der rechten – Seite der Prüfverteilung. Es ist wäre aber auch möglich gewesen, das Beispiel so zu konstruieren, daß der Verwerfungsbereich je zur Hälfte auf beiden Seiten der Prüfverteilung gelegen hätte. Diese Möglichkeit führt zu der grundlegenden Unterscheidung von **einseitigen vs. zweiseitigen Tests** und – damit eng zusammenhängend – von **gerichteten vs. ungerichteten Testhypothesen**. Unsere bisherige H_1 (4.14) ist eine gerichtete Hypothese, sie sagt nicht nur, daß ein Unterschied zwischen den Populationsmittelwerten μ_F und μ_{NF} besteht, sondern auch, welche Richtung dieser Unterschied hat, d.h. welcher von beiden Werten der größere ist. Wollte man diese H_1 nun als ungerichtete statistische Hypothese formulieren, so erhielte man:

$$H_1 : \mu_F - \mu_{NF} \neq 0 \tag{4.24}$$

Die ungerichtete Hypothese behauptet nur einen Effekt ohne Richtung: Frustration wirkt sich auf Aggressivität aus, so daß die durchschnittliche Aggressivität der frustrierten Gruppe sich von der der nicht-frustrierten Gruppe unterscheidet – welche der beiden Gruppen die aggressivere sein sollte, ist hier nicht gesagt. Die dazu gehörige H_0 lautet:

$$H_0 : \mu_F - \mu_{NF} = 0 \tag{4.25}$$

Wenn man nun den oben dargestellten statistischen Test für die ungerichteten Hypothesen (4.24) und (4.25) durchführt, so ergibt sich dabei eigentlich nur ein geringfügiger Unterschied. Wurde z.B. das 5%-Signifikanzniveau festgelegt, so ist der Verwerfungsbereich für die H_0 nicht mehr das rechte 5%-Randintervall der Standardnormalverteilung: Jetzt wäre es auch „im Sinne der H_1“, wenn $\bar{x}_F - \bar{x}_{NF} < 0$, d.h. wenn die Teststatistik $d_{\bar{x}}$ negativ würde. Mit anderen Worten: Auch weit in negative Richtung von Null abweichende Mittelwertsdifferenzen wären als Bestätigung der H_1 aufzufassen. Mit Blick auf die Prüfverteilungskurve bedeutet das, daß nun sowohl extreme Werte am rechten Rand, als auch solche am linken Rand bei der Festlegung des H_0-Verwerfungsbereichs berücksichtigt werden müssen: Der Verwerfungsbereich besteht jetzt aus zwei Intervallen an den beiden Rändern der Verteilung. Wenn dieser Verwerfungsbereich wieder so gewählt werden soll, daß er die extremen, mit Blick auf die H_1 relevanten 5% der Fläche unter der Prüfverteilungskurve umfaßt, so besteht er aus dem linken *und* aus dem rechten 2.5%-Randintervall: Diese bilden jetzt zusammen den relevanten Extrembereich, in welchen dann, wenn die H_0 wahr ist, eine Mittelwertsdifferenz $d_{\bar{x}}$ – bzw. deren z-Wert – nur noch mit einer Wahrscheinlichkeit von 0.05 fällt. In Abbildung 4.3 ist dieses graphisch veranschaulicht: Der H_0-Verwerfungsbereich besteht aus den Randintervallen links und rechts vom H_0-Akzeptanzbereich.

In der Standardnormalverteilung ist $z = -1.96$ derjenige Wert, der die „unteren“ 2.5% der Fläche unter der Standardnormalverteilungskurve von den „oberen“ 97.5% trennt und entsprechend $z = 1.96$ der „obere“ kritische z-Wert – bei $\alpha \leq 0.05$ lautet also der Verwerfungsbereich für die H_0 (4.25): $z_c \leq -1.96$ oder $z_c \geq 1.96$.

Damit sind die Begriffe einseitiger bzw. zweiseitiger Test erklärt: Ein einseitiger Test hat seinen H_0-Verwerfungsbereich an einer Seite der Prüfverteilung,[42] während beim zweiseitigen Test dieser „kritischen Bereich“ an beiden Seiten der Prüfverteilung liegt. Im gezeigten Beispiel war der einseitige Test der Test gerichteter Testhypothesen, während der zweiseitige Test aus ungerichteten Testhypothesen resultierte: Dies ist gewissermaßen der Regelfall, weshalb häufig auch die Begriffspaare einseitiger/zweiseitiger Test und gerichtete/ungerichtete Hypothesen

[42] Dies kann, wie im behandelten Beispiel, die rechte Seite sein, so daß man hier von einem *rechtsseitigen* Test sprechen könnte, oder aber auch die linke Seite: Z.B. führt die $H_1 : \mu_F - \mu_{NF} < 0$ zu solch einem *linksseitigen* Test, wie jeder Leser nun selbst nachvollziehen können sollte.

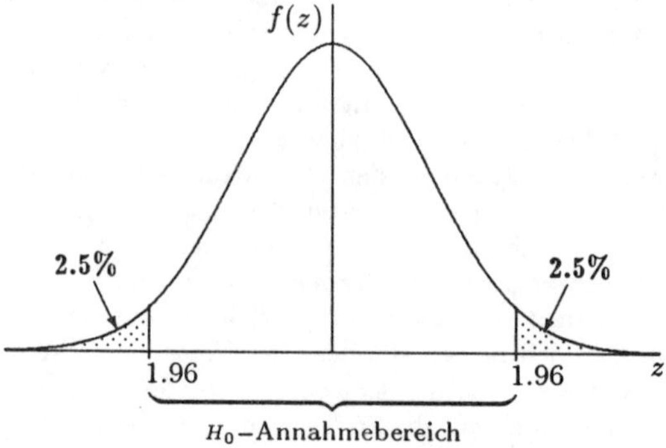

Abbildung 4.3: H_0-Annahmebereich und -Verwerfungsbereich bei zweiseitigem Test und $\alpha \leq 0.05$.

synonym gebraucht werden. Dieses ist nicht immer richtig! Ein Beispiel, bei dem ungerichtete Testhypothesen einseitig getestet werden, ist der varianzanalytische F-Test, der in 5.1.3 behandelt wird.

Das Grundmuster statistischer Testprozeduren läßt sich nun wie folgt zusammenfassen:

▷ Ausgangspunkt sind zwei einander entgegengesetzte statistische Testhypothesen: H_0 und H_1. In der klassischen Konzeption des Signifikanztests ist die H_1 die SV, die aus der inhaltlichen FH abgeleitet wurde und eine Annahme über Parameter der Verteilung der untersuchten Variablen in der Population enthält. Im Beispiel war dieser Parameter die Populationsmittelwertsdifferenz $\mu_F - \mu_{NF}$. Es wurde darauf hingewiesen, daß später noch eine Korrektur dieser klassischen Konzeption folgt.

▷ Aus den Stichprobendaten, die in der Untersuchung gewonnen wurden, wird der Wert einer Prüfgröße errechnet und es wird die Prüfverteilung, d.h. die Wahrscheinlichkeitsverteilung dieser Prüfgröße, die bei Gültigkeit der H_0 gegeben wäre, (zumindest näherungsweise) bestimmt. Zu dieser Bestimmung sind i.d.R. zusätzliche Annahmen und Voraussetzungen notwendig. Im Beispiel war $d_{\bar{x}}$ (bzw., bei Berechnung von α über die z-Transformation, deren Transformation z_c) die Prüfgröße und $N(0, \hat{\sigma}_d^2)$ (bzw. $N(0,1)$) die Prüfverteilung. Durch die H_0 wurde hier der Mittelwert der Prüfverteilung spezifiziert – zusätzliche Voraussetzungen sind die näherungsweise Normalverteilungsform aufgrund des zentralen Grenzwerttheorems und $\hat{\sigma}_d^2$ als Schätzung der Varianz.

▷ Noch vor der Durchführung des Tests wurde ein Signifikanzniveau festgelegt, d.h. ein maximales α-Risiko, das bei Entscheidung für die H_1 bzw. Ablehnung der H_0 noch akzeptiert werden kann. Die weitverbreitete Konvention lautet: $\alpha \leq 0.05$, d.h. es wird normalerweise ein 5%-Signifikanzniveau festgelegt – was bedeutet, daß die H_1 sozusagen nur eine sehr geringe Chance hat, akzeptiert zu werden.

▷ Durch das Signifikanzniveau ist der H_0-Verwerfungsbereich der Prüfverteilung festgelegt. Dabei handelt es sich um den Wertebereich am Rand bzw. an den Rändern der Verteilung, in dem die Prüfgröße liegen muß, damit das festgelegte α-Niveau nicht überschritten wird und eine Testentscheidung für H_1 und gegen H_0 erfolgt. Letztere wird beibehalten, wenn die Prüfgröße nicht im H_0-Verwerfungsbereich – und also im H_0-Akzeptanzbereich – liegt. Im Beispiel war bei 5%-Signifikanzniveau der H_0-Verwerfungsbereich dasjenige Intervall am rechten Rand der Prüfverteilung, durch das die „oberen" 5% der Fläche unter der Kurve abgeschnitten werden.

Es ist nun an der Zeit, auf die in 4.4.1 gemachte Einschränkung bezüglich der Erläuterung der Begriffe Null- und Alternativhypothese zurückzukommen. Diese Erläuterung ging von der Identität von SV und H_1 aus, d.h. die Alternativhypothese wurde als statistische Übersetzung der inhaltlichen FH und die Nullhypothese als „falsifizierende" Hypothese dazu betrachtet. Dieses entspricht auch dem Normalfall statistischer Testung und kann als korrekte und unproblematische Beschreibung der meisten Testsituationen in empirischen Untersuchungen gelten. Wie aber verhielte es sich z.B. im folgenden Fall: Angenommen, die mit dem Frustrations-Aggressions-Experiment zu überprüfende FH behauptet, daß Frustration *keine* Aggression erzeugt? Die SV bezüglich der Populationsmittelwerte μ_F und μ_{NF}, die daraus abzuleiten ist, entspräche dann der obigen H_0 (4.15)! Nach der vorläufigen Erklärung der Begriffe in 4.4.1 müßte nun die Hypothese (4.14) als H_0 und die Hypothese (4.15) als H_1 bezeichnet werden. Man könnte dieses tun, würde damit aber einige begriffliche Verwirrung stiften. Denn die Rechenschritte des statistischen Tests bleiben im Prinzip dieselben, wie oben dargestellt, nur daß nun dabei die Begriffe H_1 und H_0 bzw. α und β vertauscht wären, so daß die berechnete Irrtumswahrscheinlichkeit jetzt als „β-Risiko" bezeichnet werden müßte.

Eine **korrektere Definition der Testhypothesen** vermeidet derartige begriffliche Verwirrungen und rekuriert nicht auf die FH der Untersuchung, sondern schlicht auf die Rolle der beiden Testhypothesen im statistischen Testverfahren. Sehr einfach drückt das z.B. Hays (1994, S.270) aus: „*It is better to think of the null hypothesis H_0 as simply designating that hypothesis actually beeing tested, the one that, if true, determines the sampling distribution refered to in the test.*" Die H_0 eines statistischen Tests ist also diejenige der beiden Testhypothesen, unter deren Annahme die Prüfverteilung bestimmt wird – im nächsten Unterkapitel wird noch dargelegt werden, daß dieses *ohne weiteres* immer nur für eine der beiden Testhypothesen möglich ist. Die H_1 ist dann eben die „Alternative" zu dieser zunächst einmal angenommenen H_0. Man drückt dieses auch mit der folgenden Redeweise aus: In einem statistischen Test wird die H_0 *gegen die H_1 getestet* (vgl. z.B. auch die Definition des statistischen Tests von Menges 1982, S.309). Dieses geschieht – wie gezeigt – dadurch, daß das α-Risiko bei Verwerfung der H_0 bestimmt wird und eine Entscheidung für H_1 dann erfolgt, wenn α ein zuvor festgelegtes Niveau unterschreitet.

Beim Frustrations-Aggressions-Beispiel würde also in jedem Fall die $H_0 : \mu_F - \mu_{NF} \leq 0$ gegen die $H_1 : \mu_F - \mu_{NF} > 0$ getestet – auch dann, wenn die SV der H_0 entspricht. Problematisch wäre dann allerdings die Festlegung des Signifikanzniveaus: Ein niedriges α-Risiko würde jetzt nämlich bedeuten, daß die SV eine sehr große Chance hat, als bestätigt angesehen zu werden. Dieses Problem wird im nächsten Unterkapitel behandelt werden.

Nach den dargestellten Prinzipien der Hypothesentestung – Test einer Nullhypothese gegen eine Alternativhypothese – funktionieren eine Vielzahl statistischer Tests, mit denen Annahmen über verschiedenste Parameter bzw. über alle möglichen Charakteristika von Populationsverteilungen geprüft werden können. Einige einfache und grundlegende solcher Signifikanztests werden im Kapitel 5 behandelt.

4.4.3 Probleme der Hypothesentestung

Signifikanztests führen zu einer Entscheidung zwischen den

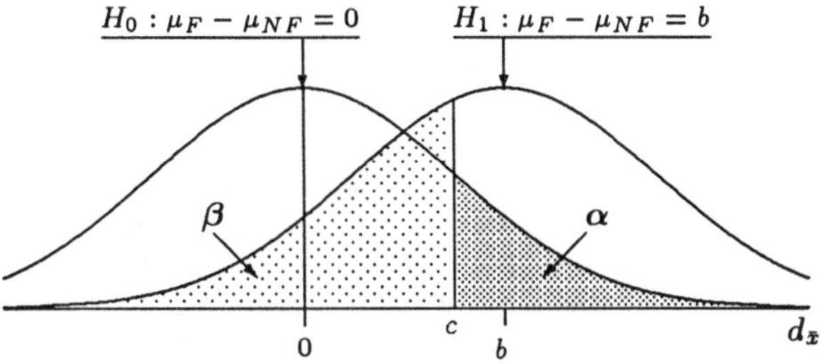

Abbildung 4.4: α- und β-Risiko.

beiden Testhypothesen H_0 und H_1, bei der das mit einer Annahme der H_1 verbundene α-Risiko kontrolliert und möglichst gering gehalten wird. Wie aber steht es mit dem Fehlerrisiko im Falle der Entscheidung für die H_0? Bei der bislang behandelten Hypothesentestung wurde dem β-Fehler keine Beachtung zuteil – es stellt sich also nun die Frage nach der **β-Irrtumswahrscheinlichkeit** bzw. dem ***β-Risiko***.

Kehren wir dazu zum Frustrations-Aggressions-Beispiel zurück. Es sei bei dem Experiment eine Mittelwertsdifferenz $d_{\bar{x}} = c > 0$ herausgekommen und α wurde gemäß (4.23) als die maximale Wahrscheinlichkeit dafür bestimmt, eine Mittelwertsdifferenz größer-gleich c in einem Experiment zufällig zu erhalten, wenn die H_0 (4.15) gilt. Analog dazu müßte nun β als die Wahrscheinlichkeit einer Mittelwertsdifferenz kleiner-gleich c, falls die H_1 (4.14) gilt, ermittelt werden – dieses aber ist nicht so ohne weiteres möglich, wie die folgenden Überlegungen zeigen sollen:

▷ Abbildung 4.1 zeigt die Kennwerteverteilung der Differenz $d_{\bar{x}}$ – und d.h. die Prüfverteilung des Tests – unter Annahme der exakten H_0 (4.21). Wie in 4.4.2 dargelegt handelt es sich um eine Normalverteilung mit einer durch (4.20) geschätzten Varianz und dem Mittelwert $\mu_d = 0$. Letzteren liefert die exakte H_0, durch welche eben der Wert Null als Mittelwert der Prüfverteilung spezifiziert ist. Diese Spezifikation der Nullhypothese aber ist diejenige, für die das größtmögliche α-Risiko errechnet wird (vgl. Abb. 4.2). Ein β-Risiko könnte nun genauso berechnet werden, wie α: Zunächt müßte aus den möglichen „Versionen“

der H_1 (4.14) eine exakte Alternativhypothese ausgewählt werden, durch die ein konkreter Wert $\mu_F - \mu_{NF} = \mu_d = b > 0$ spezifiziert wird. Unter der Annahme dieser exakten H_1 lautet dann die Kennwerteverteilung von $d_{\bar{x}}$: $N(b, \hat{\sigma}_d^2)$. Für irgendeinen Wert $d_{\bar{x}} = c$, der bei dem Experiment herausgekommen ist, entsprach in Abbildung 4.1 α der schattierten Fläche unter der $N(0, \hat{\sigma}_d^2)$-Kurve im rechten Randintervall c bis $+\infty$. Genauso entspräche nun β der Fläche unter der $N(b, \hat{\sigma}_d^2)$-Kurve im *linken* Randintervall $-\infty$ bis c – dieses ist in Abbildung 4.4. dargestellt, wo auch noch einmal α unter Annahme der exakten H_0 (4.21) abgebildet ist. Fazit dieser Überlegung: Die Irrtumswahrscheinlichkeit kann nur bei Ablehnung einer exakten Testhypothese numerisch bestimmt werden, d.h. in der abgelehnten Hypothese muß ein konkreter Parameterwert spezifiziert sein.

▷ In der H_0 (4.15) ist ausgedrückt, daß die Mittelwertsdifferenz $\mu_F - \mu_{NF}$ *maximal* Null ist – dadurch ist eine zu testende exakte Nullhypothese quasi schon vorgegeben, nämlich (4.21). Aus der H_1 (4.14) ergibt sich aber eine solche exakte Hypothese nicht genauso zwangsläufig, in ihr ist nicht konkret spezifiziert, wie groß die Populationsmittelwertsdifferenz *mindestens* ist, sondern lediglich, daß diese größer als Null ist. Würde man irgendeine exakte H_1 – z.B.$H_1 : \bar{x}_F - \bar{x}_{NF} = 2$ – testen und das ihr entsprechende β-Risiko ermitteln, so wäre dieses β-Risiko das größtmögliche aus allen $H_1 : \bar{x}_F - \bar{x}_{NF} \geq 2$: Wenn man in Abbildung 4.4 die rechte Kurve nach rechts verschiebt, so wird die Fläche unter dem linken Randintervall von $-\infty$ bis c kleiner. Jedoch wären alle möglichen exakten Alternativhypothesen $H_1 : 0 < \bar{x}_F - \bar{x}_{NF} < 2$ mit einem noch höheren β-Risiko verbunden: Verschiebt man die rechte Kurve in Abbildung 4.4 nach links, so wird die schattierte Fläche unter dieser Kurve größer. Deshalb ist für die H_1 (4.14) das *maximale* β-Risiko nicht bestimmbar!

Die grundsätzliche Unmöglichkeit, daß β-Risiko, das mit der Ablehnung einer H_1 wie (4.14) verbunden ist, zu berechnen, betrifft nun auch den bereits zum Ende des letzten Unterkapitels angesprochenen Fall, daß die aus einer FH abgeleitete SV der H_0 des statistischen Tests entspricht: Im Sinne einer möglichst strengen empirischen Überprüfung der SV müßte nun nicht das α-, sondern das β-Risiko bei der Testentscheidung niedrig gehalten werden. Es dürfte also eine Entscheidung für die H_0 – und d.h. dafür, daß die SV bestätigt wurde – nur dann erfolgen, wenn das Ergebnis unter Annahme der H_1 sehr unwahrscheinlich ist. β aber ist nicht *ohne weiteres* berechenbar.

Oft findet man in Veröffentlichungen empirischer Forschungsergebnisse dieses Problem in geradezu sträflicher Weise übergangen. Es werden dann statistische Hypothesentests gewissermaßen nach Art von Küchenrezepten benutzt: Die in den Statistiklehrbüchern ablesbaren Testprozeduren werden genauso, wie es geschrieben steht, auf die Daten angewandt, es wird „auf Signifikanz getestet", d.h. zur Testentscheidung für oder gegen eine der beiden Testhypothesen das konventionelle 5%-Signifikanzniveau benutzt, ganz unabhängig davon, ob die SV, die es zu überprüfen gilt, nun der H_1 oder der H_0 der Testprozedur entspricht. Im letzteren Fall aber – wenn eine Testentscheidung für die H_0 des Tests eine Bewährung der inhaltlichen FH, die empirisch überprüft werden soll, bedeutet – kann die Vorgehensweise einer solchen Küchenrezeptstatistik durchaus unsinnig sein.

Dazu ein Beispiel: Man nehme an, ein Pharmaunternehmen habe ein neues und sehr wirksames Medikament gegen Schnupfen entwickelt. Vor der Markteinführung des Medikaments muß allerdings noch untersucht werden, ob es nicht bestimmte riskante Nebenwirkungen hat. Beispielsweise könnte der Verdacht bestehen, daß durch das Medikament der Augeninnendruck des Patienten dermaßen erhöht wird, daß in Einzelfällen die Gefahr der irreparabler Schädigungen besteht. Um dieses festzustellen könnte eine Untersuchung durchgeführt werden, die wieder auf einen Mittelwertsvergleich hinausläuft: Eine Gruppe von Probanden, denen das neue Medikament unter kontrollierten Bedingungen verabreicht wurde, wird mit einer Kontrollgruppe verglichen, deren Mitglieder bei ansonsten identischen Rahmenbedingungen mit einem Placebo behandelt wurden. Bei den Probanden beider Gruppen wird zu einem bestimmten Zeitpunkt nach der Verabreichung der Augeninnendruck gemessen, die beiden Gruppenmittelwerte bzw. deren Differenz soll statistisch getestet werden. Diesem Test liegen Testhypothesen derselben Art, wie die im Frustrations-Aggressions-Beispiel behandelten, zugrunde – wenn μ_M der Populationsmittelwert des Augeninnendrucks nach Verabreichung des neuen Medikaments und μ_P der Populationsmittelwert des Augeninnendrucks nach Verabreichung eines Placebos ist, dann lauten sie $H_1 : \mu_M > \mu_P$ und $H_0 : \mu_M \leq \mu_P$.

Die statistische Testung könnte so, wie in 4.4.2 dargestellt, durchgeführt werden. Man kann nun wohl ohne weiteres einsehen, daß es hier weniger darauf ankommt, den α-Fehler – eine irrtümliche Entscheidung für H_1 – zu vermeiden, sondern vielmehr das β-Risiko gering zu halten: Wenn man aus den Untersuchungsergebnissen entscheidet, H_0 sei richtig bzw. das neue Medikament führe nicht zu der gefährlichen Erhöhung des Augeninnendrucks, so sollte diese Entscheidung eine möglichst sichere sein, denn wenn eben doch H_1 gilt, so könnte die Markteinführung des Medikaments schlimme Folgen nach sich ziehen.

Derartige Überlegungen führen zu einem weiteren Gesichtspunkt statistischer Hypothesentestung, nämlich zur ***Teststärke*** oder **Trennschärfe** eines Tests (weitere häufig gebrauchte Bezeichnungen: „Güte", „Macht", „Power"). Dieses ist die Wahrscheinlichkeit einer richtigen Entscheidung für die H_1. Wenn β die Wahrscheinlichkeit dafür ist, daß bei Gültigkeit von H_1 für H_0 entschieden wird, dann muß $1 - \beta$ die Wahrscheinlichkeit dafür sein, daß bei Gültigkeit von H_1 auch eine Entscheidung für H_1 erfolgt. Somit könnte die Teststärke ϵ eines statistischen Tests wie folgt definiert werden:

$$\epsilon = 1 - \beta \tag{4.26}$$

Beim obigen Nebenwirkungsbeispiel kommt es also auf eine hohe Teststärke an: Die Wahrscheinlichkeit, eine „überzufällige" Erhöhung des Augeninnendrucks infolge der Verabreichung des Schnupfenmedikaments zu erkennen, sollte möglichst hoch, das β-Fehlerrisiko möglichst gering sein.

Die üblichen Hypothesentests „auf 5%-Signifikanz" sind somit nicht in jedem Fall angemessen. Sie entsprechen gewissermaßen dem historischen Paradigma statistischer Testung, nämlich der strengen, „falsifikationistischen" Prüfung einer FH, welche in die H_1 des Tests übersetzt werden kann. Der Vielfalt möglicher Testsituationen wird man aber nur dadurch gerecht, daß man in jedem Einzelfall die Frage stellt: Welcher der beiden möglichen Fehler bei der Testentscheidung – der α- oder der β-Fehler – soll möglichst vermieden werden? Es handelt sich dabei um eine Abschätzung des Schadens, der mit der jeweiligen Fehlentscheidung verbunden ist, und des Nutzens der jeweils aus einer korrekten Entscheidung für H_0 bzw. für H_1 resultiert.

Wenn es also bei einer statistischen Hypothesentestung in erster Linie auf hohe Teststärke ankommt, dann muß das β-Risiko irgendwie abgeschätzt werden – dieses aber kann für die üblichen Testhypothesen nicht ohne weiteres ermittelt werden.

Eine ungefähre Lösung dieses Problems besteht darin, ein hohes α-Risiko in Kauf zu nehmen. Denn es gilt ganz allgemein der folgende Zusammenhang: Je geringer das α-Risiko, desto größer das β-Risiko, und umgekehrt. Zur Veranschaulichung betrachte man Abbildung 4.4: Die linke Kurve zeigt die Kennwerteverteilung der Mittelwertsdifferenz $d_{\bar{x}}$ unter Annahme der exakten H_0 (4.21), die rechte Kurve zeigt die Kennwerteverteilung von $d_{\bar{x}}$ unter Annahme irgendeiner exakten $H_1 : \mu_F - \mu_{NF} = b > 0$ – für ein $d_{\bar{x}} = c$, das bei der Durchführung des Experiments gefunden wurde, sind α und β als die entsprechenden Flächen unter der jeweiligen Kurve durch Schattierung kenntlich gemacht. Wenn man nun c nach rechts verschiebt, so wird die rechte schattierte Fläche – das α-Risiko – kleiner und β größer, verschiebt man c nach links, so wird α größer und β kleiner. Wenn also für einen vorgefundenen Wert der Prüfgröße ein hohes α-Risiko der Entscheidung für H_1 errechnet wurde, so kann man vermuten, daß das β-Risiko der Entscheidung für H_0 gering sein muß. Man könnte darum, wenn der β-Fehler möglichst vermieden werden soll, den α-Schwellenwert, dessen Unterschreitung zur Entscheidung für H_1 führt, sehr hoch ansetzen. Die Methode ist allerdings nicht ganz befriedigend, da ja auf diese Weise das β-Risiko nicht berechnet wird und somit auch der genaue Wert der Teststärke unbekannt bleibt.

Der Weg, der zu einer Berechnung des β- bzw. ϵ-Wertes beschritten werden muß, wurde bereits genannt: Es muß eine exakte H_1 „ausgewählt" werden. So kann beispielsweise im Frustrations-Aggressions-Experiment für die $H_1 : \mu_F - \mu_{NF} \geq 2$ das bei einer Differenz der Stichprobenmittelwerte $d_{\bar{x}} = c$ gegebene *maximale* β-Risiko bei Entscheidung für H_0 bestimmt werden: Es entspricht der Fläche im linken Randintervall $-\infty$ bis c unter der $N(2, \hat{\sigma}_d^2)$-Kurve (vgl. Abb. 4.4). Wir könnten uns nun sozusagen mit diesem β begnügen und die Möglichkeit $0 < \mu_F - \mu_{NF} < 2$ außer Acht lassen – d.h., wir könnten von vorneherein überlegt haben, daß irgendeine „kleine" Erhöhung der Aggressivität durch die Frustration theoretisch uninteressant ist, daß im Sinne der FH nur ein gewisser Mindestanstieg interessiert. Wenn dann der Test so durchgeführt würde, wie in 4.4.2 beschrieben – d.h. bei der Überschreitung einer vorher festgelegten α-Schwelle Entscheidung für H_0 – dann könnte das Risiko berechnet werden, fälschlich zugunsten der H_0 (4.15) zu entscheiden, falls tatsächlich in der Population mindestens derjenige Unterschied besteht, der überhaupt erst interessiert.

Eine derartige Vorgehensweise beruht also auf der – in der üblichen Terminologie statistischer Literatur – Spezifikation einer **praktisch bedeutsamen Effektgröße.** Im Zusammenhang statistischer Testung meint Effekt die Abweichung des im jeweiligen Test relevanten statistischen Parameters von dem in der H_0 spezifizierten Parameterwert (bzw. -wertebereich). Im Frustrations-Aggressions-Beispiel ist die Effektgröße also das Ausmaß, in dem die Populationsmittelwertsdifferenz $\mu_F - \mu_{NF}$ positiv von Null abweicht. Ich bezeichne im folgenden auch die aus den erhobenen Daten berechnete Differenz $d_{\bar{x}}$ etwas unkorrekt als *vorgefundenen* Effekt.

Eine mögliche Ursache für das, was oben Küchenrezeptstatistik genannt wurde – d.h. für die unreflektierte Befolgung der Signifikanzkonventionen bei der Festlegung von H_0-Annahme- und -Verwerfungsbereichen – besteht vielleicht in der Unkenntnis dessen, was diese Signifikanzen überhaupt bedeuten. Der Begriff der Signifikanz verleitet zur Fehlinterpretation: Man könnte ihn mit Bedeutung oder Größe des Effekts verwechseln. Ist z.B. eine vorgefundene Mittelwertsdifferenz signifikant, so ist damit im Grunde *nichts* über ihre Größe oder inhaltliche Bedeutsamkeit – und erst recht nichts über die Größe des Effekts in der Population – ausgesagt. Ein „signifikanter Effekt" (eine häufig gelesene Formulierung, die im Grunde sinnlos ist) muß kein besonders großer oder besonders bedeutsamer sein.

Denn: Die Signifikanz eines Testergebnisses hängt auch von der Größe der untersuchten Stichprobe(n) ab. Bei genügend großem n wird letztendlich jeder noch so geringe vorgefundene Effekt statistisch signifikant! Am Beispiel des in 4.4.2 dargestellten Tests sollte dies jeder Leser leicht selbst nachvollziehen können: Je größer in Formel (4.19) n_F und n_{NF} werden, desto geringer wird σ_d^2, die Varianz der Kennwerteverteilung der Differenz $d_{\bar{x}}$. Dasselbe gilt für die Schätzung $\hat{\sigma}_d^2$ nach Formel (4.20). D.h. also, daß der Standardfehler von $d_{\bar{x}}$ mit zunehmenden Stichprobengrößen immer kleiner wird. Bestimmt man für eine tatsächlich vorgefundene Differenz $d_{\bar{x}} = c$ das α-Risiko so, wie gezeigt, durch Berechnung des z-Werts nach (4.22), so führt ein kleinerer

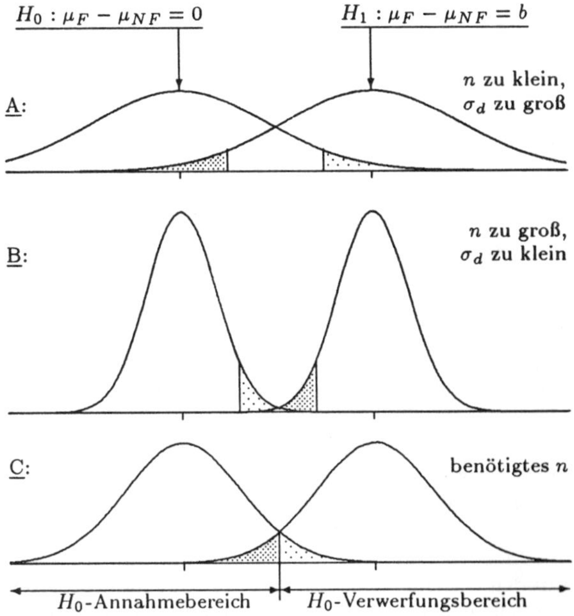

Abbildung 4.5: Test mit $\alpha \leq 0.05$, $\beta < 0.05$ und Effektgröße b (schattierte Flächen: 5%).

Standardfehler im Nenner des z-Bruchs zu einem größeren Wert z_c. Je größer z_c ist, desto weiter liegt es am Rand der Standardnormalverteilung und desto geringer wird die Fläche unter der $N(0,1)$-Kurve im Randintervall z_c bis $+\infty$ – d.h. desto kleiner wird α!

Was für den in 4.4.2 behandelten Test gilt, gilt allgemein für jegliche statistische Testung: Je größer die untersuchten Stichproben, desto kleiner der Standardfehler der Prüfgröße und desto geringer das α-Risiko, das für den vorgefundenen Wert der Prüfgröße errechnet wird. Ein und derselbe vorgefundene Effekt also – z.B. eine bestimmte Mittelwertsdifferenz – kann nicht signifikant sein, wenn er bei kleineren Stichproben auftritt, und signifikant, wenn er bei größeren Stichproben ermittelt wird. Signifikanz eines Testergebnisses sagt somit für sich genommen, ohne Einbeziehung der Stichprobengröße(n), gar nichts über die Größe eines vorgefundenen und somit nichts über die Größe eines tatsächlichen Effekts in der Population aus. Irgendein Signifikanzniveau ist lediglich eine willkürlich aufgestellte Entscheidungsregel über das maximale Fehlerrisiko, das bei Entscheidung für H_1 noch akzeptiert wird – und es wird, wie in 4.4.2 gezeigt, als bedingte Wahrscheinlichkeit unter der Annahme der H_0, d.h. eines „Nulleffekts", berechnet.

Aufgrund dieses Zusammenhangs von α und n bietet die Spezifikation einer praktisch bedeutsamen Effektgröße einen weiteren Vorteil: Es wird auf diese Weise nicht nur β berechenbar, es kann damit auch bei der Planung einer Untersuchung der benötigte Stichprobenumfang kalkuliert werden. Es könnte beispielsweise bei der Planung des Frustrations-Aggressions-Experiments zusätzlich zum maximalen α-Risiko, das bei Entscheidung für H_1 in Kauf genommen wird, ein maximales β-Risiko im Falle der Entscheidung für H_0 festgelegt und diejenige Stichprobengröße berechnet werden, bei der jede der beiden Entscheidungsalternativen mit genau der dafür festgelegten Irrtumswahrscheinlichkeit behaftet ist.

Dieses führt in graphischer Veranschaulichung Abbildung 4.5 vor: Aus den Gleichungen (4.19) bzw. (4.20) geht hervor, daß der Standardfehler von $d_{\bar{x}}$ – Bekanntheit oder eine Vorabschätzung der Populationsvarianzen σ_F und σ_{NF} vorausgesetzt – ausschließlich von der Stichprobengröße $n = n_F = n_{NF}$ abhängt (der Einfachheit halber beschränke ich mich auf den Fall gleichgroßer Untersuchungsgruppen). Die Streuung der Kennwerteverteilung von $d_{\bar{x}}$ wird demnach umso größer, je kleiner n ist – A zeigt die beiden relevanten Kennwerteverteilungen bei Annahme von H_0 bzw. H_1 bei kleinem n (breite Streuung), B zeigt sie bei großem n (schmale Streuung). Wollte man z.B. bei Entscheidung für H_1 lediglich $\alpha \leq 0.05$ *und* bei Entscheidung für H_0 lediglich $\beta < 0.05$ in Kauf nehmen, so müßten sich die beiden Kurven so schneiden, wie in C, wo der Schnittpunkt der beiden Kurven die Grenze des jeweiligen 5%-Randintervalls bildet – bei Entscheidung für H_1 wäre $\alpha \leq 0.05$, bei Entscheidung für H_0 wäre $\beta < 0.05$ (wenn der Schnittpunkt selbst in den H_0-Verwerfungsbereich fällt). Es müßte also n so gewählt werden, daß die Standardabweichung der beiden Kurven genau so groß wird, daß dieser Fall C resultiert.

Dieses n kann leicht gefunden werden. Wie man in Abbildung

4.5 erkennen kann, liegt der Schnittpunkt zwischen den beiden Kurven genau in der Mitte zwischen den beiden Mittelwerten. Wenn man also für das Frustrations-Aggressions-Experiment festgelegt hätte, daß der minimale praktisch bedeutsame Effekt $\mu_F - \mu_{NF} = 2$ betragen soll, so muß der Schnittpunkt bei 1 liegen. D.h. aber auch, daß das rechte 5%-Randintervall der linken „H_0-Kurve" bei 1 beginnen soll bzw. daß jede Differenz $d_{\bar{x}} \geq 1$ signifkant auf dem 5%-Niveau werden muß. Für die Berechnung des gesuchten n-Wertes müssen nun allerdings die Populationsvarianzen der Aggressivität σ_F^2 und σ_{NF}^2 entweder bekannt sein oder bereits Schätzungen dafür vorliegen (bei dem in 4.4.2 dargestellten Test wurden $\hat{\sigma}_F^2$ und $\hat{\sigma}_{NF}^2$ aus den im Experiment erhobenen Stichprobendaten geschätzt). Man nehme also z.B. an, aufgrund einer Voruntersuchung habe man geschätzt: $\hat{\sigma}_F^2 = \hat{\sigma}_{NF}^2 = 9$. Mit diesen Vorgaben ist n aus den Gleichungen (4.22) und (4.20) berechenbar:

▷ Der z-Wert, der die rechten 5% der Fläche unter der Standardnormalverteilungskurve vom Rest abschneidet, ist $z = 1.65$. Demnach muß für eine Differenz $d_{\bar{x}} = 1$ bei der z-Transformation nach Formel (4.22) gelten:

$$z_1 = \frac{1}{\hat{\sigma}_d} = 1.65$$

▷ $\hat{\sigma}_d$ läßt sich nach Formel (4.20) auf die geschätzten Populationsvarianzen $\hat{\sigma}_F$ und $\hat{\sigma}_{NF}$ und auf die Stichprobengröße $n = n_F = n_{NF}$ zurückführen. Als Schätzung für die Populationsvarianzen wurde 9 angenommen, also ergibt (4.20):

$$\hat{\sigma}_d = \sqrt{\frac{9}{n} + \frac{9}{n}} = \sqrt{\frac{18}{n}} = \frac{4.243}{\sqrt{n}}$$

▷ Dieses in die z-Transformationsformel eingesetzt ergibt nach entsprechender Umformung den gesuchten Wert n:

$$\begin{aligned} \frac{1}{\hat{\sigma}_d} &= 1.65 \\ \frac{1}{1.65} &= \hat{\sigma}_d = \frac{4.243}{\sqrt{n}} \\ n &= (4.243 \cdot 1.65)^2 = 49 \end{aligned}$$

Wenn also die Kontroll- und Experimentalgruppe jeweils aus 49 Probanden bestünden, dann wäre der Fall C in Abbildung 4.5 erreicht: Fällt eine Mittelwertsdifferenz in den H_0-Verwerfungsbereich, so folgt die Entscheidung für H_1 mit $\alpha \leq 0.05$, fällt $d_{\bar{x}}$ in den H_0-Annahmebereich, so wird H_0 mit $\beta < 0.05$ beibehalten - wobei sich β nur auf die mögliche Gültigkeit derjenigen Alternativhypothesen mit einem praktisch bedeutsamen Effekt größer-gleich 2 bezieht.

Ich behandle die Möglichkeiten, die die Berücksichtigung praktisch bedeutsamer Effektgrößen für das statistische Hypothesentesten bietet, nicht weiter. Tatsächlich wird diese Berücksichtigung bzw. die Beachtung von Teststärke und β-Risiko seit vielen Jahren von namhaften Autoren hartnäckig und mit guten Gründen gefordert (z.B. Hager & Westermann 1983, S.78ff) - und offenbar genauso hartnäckig wird diese Forderung von den empirisch forschenden Anwendern statistischer Methoden ignoriert! Das vorliegende Buch verfolgt nur den bescheidenen Anspruch, seinen Lesern beim Einstieg in die Statistik behilflich zu sein und will deshalb zunächst das Verständnis dessen vermitteln, was sozusagen den Grundstandard der gegenwärtigen Statistikpraxis bildet. Das Thema β-Risiko und Teststärke kann innerhalb des so vorgegebenen Rahmens nicht mit der Ausführlichkeit behandelt werden, die ihm eigentlich gebührt, und ich kann nur hoffen, auf diese Weise nicht zu der besagten Ignoranz gegenüber diesem Thema beizutragen. Mein eingangs in der Einleitung bekundetes schlechtes Gewissen betrifft also v.a. das gegenwärtige Unterkapitel. Immerhin sollten die Leser zumindest den deutlichen Hinweis wahrgenommen haben, die Angemessenheit des allgemein üblichen Signifikanztestens mittels der konventionellen Signifikanzniveaus in jedem Einzelfall kritisch zu hinterfragen. Die Quintessenz dieser Vorgehensweise besteht in einem Entscheidungsautomatismus, der ausschließlich das Ziel eines geringen Fehlerrisikos bei Entscheidung für H_1 erfüllt - es handelt sich gewissermaßen um die einfachste statistische Entscheidungsregel, welche als solche zum „Grundkurswissen" der Statistik gehört. Eine Vertiefung der hier erworbenen Kenntnisse sollte u.a. auch das Verständnis differenzierterer Entscheidungsregeln zum Ziel haben.[43]

[43] Beispielsweise könnte die Lektüre der Artikel von Hager (1992) und Erdfelder & Bredenkamp (1994) eine sinnvolle Ergänzung zum hier Behandelten bieten. Aus der umfangreichen Literatur zur Versuchsplanung, in der diese Thematik behandelt wird, möchte ich Hager & Westermann (1983) hervorheben.

5 Grundlegende statistische Tests

In diesem Kapitel wird eine Auswahl statistischer Hypothesentests, dargestellt. Diese Auswahl ist keineswegs erschöpfend, sie beschränkt sich auf solche Verfahren, die einerseits einfach genug sind, um im Rahmen dieses Buchs behandelt werden, und andererseits – vielleicht wegen dieser Einfachheit – in empirischen Arbeiten besonders häufig angewandt werden. Auch möchte ich mich, was die Darstellung als solche betrifft, im folgenden nicht mehr zu weit in Details verlieren und lediglich auf die prinzipielle Vorgehensweise konzentrieren. Statistische Tests werden heute i.d.R. am Computer unter Einsatz entsprechender Statistiksoftware (z.B. SAS, SPSS) gerechnet – für die „normale" Studien- und Forschungspraxis mag es hier meist genügen, zu verstehen, was das Programm macht und liefert, ohne dabei alle Einzelheiten der Berechnung zu kennen.

5.1 Parametrische Mittelwertsvergleiche

Im folgenden werden die gebräuchlichsten Verfahren zur statistischen Testung von Hypothesen über Mittelwertsunterschiede behandelt – man spricht auch von **Unterschiedshypothesen**. Es handelt sich dabei um sogenannte ***parametrische*** bzw. ***verteilungsgebundene Verfahren***. Die beiden Begriffe parametrisch und verteilungsgebunden werden i.A. synonym gebraucht, obwohl, wenn man es genau nimmt, beide nicht exakt dasselbe meinen. Der Begriff parametrisch bezieht sich auf die Testhypothesen: Statistische Hypothesen über Parameter von Populationsverteilungen – wie die Hypothesenbeispiele (4.13) und (4.12) – werden parametrisch genannt. Die statistische Testung parametrischer Testhypothesen erfolgt nun i.d.R. über Verfahren, die in der Weise „verteilungsgebunden" sind, daß die Ableitung der Kennwerteverteilung der jeweiligen Prüfgröße auf Annahmen über die Populationsverteilung des untersuchten Merkmals zurückgreift. Dieses wird gleich am Beispiel des t-Tests deutlich gemacht werden. Im Kapitel 5.2 werden dann nichtparametrische bzw. verteilungsfreie Verfahren zum Test von Unterschiedshypothesen dargestellt.

5.1.1 Der t-Test für unabhängige Stichproben

Im Kapitel 4.4.2 wurde des Grundprinzip der Vorgehensweise bei der statistischen Hypothesentestung am Beispiel des Tests von Hypothesen über die Differenz zweier Populationsmittelwerte dargestellt. Es wurde dort bereits darauf hingewiesen, daß jener Test – nimmt man daran einige kleine Änderungen vor – dem sogenannten t-Test, der nun behandelt werden soll, sehr ähnlich ist und daß der t-Test das Verfahren ist, welches normalerweise zur Überprüfung von Unterschiedshypothesen über zwei Mittelwerte angewandt wird.

Mit dem t-Test werden also zwei Stichprobenmittelwerte miteinander verglichen, aufgrund der Differenz dieser Stichprobenmittelwerte soll über Annahme und Verwerfung statistischer Testhypothesen über die Differenz der entsprechenden Populationsmittelwerte entschieden werden. Die Version des t-Tests, die im folgenden behandelt wird, dient dem Vergleich der Mittelwerte aus zwei voneinander unabhängigen Stichproben. ***Unabhängigkeit zweier Stichproben*** liegt dann vor, wenn die Auswahl der Merkmalsträger (z.B. Versuchspersonen) für die eine Stichprobe keinen Einfluß auf die Auswahl für die andere hat – diese etwas grobschlächtige Erklärung mag zunächst für die Zwecke der nachfolgenden Darlegungen genügen. Gemeint ist hier letztendlich stochastische Unabhängigkeit, deren allgemeine Definition mittels bedingter Wahrscheinlichkeiten bereits im Kapitel 3.1 behandelt wurde (vgl. Gleichung (3.12)). Im nächsten Unterkapitel wird der t-Test für voneinander *abhängige* Stichproben behandelt, was dann hoffentlich rückwirkend auch die wechselseitige Unabhängigkeit von Stichproben anschaulicher machen wird.

Das in 4.4 behandelte Frustrations-Aggressions-Beispiel war bereits ein solches, bei dem die Mittelwerte zweier voneinander unabhängiger Stichproben verglichen und „auf Signifikanz getestet“ wurden.[44] Der dort vorgeführte Hypothesentest ging allerdings von der Voraussetzung aus, daß in beiden Stichproben – in der Kontroll- und in der Experimentalgruppe – jeweils genug Versuchspersonen untersucht wurden, um aufgrund des zentralen Grenzwerttheorems davon ausgehen zu können, daß die jeweilige Stichprobenkennwerteverteilung der beiden Mittelwerte

[44] Ich erinnere nocheinmal an die Vorbehalte gegen derartige Formulierungen, wie sie in 4.4.3 geäußert wurden.

$\bar{x}_F$ und $\bar{x}_{NF}$ – und damit auch der Prüfgröße $d_{\bar{x}} = \bar{x}_F - \bar{x}_{NF}$ – eine näherungsweise Normalverteilung ist. Somit lieferte dort das zentrale Grenzwerttheorem das Verteilungsmodell der Prüfverteilung, es konnte dann z.B. für eine vorgefundene Mittelwertsdifferenz $d_{\bar{x}} = c$ nach (4.22) der z-Wert berechnet und anhand einer Standardnormalverteilungstabelle bestimmt werden, ob dieser Wert z.B. in des rechte 5%-Randintervall der $N(0,1)$ fällt (Signifikanz auf dem 5%-Niveau), oder nicht.

Wenn wir nun aber nicht von genügend großen Stichproben ausgehen, so daß nicht mehr der zentrale Grenzwertsatz angewandt werden kann, dann wissen wir auch nicht, welche Form die Kennwerteverteilung von $d_{\bar{x}}$ hat. Der folgende t-Test kommt ohne das zentrale Grenzwerttheorem aus, beruht aber stattdessen auf zwei gewichtigen Annahmen über die Populationsverteilung des untersuchten Merkmals. Seine Darstellung wird jetzt sehr knapp gehalten, da unter Erinnerung an die in 4.4 behandelte Vorgehensweise eine ausführlichere Erläuterung der einzelnen nachfolgenden Punkte sich erübrigen sollte.

Gegeben sind also zwei voneinander unabhängige Stichproben S_1 der Größe n_1 und S_2 der Größe n_2. Untersucht wird eine Variable X: Es soll das AM $\bar{x}_1$ aus S_1 mit dem AM $\bar{x}_2$ aus S_2 verglichen werden. Die **Testhypothesen**, über die aufgrund des Tests entschieden werden soll, sind statistische Hypothesen über die Differenz der beiden Populationsmittelwerte μ_1 und μ_2. Sie lauten (in Klammern jeweils die ungerichteten Hypothesen):

$$H_0 : \mu_1 - \mu_2 \leq 0 \quad (\text{oder } H_0 : \mu_1 - \mu_2 = 0) \tag{5.1}$$

$$H_1 : \mu_1 - \mu_2 > 0 \quad (\text{oder } H_1 : \mu_1 - \mu_2 \neq 0) \tag{5.2}$$

Entschieden wird über diese Hypothesen aufgrund der vorgefundenen Differenz der Stichprobenmittelwerte:

$$d_{\bar{x}} = \bar{x}_1 - \bar{x}_2 \tag{5.3}$$

Es soll nun gelten: Die Variable X ist in jeder der beiden Populationen, aus denen S_1 bzw. S_2 entnommen wurde, normalverteilt (**Normalverteilungsannahme**) mit jeweils derselben Populationsvarianz σ^2 (Annahme der **Varianzhomogenität**). Diese beiden Annahmen wurden bei dem in 4.4 vorgestellten Test nicht gemacht!

Für die Varianz der Kennwerteverteilung von $d_{\bar{x}}$ gilt entprechend der in 4.4.2 behandelten Formel (4.19):

$$\sigma_d^2 = \frac{\sigma_1^2}{n_1} + \frac{\sigma_2^2}{n_2} \tag{5.4}$$

Hier ist σ_1^2 die Varianz des Merkmals X in der Population, aus der S_1 entnommen wurde und entsprechend σ_2^2 die Varianz des Merkmals X in der zweiten Population. Es wurde bereits in Kapitel 4.4.2 darauf hingewiesen, daß (4.19) bzw. (5.4) nur gilt, wenn die beiden Stichprobenmittelwerte voneinander stochastisch unabhängig sind: Die Varianz einer Summe oder Differenz zweier unabhängiger Zufallsvariable ist gleich der Summe der beiden Varianzen dieser Zufallsvariablen. Die beiden Mittelwerte $\bar{x}_1$ und $\bar{x}_2$ sind dann voneinander unabhängig, wenn die beiden Stichproben S_1 und S_2 voneinander unabhängig sind – Formel (5.4) gilt demnach nicht mehr, wenn man es mit voneinander abhängigen Stichproben zu tun hat.

Gemäß der Varianzhomogenitätsannahme gilt nun aber $\sigma_1^2 = \sigma_2^2 = \sigma^2$. Somit vereinfacht sich (5.4) zu:

$$\sigma_d^2 = \sigma^2 \left(\frac{1}{n_1} + \frac{1}{n_2} \right) \tag{5.5}$$

Man könnte σ^2 aus einer der beiden Stichproben nach Formel (4.7) erwartungstreu schätzen. Eine bessere Schätzung erhält man aber, wenn man dazu die Information aus beiden Stichproben berücksichtigt – die beste (d.h. effizienteste und erwartungstreue) Schätzung von σ^2 leistet folgende Formel:[45]

$$\hat{\sigma}^2 = \frac{n_1 s_1^2 + n_2 s_2^2}{n_1 + n_2 - 2} \tag{5.6}$$

Hier sind s_1^2 und s_2^2 die beiden Stichprobenvarianzen der Variablen X. Setzt man (5.6) in (5.5) ein, so resultiert als Schätzung des Standardfehlers von $d_{\bar{x}}$:

---

[45] Die Formel findet man so z.B. Hays (1994, S.220). In anderen Lehrbüchern findet man äquivalente Formulierungen, in welchen s_1^2 und s_2^2 gemäß Gleichung (2.6) aufgelöst sind (z.B. Bortz 1993, S.132).

$$\hat{\sigma}_d = \sqrt{\frac{n_1 s_1^2 + n_2 s_2^2}{n_1 + n_2 - 2}\left(\frac{1}{n_1} + \frac{1}{n_2}\right)} \tag{5.7}$$

Nun gilt dann, wenn die Normalverteilungsannahme und die Annahme der Varianzhomogenität erfüllt sind, das folgende:[46]

$$t_{(n_1+n_2-2)} = \frac{d_{\bar{x}} - \mu_d}{\hat{\sigma}_d} \tag{5.8}$$

In Worten: Die Kennwerteverteilung des Quotienten auf der rechten Seite von (5.8) ist die t-Verteilung mit $n_1 + n_2 - 2$ Freiheitsgraden – und dieses ist die **Prüfverteilung** des t-Tests für unabhängige Stichproben. Die t-Verteilung wurde im Kapitel 3.4.2 kurz dargestellt. μ_d ist wieder die Differenz der Populationsmittelwerte und wie schon beim Test in 4.4.2 wird nun die $H_0 : \mu_1 - \mu_2 = \mu_d = 0$ gegen die H_1 (5.2) getestet. D.h. wir gehen wieder von der Nullhypothese der Identität von μ_1 und μ_2 aus, und berechnen bei einer gegebenen Mittelwertsdifferenz $d_{\bar{x}} = c$ als **Prüfgröße** den folgenden t-Wert gemäß (5.8):

$$t_c = \frac{c}{\hat{\sigma}_d} \tag{5.9}$$

Das bei einer Entscheidung für die H_1 gegebene α-Risiko entspricht somit der Fläche unter der Kurve der t-Verteilung mit n_1+n_2-2 Freiheitsgraden im rechten Randintervall t_c bis ∞ (bei gerichteten Testhypothesen (5.1), (5.2)). Die H_0-Verwerfungs- und Annahmebereiche ergeben sich analog zur Vorgehensweise im Kapitel 4.4.2, nur daß jetzt die Standardnormalverteilung durch eine t-Verteilung ersetzt wurde: Bei $\alpha \leq 0.05$ z.B. bildet das rechte 5%-Randintervall der $t_{(n_1+n_2-2)}$-Verteilung den H_0-Verwerfungsbereich bei rechtsseitigem Test. Bei zweiseitiger Testung (ungerichtete Hypothesen) und $\alpha \leq 0.05$ besteht der H_0-Verwerfungsbereich wiederum aus dem rechten *und* linken 2.5%-Randintervall dieser Prüfverteilung.

Zur Veranschaulichung ziehe ich noch einmal das in 4.4.2 auf S.135f behandelte Rechenbeispiel heran. Wenn man mit den dort

[46]Den nicht unkomplizierten Nachweis der Gleichung (5.8) erspare ich meinen Lesern. Er ist z.B. bei Kreyszig (1975, S.223f) zu finden.

angenommenen Zahlenwerten nun den t-Test durchführt, so unterscheidet sich die Vorgehensweise vom der dortigen in folgenden Punkten:

▷ Standardfehler von $d_{\bar{x}} = 2.8$ nach Gleichung (5.7):

$$\begin{aligned}\hat{\sigma}_d &= \sqrt{\frac{n_1 s_1^2 + n_2 s_2^2}{n_1 + n_2 - 2}\left(\frac{1}{n_1} + \frac{1}{n_2}\right)} \\ &= \sqrt{\frac{40 \cdot 10.89 + 40 \cdot 8.41}{40 + 40 - 2}\left(\frac{1}{40} + \frac{1}{40}\right)} = 0.703\end{aligned}$$

Damit errechnet man die Prüfgröße des Tests nach (5.9) wie folgt:

$$t_{2.8} = \frac{2.8}{0.7} = 4$$

▷ Zur Berechnung der α-Irrtumswahrscheinlichkeit wird nun nicht, wie in 4.4.2, die Standardnormalverteilung, sondern die t-Verteilung mit 78 Freiheitsgraden ($n_1 + n_2 - 2 = 40 + 40 - 2 = 78$) als Prüfverteilung herangezogen, es muß also die Wahrscheinlichkeit für einen t-Wert größer-gleich 4 in dieser Verteilung berechnet werden:

$$p(t_{(78)} \geq 4) = 0.00007$$

Die letzte Berechnung leistet i.d.R. der Computer – die t-Tests gehören zur Grundausstattung aller einschlägigen Statistik-Softwarepakete.[47] Die Mittelwertsdifferenz $d_{\bar{x}} = 2.8$ wäre also auch bei Testung mittels des t-Tests signifikant auf allen konventionellen Signifikanzniveaus.

Das Rechenbeispiel zeigt praktisch keinen Unterschied in den Testergebnissen des in 4.4.2 behandelten Testverfahrens mit dem

[47] Um zu überprüfen, ob der errechnete t-Wert auf einem der üblichen Niveaus signifikant ist, kann zur Not auch in einer t-Tabelle nachgeschlagen werden (z.B. bei Hays 1994, S. 1013: Tab.III): Dort sind für bestimmte Freiheitsgrade und bestimmte α-Werte die dazugehörigen t-Werte tabelliert. Man könnte z.B. also nachschlagen, welcher t-Wert bei 78 Freiheitsgraden die rechten 5% der Fläche unter der Verteilungskurve abschneidet und so sehen, ob $t_{2.8} = 4$ über diesem Wert liegt. Allerdings sind in solchen Tabellen i.allg. nicht alle möglichen Freiheitsgrade tabelliert. Findet man z.B $df = 78$ nicht, so kann man die nächstniedrigen Freiheitsgrade, die tabelliert wurden, betrachten: Wenn der Wert damit signifikant würde, dann ist er auf jeden Fall auch für $df = 78$ signifikant.

t-Test. Dies ist auch nicht weiter erstaunlich, wenn man berücksichtigt, daß die Berechnung des z-Werts nach (4.22) und des t-Werts nach (5.8) nahezu identisch sind – es wurde jetzt lediglich σ_d nach einer anderen Formel geschätzt – und daß mit wachsenden Freiheitsgraden die t-Verteilung in die Standardnormalverteilung übergeht (siehe Kapitel 3.4.2). Es wurde also in beiden Fällen fast derselbe Wert einer Prüfgröße berechnet und anhand fast derselben Prüfverteilung getestet. Allerdings war die Anwendung des in 4.4.2 behandelten Testverfahrens an die Voraussetzung hinreichender Stichprobengröße gebunden, so daß aufgrund des zentralen Grenzwerttheorems von einer Normalverteilung von $d_{\bar{x}}$ ausgegangen werden konnte.

In theoretischer Hinsicht läßt sich der Unterschied zwischen beiden Verfahren durch die folgende Betrachtung verdeutlichen: In Gleichung (4.22) wird der Quotient auf der rechten Seite als z-Transformation der Differenz $d_{\bar{x}} = c$ *aufgefaßt.* Dabei besteht aber eine gewisse Unsicherheit hinsichtlich des Nenners dieses Bruchs: Im Nenner eines z-Bruchs steht laut z-Transformationsregel (3.23) die Standardabweichung der transformierten Variablen, also hier der Standardfehler von $d_{\bar{x}}$. Im Nenner von (4.22) steht allerdings nur $\hat{\sigma}_d$, d.h. die *Schätzung* dieses Standardfehlers, welche von Stichprobe zu Stichprobe schwankt und somit eigentlich wiederum eine Zufallsvariable darstellt. Bei diesem Verfahren nehmen wir hier gewissermaßen eine Nachlässigkeit in Kauf und verlassen uns auf die Schätzung des Standardfehlers von $d_{\bar{x}}$. Der t-Test dagegen berücksichtigt den Umstand, daß es sich auch bei der Schätzung des Standardfehlers von $d_{\bar{x}}$ um eine stichprobenabhängige Zufallsvariable handelt: Im Nenner des Quotienten auf der rechten Gleichungsseite von (5.9) seht die Schätzung $\hat{\sigma}_d$. Die Herleitung der t-Verteilung dieses Quotienten beruht gerade auf diesem Umstand und gilt nicht mehr, wenn statt der Schätzung der „wahre Wert" σ_d in die Formel eingesetzt wird. Allerdings beruht diese Herleitung auch auf den genannten Annahmen der Normalverteilung und der Varianzhomogenität. Man könnte also sagen, daß beide Vorgehensweisen jeweils eine Unsicherheit in Kauf nehmen: Einmal die Unsicherheit der Schätzung von σ_d und einmal die Unsicherheit der Normalverteilungs- und Varianzhomogenitätsannahme.

Der t-Test ist also an folgende Voraussetzungen gebunden:

1. Die Stichproben, deren Mittelwerte verglichen werden, sind

unabhängig.
2. Normalverteilungsannahme: X ist in den beiden Populationen, aus den die Stichproben gezogen wurden, normalverteilt.
3. Varianzhomogenität: X hat in den beiden Populationen, aus denen die Stichproben gezogen wurden, jeweils diesselbe Varianz.
4. Bei den X-Werten handelt es sich um metrisch skalierte Werte. Dieses erscheint, in Anbetracht der gezeigten Rechenschritte, so selbstverständlich, daß es oft gar nicht als Voraussetzung des Verfahrens aufgelistet wird.

Im Zusammenhang mit diesen Voraussetzungen könnte noch gefragt werden, was zu tun ist, wenn sie nicht erfüllt sind. Dies läßt sich in aller Kürze wie folgt beantworten:

▷ Handelt es sich nicht um unabhängige Stichproben, so kann der nachfolgend behandelte t-Test für abhängige Stichproben gerechnet werden.

▷ Liegen keine metrischen Meßwerte vor, so sollten die entsprechenden ein Verfahren für Ordinal- (siehe 5.2) bzw. Nominaldaten (siehe 5.3) gerechnet werden.

▷ Bei Verletzungen der Normal- und/oder Varianzhomogentätsannahme ist zunächst einmal **Robustheit** des Tests zu berücksichtigen. Damit ist das Ausmaß gemeint, in dem Verletzungen der Voraussetzungen eines Tests die berechneten Irrtumswahrscheinlichkeiten beeinflussen: Ein Test ist gegenüber der Verletzung einer Voraussetzung robust, wenn resultierende Testentscheidungen von einer solchen Verletzung nicht (sonderlich) beeinflußt werden. Ohne auf Forschungen zur Robustheit des t-Tests im einzelnen einzugehen, kann hier kurz das folgende gesagt werden: Da mit hinreichend großen Stichprobenumfängen (z.B. $n_1, n_2 \geq 30$) der t-Test praktisch mit dem in 4.4.2 behandelten Verfahren, das ja ohne die Normalverteilungsannahme auskommt, identisch wird, ist in solchen Fällen sowieso keine Sorge um die Gültigkeit der Normalverteilungsannahme nötig. Bei kleineren Stichprobengrößen (etwa: $n_1, n_2 \geq 15$) sind moderate Abweichungen der Verteilungen von X_1 und X_2 unbedenklich. Besteht dazu kein allzu großer Unterschied zwischen n_1 und n_2 (d.h. sind die beiden Stichproben annähernd gleich groß), dann ist der Test auch gegenüber Verletzungen der Varianzhomogenität hinreichend robust. Hat man also hinreichend und gleich große Stichproben, so kann man im Grunde Varianzhomogenitäts- und Normalverteilungsannahme vernachlässigen.

Ist dieses nicht der Fall, so sind verschiedene Vorgehensweisen denkbar, beispielsweise könnten die beiden Annahmen jeweils wiederum selbst mittels statistischer Tests überprüft werden. So kann z.B. auch die Nullhypothese getestet werden, daß die Daten aus einer Normalverteilung stammen,[48] und in Kapitel 5.5 wird ein Testverfahren zum Vergleich zweier Stichprobenvarianzen behandelt.

Bestehen Bedenken, ob der t-Test noch anwendbar ist, dann sollte auf die nichtparametrischen Verfahren zurückgegriffen werden, welche an geringere Voraussetzungen gebunden sind. Als Alternative zum behandelten t-Test empfiehlt sich hier der in 5.2.1 behandelte U-Test.

5.1.2 Der t-Test für abhängige Stichproben

Bei dem soeben in 5.1.1 behandelten t-Test erfolgte die Berechnung von $\hat{\sigma}_d$ – d.h. die Schätzung des Standardfehlers der Mittelwertsdifferenz $d_{\bar{x}}$ – unter der Voraussetzung, daß die beiden Stichproben voneinander unabhängig sind. Genauer betrachtet ist diese Annahme in Gleichung (5.4) enthalten, denn dort ist σ_d^2 als die Summe der beiden Varianzen der beiden Mittelwerte $\bar{x}_1$ und $\bar{x}_2$ geschrieben und - vgl. die Darlegungen auf S.130,156 – die Varianz einer Differenz zweier Zufallsvariablen ist nur dann die Summe der Varianzen dieser beiden Zufallsvariablen, wenn diese stochastisch unabhängig sind. Sind die Stichproben S_1 und S_2, deren Mittelwertsdifferenz Gegenstand einer statistischen Testung sein soll, nicht voneinander unabhängig, so sind es auch deren AM $\bar{x}_1$ und $\bar{x}_2$ nicht, folglich kann der Standardfehler von $d_{\bar{x}}$ nicht so, wie in 5.1.1, bestimmt und der t-Test nicht so, wie dort, durchgeführt werden.

Wann hat man es mit zwei voneinander abhängigen Stichproben zu tun? Es mag für praktische Zwecke wiederum genügen, die ***Abhängigkeit zweier Stichproben*** wie folgt zu bestimmen: Immer denn, wenn die Auswahl der Merkmalsträger (z.B. Versuchspersonen) in der einen Stichprobe irgendeinen Einfluß auf die Auswahl in der anderen hat, handelt es sich um abhängige Stichproben. Noch einfacher und praktischer: Zwei Stichproben sind als abhängige zu betrachten und zu behandeln, wenn jedem Merkmalsträger der einen Stichprobe jeweils ein Merkmalsträger

[48] Über solche Tests informieren Bortz et al. (1990, Kap. 7.3).

der anderen zugeordnet werden kann – wenn also gewissermaßen alle Merkmalsträger aus beiden Stichproben zu Paaren geordnet werden können, wobei jeweils ein Paarling zur einen, der andere zur anderen Stichprobe gehört.[49]

Ein Beispiel hierfür wäre es, wenn hinsichtlich irgendeines Merkmals der Geschlechterunterschied untersucht werden soll und dazu Ehepaare als Versuchspersonen angeworben werden. Die weibliche Stichprobe besteht dann aus den Ehefrauen, die männliche aus den Ehemännern – jedes Mitglied der einen kann einem bestimmten Mitglied der anderen Stichprobe zugeordnet werden.

Der für die empirische Forschungspraxis bedeutendste Fall abhängiger Stichproben dürfte aber wohl die sogenannte ***Meßwiederholung*** sein: Meßwiederholung liegt dann vor, wenn diesselben Merkmalsträger zwei- oder mehrmals nacheinander untersucht wurden. Solche „Vorher-Nachher-Messungen" oder „Prätest-Posttest-Untersuchungen" werden häufig unternommen, zum einen, weil dies sachlogisch Sinn macht – etwa in der Therapieforschung, wenn die Wirkung einer Intervention bei einer Probandengruppe untersucht werden soll –, zum anderen, weil es einen gewissen ökonomischen Vorteil bietet: Es wird eine Gruppe von Versuchspersonen mehrmals untersucht, d.h. man braucht weniger Versuchspersonen, als wenn mehrere Gruppen von Versuchspersonen untersuchen würden.

Ein Beispiel für Meßwiederholung erhielte man, wenn das nun schon mehrfach bemühte Frustrations-Aggressions-Experiment wie folgt verändert würde: Es wird nur noch eine Gruppe von Versuchspersonen untersucht, welche – wie bisher angenommen – mit der Ankündigung eines erotischen Films angelockt wurden. Diese Versuchspersonen werden nun gleich zu Beginn des Experiments gebeten, zunächst das Videospiel zu spielen. Danach erhalten sie die Falschinformation, daß sie Mitglieder der Kontrollgruppe seien und deshalb keinen erotischen Film zu sehen bekämen – sie sehen also die Kanzleransprache und werden hinterher gebeten, nochmals das Videospiel zu spielen. Bei einem solchen Ablauf würden also pro Versuchsperson zwei „Aggressivitätsmessungen" durchgeführt: Eine vor und eine nach der

[49] In 4.1 wurden Stichproben als Datenmengen definiert – dementsprechend bedeutet Abhängigkeit eigentlich, daß die Realisationen der Variablen X in der einen Stichprobe von denen in der anderen stochastisch abhängig im Sinne der Gleichungen (3.13) bzw. (3.14) sind.

Frustration – dementsprechend könnte man von einer „Vorher-Stichprobe" und von einer „Nachher-Stichprobe" reden, wobei beide Stichproben natürlich insofern abhängig wären, als sie aus genau denselben Personen bestehen.

Sind zwei Stichproben voneinander abhängig, muß man damit rechnen, daß in den beiden Stichprobenvarianzen (des untersuchten Merkmals) s_1^2 und s_2^2 ein gewisser Anteil „gemeinsamer Varianz" steckt. Bei Meßwiederholung z.B. unterscheiden sich die Versuchspersonen von vorneherein hinsichtlich des untersuchten Merkmals X, diese „a priori Unterschiede" bestehen bei beiden Messungen und tragen gleichermaßen zur jeweiligen Stichprobenvarianz bei. Statistisch würde dies bedeuten, daß eine von Null verschiedene Kovarianz zwischen beiden Meßwertreihen (S_1 und S_2) besteht bzw., einfacher ausgedrückt, daß die Meßwerte der einen Stichprobe mit denen der anderen korreliert sind. Damit aber wären auch die beiden Stichprobenmittelwerte korreliert.

Würden also zur Überprüfung eines möglichen Geschlechterunterschieds der Intelligenz Ehepaare untersucht, so müßte man davon ausgehen, daß die Intelligenzen von Ehepartnern in der Population korreliert sind – daß sozusagen eine gewisse Tendenz besteht, wonach Menschen sich Lebenspartner suchen, die weder viel intelligenter, noch viel unintelligenter sind, als sie selbst. Beispielsweise kämen zu Frauenstichproben, in denen sehr viele kluge Frauen enthalten sind, aufgrund dieser Korreliertheit der Ehefrauen- mit der Ehemännerintelligenz meist auch Männerstichproben, in denen viele kluge Männer enthalten sind, und folglich ginge ein relativ hoher Intelligenzmittelwert der Frauen meist mit einem relativ hohen Intelligenzmittelwert der Männer einher. Würde man sehr viele Zufallstichproben von Ehepaaren ziehen und jeweils die beiden Intelligenzmittelwerte von Männern und Frauen berechnen, so müßte man damit rechnen, daß die weiblichen mit den männlichen Mittelwerten (in diesem Fall positiv) korrelieren. Anders ausgedrückt bedeutet dies, daß das AM der Frauenstichprobe und das AM der Männerstichprobe stochastisch abhängige Zufallsvariablen sind. So wäre z.B. die bedingte Wahrscheinlichkeit für einen sehr hohen Männermittelwert bei bei einem sehr hohen Frauenmittelwert höher, als die unbedingte Wahrscheinlichkeit für einen sehr hohen Männermittelwert überhaupt (vgl. dazu S.71f).

Mit diesen etwas groben Darlegungen sollte deutlich gemacht worden sein, daß bei einer paarweisen Zuordenbarkeit der Meßwerte zwischen zwei Stichproben von einer stochastischen Abhängigkeit der beiden Stichprobenmittelwerte ausgegangen werden muß, wodurch – wie bereits gesagt – der in 5.1.1 behandelte t-Test nicht mehr angewandt werden kann.

Zur Durchführung des t-Tests zum Vergleich der Mittelwerte zweier voneinander abhängiger Stichproben werden zunächst aus den X-Werten Paardifferenzen gebildet:

$$p_i = x_{i1} - x_{i2} \tag{5.10}$$

Erläuterung:

p_i = Paardifferenz des Meßwertpaares i
x_{i1} = Meßwert des Meßwertpaares i in S_1
x_{i2} = Meßwert des Meßwertpaares i in S_2

Es sollte jeder Leser bereits bemerkt haben, daß für die Stichprobengrößen abhängiger Stichproben gilt: $n_1 = n_2 = n$ – d.h. sie sind gleich groß, es existieren folglich n solcher Paardifferenzen p_i. Insbesondere aber ist das AM der Paardifferenzen gleich der Differenz der beiden Stichprobenmittelwerte:

$$\begin{aligned} \bar{p} &= \frac{\sum_{i=1}^{n}(x_{i1} - x_{i2})}{n} = \frac{\sum_{i=1}^{n} x_{i1}}{n} - \frac{\sum_{i=1}^{n} x_{i2}}{n} \\ &= \bar{x}_1 - \bar{x}_2 \end{aligned} \tag{5.11}$$

Damit können die mittlerweile wohlbekannten **Testhypothesen** in Hypothesen über den Populationsmittelwert der Paardifferenzen übersetzt werden (in Klammern jeweils die ungerichtete Hypothese):

$$H_0 : \mu_1 - \mu_2 \leq 0 \quad \rightarrow \quad \begin{array}{c} H_0 : \mu_p \leq 0 \\ (H_0 : \mu_p = 0) \end{array} \tag{5.12}$$

$$H_1 : \mu_1 - \mu_2 > 0 \quad \rightarrow \quad \begin{array}{c} H_1 : \mu_p > 0 \\ (H_1 : \mu_p \neq 0) \end{array} \tag{5.13}$$

μ_p bezeichnet also den „wahren Mittelwert" aller Paardifferenzwerte in der Population, aus der die Stichprobe(n) gezogen wurde(n). Der t-Test bei abhängigen Stichproben beruht nun gewissermaßen auf dem „Trick", anstatt der eigentlichen Meßwerte in den beiden Stichproben die nach (5.10) erzeugten Meßwertdifferenzen zu betrachten und die Hypothesen über die Mittelwertsdifferenz als Hypothesen über den Mittelwert der Differenzen zu testen. Denn die „Paardifferenzvariable" ist wiederum als Zufallsvariable zu betrachten, deren Parameter nach den üblichen Berechnungsformeln geschätzt werden können – d.h. für die Stichprobenkennwerteverteilung des AM $\bar{p}$ gelten die in Kapitel 4.3 behandelten Schätzformeln. Der Standardfehler von $\bar{p}$ wird somit nach Gleichung (4.9) wie folgt geschätzt:

$$\hat{\sigma}_{\bar{p}} = \frac{\hat{\sigma}_p}{\sqrt{n}} = \sqrt{\frac{\sum_{i=1}^{n}(p_i - \bar{p})^2}{n(n-1)}} \tag{5.14}$$

σ_p meint hier die Standardabweichung der Paardifferenzwerte in der Population.

Für die weitere Überprüfung der Hypothesen (5.12) und (5.13) kann man den folgenden Umstand nutzen: Wenn ein Merkmal X in der einer Population normalverteilt ist, aus dieser Population Zufallsstichproben der Größe n gezogen und deren jeweiliger Stichprobenmittelwert $\bar{x}$ (des Merkmals X) berechnet wird, dann gilt:

$$t_{(n-1)} = \frac{\bar{x} - \mu}{\hat{\sigma}_{\bar{x}}} \tag{5.15}$$

D.h. die Kennwerteverteilung des Qotienten auf der rechten Seite von (5.15) ist die t-Verteilung mit $df = n - 1$.[50] Damit aber kann jeder Stichprobenmittelwert $\bar{x}$ irgendeiner normalverteilten Variablen X daraufhin überprüft werden, ob er von einem in einer Nullhypothese postulierten Populationsmittelwert μ signifikant abweicht: Gleichung (5.15) liefert dazu die Prüfverteilung.

Man beachte, daß im Nenner des „t-Bruchs" (rechte Seite von (5.15)) die wiederum die *Schätzung* $\hat{\sigma}_{\bar{x}}$ des Standardfehlers von $\bar{x}$ – und nicht der tatsächliche Standardfehler $\sigma_{\bar{x}}$ – steht. $\hat{\sigma}_{\bar{x}}$ ist nach Gleichung (4.9) zu berechnen.

Nun sind die Paardifferenzen p_i Realisationen einer normalverteilten Zufallsvariablen, denn wenn die Normalverteilung des untersuchten Merkmals X in den Populationen, aus denen S_1

[50]Zur Herleitung von (5.15) siehe z.B. Kreyszig (1975, S.194: Satz 73.2) oder Bortz (1993, S.130f).

x_{i1}:	11	10	6	12	14	5	11	12	11	13
x_{i2}:	10	7	6	13	11	4	12	10	9	10
p_i:	1	3	0	-1	3	1	-1	2	2	3

$n = 10$	$\bar{p} = 1.3$	$\hat{\sigma}_{\bar{p}} = 0.4955$ (nach (5.14))
Prüfgröße nach (5.17): $t_{1.3} = 1.3/0.4955 = 2.623$		
$\alpha = p(t_{(9)} \geq 2.623) = 0.014$		

Tabelle 5.1: Zahlenbeispiel t-Test für abhängige Stichproben

und S_2 gezogen wurde, angenommen werden kann, dann sind auch die Paardifferenzwerte in der Population normalverteilt.[51] Somit kann Gleichung (5.15) auch auf das AM der Paardifferenzwerte aus den beiden abhängigen Stichproben angewandt werden:

$$t_{(n-1)} = \frac{\bar{p} - \mu_p}{\hat{\sigma}_{\bar{p}}} \tag{5.16}$$

Also erhält man unter Annahme der exakten $H_0 : \mu_p = 0$ für ein vorgefundene Mittelwertsdifferenz $\bar{x}_1 - \bar{x}_2 = \bar{p} = c$ die **Prüfgröße**:

$$t_c = \frac{c}{\hat{\sigma}_{\bar{p}}} \tag{5.17}$$

Die **Prüfverteilung** ist demnach die t-Verteilung mit $df = n-1$, bei gerichteten Testhypothesen entpricht wiederum die Fläche unter dieser t-Kurve im Intervall c bis $+\infty$ dem α-Risiko bei Entscheidung für die H_1. Bei 5%-Signifikanzniveau wäre dementsprechend das rechte 5%-Randintervall der $t_{(n-1)}$-Verteilung der H_0-Verwerfungsbereich des Tests.

Ein einfaches Zahlenbeispiel zur Veranschaulichung enthält Tabelle 5.1. Der Leser sollte inzwischen in der Lage sein, dieses Beispiel ohne weitere Erläuterungen nachzuvollziehen. Zur Übung sei empfohlen, die einzelnen Rechenschritte einmal selbst

[51] Wenn man es ganz genau nimmt, so ist vorauszusetzen, daß X_1 und X_2 *bivariat normalverteilt* sind (vgl. z.B. Hays 1994, S.926: Appendix C.3). Die Behandlung der bivariaten Normalverteilung übergehe ich, man kann dazu in jedem umfänglicheren Statistiklehrbuch etwas finden (z.B. Hays 1994, S.646f; Bortz 1993, S.175f).

nachzurechnen. Den α-Wert in der letzten Zeile wird man allerdings kaum „von Hand" (d.h. durch Berechnung des Integrals der $t_{(9)}$-Dichtefunktion im Intervall 2.623 bis $+\infty$) bestimmen – ich habe den Wert wiederum mittels eines Statistikprogramms ermittelt.

Auch der t-Test für abhängige Stichproben ist relativ robust gegenüber Verletzungen der Normalverteilungsannahme. Es gilt im Grunde dasselbe, was diesbezüglich schon zum t-Test für unabhängige Stichproben gesagt wurde: Auch hier würde bei hinreichend großen Stichproben die Normalverteilungsannahme schon wegen des zentralen Grenzwerttheorems überflüssig, nach welchem auch das AM $\bar{p}$ ab ungefähr $n = 30$ sowieso angenähert normalverteilt wäre – dann ist die nach (5.16) berechnete Größe als standardnormalverteilter Wert aufzufassen und die $t_{(n-1)}$-Verteilung ist bei sovielen Freiheitsgraden praktisch mit der $N(0,1)$ identisch. Lediglich bei sehr kleiner Stichprobegröße und deutlicher Abweichung der beiden Meßwertreihen x_{i1} und x_{i2} wäre hier die Anwendung des t-Tests in Frage gestellt – in diesem Fall könnte auf das in 5.2.2 behandelte Verfahren ausgewichen werden.

5.1.3 Der varianzanalytische F-Test

Die behandelten t-Tests sind Verfahren zum Vergleich von zwei Stichprobenmittelwerten. Es wird nun ein Testverfahren behandelt, mit dem mehrere Stichprobenmittelwerte verglichen werden können. Wenn also p Stichproben $S_1, S_2, \ldots, S_p$ untersucht wurden, dann kann die Frage interessieren, ob von den vorgefundenen Unterschieden zwischen den AM $\bar{x}_1, \bar{x}_2, \ldots, \bar{x}_p$ auf einen „tatsächlichen" Unterschied der Populationsmittelwerte $\mu_1, \mu_2, \ldots, \mu_p$ „geschlossen" werden kann. Es geht hier also um die Entscheidung zwischen den beiden folgenden **Testhypothesen**:

$$H_0 : \mu_1 = \mu_2 = \ldots = \mu_p \tag{5.18}$$

$$H_1 : \mu_1 \neq \mu_2 \neq \ldots \neq \mu_p \tag{5.19}$$

Man beachte, daß es sich hierbei um ungerichtete Hypothesen handelt. Ein Verfahren zum statistischen Test der H_0 (5.18) gegen die H_1 (5.19) ist die einfaktorielle ***Varianzanalyse***.

Ganz allgemein gesagt geht es bei der Varianzanalyse – auch **ANOVA** (ANalysis Of VAriance) genannt – darum, den Einfluß einer oder mehrerer sogenannter **unabhängiger Variablen** (UV) bzw. *Faktoren* bzw. *Treatments* auf eine sogenannte **abhängige Variable** (AV) zu untersuchen. Konkreter: Es wird die Unterschiedlichkeit der Werte der AV auf Unterschiede in den Ausprägungen anderer Variablen (UV) zurückgeführt. So werden beispielsweise bei einem „einfaktoriellen" Experiment verschiedene experimentelle Bedingungen hergestellt und unter jeder dieser Bedingungen wird eine Stichprobe von Versuchspersonen untersucht – die dabei mittels der ANOVA zu klärende Frage ist, ob mit dem Unterschied der verschiedenen Bedingungen auch ein Unterschied in den Ausprägungen der AV einhergeht. Die in der Untersuchung realisierten Bedingungen sind dabei die Ausprägungsstufen einer UV – man spricht hier von Faktor- oder Treatmentstufen –, welche durch die Auswahl eben dieser Stufen systematisch variiert wurde. Das schon mehrfach benutzte Frustrations-Aggressions-Experiment ist ein sehr einfaches Beispiel für diese Terminologie: Die UV des Experiments ist die „Frustration", diese wurde in zwei Abstufungen – „keine Frustration" und „Frustration" – realisiert bzw. variiert. Die gemessene Aggression ist dann die AV (vgl. Abb. 1.1).

Es gibt nun im Grunde nicht nur eine, sondern viele verschiedene Varianzanalysen. Varianzanalytische „Designs" können sich z.B. hinsichtlich Anzahl der berücksichtigten UV/Faktoren unterscheiden – man spricht von ein-, zwei-, ..., q-faktorieller ANOVA, je nachdem, wieviele Faktoren/UV gleichzeitig berücksichtigt werden. Auch ist jeweils zu beachten, ob unter den verschiedenen Stufen eines Faktors unabhängige oder abhängige Stichproben untersucht wurden: In letzterem Fall spricht man von einem Meßwiederholungsfaktor, die entsprechende Vorgehensweise einer Varianzanalyse mit Meßwiederholung ist nicht diesselbe, wie im Fall unabhängiger Stichproben.

Das Gemeinsame aller varianzanalytischen Designs ist die *abgestufte Ausprägung der UV*. Wenn bisweilen zu hören oder lesen ist, die UV der ANOVA seien nominalsskaliert, so könnte das mißverstanden werden: Die Ausprägungen der UV können in jedem beliebigen Skalenniveau gemessen worden sein, bei der ANOVA wird die UV allerdings nur als kategorial abgestuftes – und in diesem Sinne „nominales" – Merkmal untersucht. So könnte z.B. auch die eigentlich metrisch skalierte Variable „Monatseinkommen" UV einer ANOVA sein: Dazu könnte der Wertebereich der Monatseinkommen in kategoriale Abstufungen –

z.B. „niedriges", „mittleres", „hohes" Monatseinkommen – unterteilt worden sein, so daß sich die entsprechenden Stichproben (der Vpn mit niedrigem, mittleren oder hohem Einkommen) ergeben.

Die ANOVA ist also sozusagen eines der „großen" Verfahren der Statisitik und wird hier als solches nicht ausführlich behandelt. Im Kontext des gegenwärtigen Kapitels 5.1 geht es eigentlich nur um die statistische Überprüfung von Hypothesen über die Unterschiedlichkeit mehrerer Mittelwerte. Dieser Test kann durch die einfaktorielle ANOVA – bei der nur eine UV variiert wird – durchgeführt werden, der hier das ausschließliche Interesse gelten soll. Außerdem beschränke ich mich auf den Fall unabhängiger Stichproben und damit also auf die einfaktorielle ANOVA ohne Meßwiederholung.

Eine umfänglicheres Kapitel zur Darstellung der ANOVA entspräche übrigens auch nicht dem „state of art" in der Statistik. Denn hier hat durch die Entwicklung des **Allgemeinen Linearen Modells** (ALM) die Varianzanalyse als statistisches Verfahren gewissermaßen an Eigenständigkeit eingebüßt: Sie kann nun als Submodell des ALM behandelt werden. Der mathematische Algorithmus, der die Grundlage des ALM bildet, ist die lineare Regression, die zumindest in groben Zügen im Kapitel 6 dargestellt wird. Varianzanalysen können also als spezielle Regressionsprobleme berechnet werden und ihre detailliertere Behandlung sollte im Rahmen des ALM erfolgen.[52]

Nun zunächst ein Beispiel: In einer Stadt gibt es drei Gymnasien und es soll untersucht werden, ob sich diese Schulen in der Qualität der Mathematikausbildung unterscheiden. Dazu wird aus jedem Gymnasium eine Zufallsstichprobe von Schülern der 13. Klasse gezogen, welche dann jeweils einen Mathematikkenntnistest zu bearbeiten haben. Damit mein Beispiel besonders anschaulich wird, nehme ich an, es seien jeweils nur kleine Stichproben der Größe $n = 5$ generiert worden, und das Ergebnis des Kenntnistests würde in ganzzahligen, metrischen Punktwerten von 0 bis 12 ausgedrückt. Wir haben es also mit einer in drei Ausprägungsstufen (Gymnasium 1,2 oder 3) vorliegenden UV und der metrisch skalierten AV X:„Mathematiktestpunktwert" zu tun. Die FH besteht in der Annahme, daß die drei Gymnasi-

[52]Eine ausführliche deutschsprachige Darstellung des ALM gibt Werner (1997).

	x_{ij}	A	B	C	D	E	F
	8	3	9	4	16	-1	1
S_1	4	-1	1	0	0	-1	1
	1	-4	16	-3	9	-1	1
$\bar{x}_1 = 4$	3	-2	4	-1	1	-1	1
	4	-1	1	0	0	-1	1
	1	-4	16	-2	4	-2	4
S_2	4	-1	1	1	1	-2	4
	5	0	0	2	4	-2	4
$\bar{x}_2 = 3$	2	-3	9	-1	1	-2	4
	3	-2	4	0	0	-2	4
	10	5	25	2	4	3	9
S_3	5	0	0	-3	9	3	9
	10	5	25	2	4	3	9
$\bar{x}_3 = 8$	9	4	16	1	1	3	9
	6	1	1	-2	4	3	9
		$QS_G = 128$		$QS_F = 58$		$QS_T = 70$	
$\bar{\bar{x}} = 5$		$df_G = 14$		$df_F = 12$		$df_T = 2$	

A= $x_{ij} - \bar{\bar{x}}$, B= $(x_{ij} - \bar{\bar{x}})^2$, C= $x_{ij} - \bar{x}_j$
D= $(x_{ij} - \bar{x}_j)^2$, E= $\bar{x}_j - \bar{\bar{x}}$, F= $(\bar{x}_j - \bar{\bar{x}})^2$

Tabelle 5.2: Zahlenbeispiel einfaktorielle ANOVA

en nicht diesselbe Qualität der Mathematikausbildung gewährleisten, sie ließe sich in eine SV überführen, welche der bereits formulierten H_1 (5.19) entspricht und also besagt, daß sich die drei Mittelwerte der AV in der Population aller 13-Klässler in den drei Gymnasien unterscheiden. Tabelle 5.2 zeigt nun – in der zweiten Spalte – die Testpunktwerte x_{ij}, die bei der Untersuchung herausgekommen sein könnten.

Für die formalen Ausdrücke sei zunächst die folgende Schreibweise vereinbart:

▷ T benennt das Treatment (UV, Faktor) der einfaktoriellen ANOVA.

▷ p ist die Anzahl der Stufen von T und damit auch die Anzahl der Stichproben $S_1, \ldots, S_p$ bei der jeweiligen Untersuchung.

▷ i ist der der Laufindex, durch den die in jeder Stichprobe enthaltenen Fälle (z.B. Versuchspersonen bzw. deren X-Werte) gezählt werden: $i = 1, \ldots, n$.

▷ j ist der Laufindex für die Faktorstufe bzw. Ausprägung der UV: $j = 1, \ldots, p$.

▷ x_{ij} ist somit der i-te X-Wert in der Stufe j des Faktors T.
▷ $\bar{x}_j$ ist das AM von X in S_j, also der X-Mittelwert der unter der Treatmentstufe j untersuchten Stichprobe.
▷ $\bar{\bar{x}}$ ist das AM aller Werte der AV aus allen Stichproben/Bedingungen.

Im vorliegenden Beispiel bestünde nun also das Grundprinzip der ANOVA darin, zu ermitteln, inwieweit Unterschiede in den Leistungen im Mathematikkenntnistest auf die Unterschiede in der UV, d.h. auf die unterschiedlichen Gymnasien zurückführbar sind. Der statistische Ausdruck für das Ausmaß der Unterschiedlichkeit der AV wäre σ^2, d.h. die Varianz der Mathematiktestpunktwerte in der Population aller 13-Klässler der betreffenden Stadt. Die ANOVA fängt nun gewissermaßen bei dieser Gesamtvarianz an: Zunächst einmal kann σ^2 aus den erhobenen Stichprobendaten nach der Formel (4.7) geschätzt werden.

Zur Verdeutlichung des folgenden betrachte man sich diese Gleichung (4.7) noch einmal genau (S.115): Sie enthält im Zähler eine **Quadratsumme**, nämlich die Summe der quadrierten Abweichungen der einzelnen Meßwerte vom Stichprobenmittelwert. Im Nenner steht $n-1$: Die sogenannten **Freiheitsgrade** dieser Quadratsumme. Der Begriff der Freiheitsgrade wurde bisher nur im Zusammenhang mit theoretischen Verteilungsmodellen genannt: In Kapitel 3.4.2 wurden die Freiheitsgrade als die Anzahl der z^2-Summanden bei der Bildung eines χ^2-Wertes vorgestellt. Nun ist auch ein χ^2-Wert eine Quadratsumme, eben die Summe quadrierter z-Werte, und man kann jetzt sagen: Jede Quadratsumme hat ihre Freiheitsgrade, nämlich die Anzahl der Bestimmungsstücke bei der Berechnung dieser Quadratsumme, die frei variieren können. Letzteres wird hoffentlich verständlich, wenn wir wiederum die Freiheitsgrade der Quadratsumme in Gleichung (4.7) betrachten: Die Bestimmungsstücke bei der Berechnung der Quadratsumme im Zähler sind die n Summanden $(x_i - \bar{x})^2$. Nun muß, wie in Kapitel 2.2.1 – mit Gleichung (2.3) – bereits dargelegt, die Summe der n *unquadrierten* Abweichungen der Meßwerte von ihrem AM Null ergeben. Das bedeutet aber, es können von n Abweichungen nur $n-1$ frei variieren: Ergibt beispielsweise bei einer Stichprobengröße von $n = 5$ die Summe der ersten 4 Abweichungen $\sum_{i=1}^{4}(x_i - \bar{x}) = 3$, so muß die letzte Abweichung $x_5 - \bar{x} = -3$ sein. Somit können auch bei der Bestimmung der Quadratsumme in (4.7) von den n Abweichungsquadraten nur $n-1$ frei variieren – wann immer $n-1$

Abweichungsquadrate vorliegen, ist das letzte bereits festgelegt.

Nach alledem kann man also Gleichung (4.7) wie folgt umformulieren – für $QS = \sum_{i=1}^{2}(x_i - \bar{x})^2$ und $df = n - 1$:

$$\hat{\sigma}_x^2 = \frac{QS}{df} \tag{5.20}$$

In Worten: Die erwartungstreue Schätzung einer Populationsvarianz erhält man, indem man die Quadratsumme der Abweichungen der Meßwerte vom Stichprobenmittelwert durch deren Freiheitsgrade teilt.

Überträgt man nun diese Berechnungsvorschrift auf die Schätzung der Gesamtvarianz „über alle p-Stichproben hinweg" bei der einfaktoriellen ANOVA, so resultiert:

$$\hat{\sigma}_x^2 = \frac{\sum_{i=1}^{n}\sum_{j=1}^{p}(x_{ij} - \bar{\bar{x}})^2}{pn - 1} = \frac{QS_G}{df_G} \tag{5.21}$$

Im Zähler des Bruchs von (5.21) steht also die Summe der quadrierten Abweichungen aller Meßwerte x_{ij} vom Gesamtmittelwert $\bar{\bar{x}}$ – diese Summe heißt im folgenden **Gesamtquadratsumme** QS_G.

Ebenso müßte ohne weiteres zu erkennen sein, daß im Nenner des Bruchs die Freiheitsgrade dieser Quadratsumme stehen: Bei p Stichproben mit jeweils Umfang n gibt es pn Meßwerte, d.h. QS_G hat ebensoviele Summanden, von denen jedoch einer nicht frei variieren kann – diese Freiheitsgrade heißen im folgenden **Gesamtfreiheitsgrade** df_G.

Die Variabilität des Merkmals X steckt nun eigentlich in der Gesamtquadratsumme QS_G: Je breiter die Meßwerte x_{ij} um den Gesamtmittelwert $\bar{\bar{x}}$ streuen, desto größer wird diese Quadratsumme. Man kann aber die Abweichung eines Meßwertes vom Gesamtmittelwert in zwei Komponenten zerlegen:

$$x_{ij} - \bar{\bar{x}} = x_{ij} - \bar{\bar{x}} - \bar{x} + \bar{x} = (x_{ij} - \bar{x}_j) + (\bar{x}_j - \bar{\bar{x}}) \tag{5.22}$$

D.h. die Abweichung eines Meßwertes von Gesamtmittelwert setzt sich zusammen aus: $x_{ij} - \bar{x}_j$, d.i. die Abweichung des Meßwertes vom Stufenmittelwert, und $\bar{x}_j - \bar{\bar{x}}$, der Abweichung des Stufenmittelwerts vom Gesamtmittelwert.

Setzt man (5.22) in den Zähler von (5.21) ein, so resultiert folgende Zerlegung der Gesamtquadratsumme:

$$\begin{aligned} QS_G &= \sum_{i=1}^{n}\sum_{j=1}^{p}(x_{ij} - \bar{\bar{x}})^2 \\ &= \sum_{i=1}^{n}\sum_{j=1}^{p}\left((x_{ij} - \bar{x}_j) + (\bar{x}_j - \bar{\bar{x}})\right)^2 \\ \downarrow & \quad \text{(Auflösung im Anhang!)} \\ &= \underbrace{\sum_{i=1}^{n}\sum_{j=1}^{p}(x_{ij} - \bar{x}_j)^2}_{QS_F} + \underbrace{n\sum_{j=1}^{p}(\bar{x}_j - \bar{\bar{x}})^2}_{QS_T} \qquad (5.23) \end{aligned}$$

QS_G kann also in zwei Komponenten zerlegt werden, nämlich wiederum in zwei Quadratsummen: $QS_T = n\sum_{j=1}^{p}(\bar{x}_j - \bar{\bar{x}})^2$ und $QS_F = \sum_{i=1}^{n}\sum_{j=1}^{p}(x_{ij} - \bar{x}_j)^2$.

QS_T ist die Quadratsumme, die man erhält, wenn man jeden Meßwert x_{ij} durch den jeweiligen Stufenmittelwert $\bar{x}_j$ ersetzt, dann die quadrierten Abweichungen vom Gesamtmittelwert berechnet und diese Abweichungsquadrate über alle Fälle hinweg aufsummiert. In Tabelle 5.2 zeigen die Spalten E und F diese Berechnung: Zunächst wird für jede Versuchsperson die Differenz $\bar{x}_j - \bar{\bar{x}}$ berechnet (E), dann jede dieser Differenzen quadriert (F) und die Summe dieser quadrierten Werte berechnet – im Beispiel ist dies der Wert 70.

Zur Bedeutung dieser Quadratsumme kann man folgendes überlegen: Läge die *alleinige* Ursache für die Unterschiedlichkeit der X-Werte in der Variation der UV, so gäbe es innerhalb der einzelnen Treatmentstufen gar keine Unterschiede mehr. Hinge also beispielsweise die Mathematikleistung der Schüler *ausschließlich* vom jeweiligen Gymnasium und von keinerlei weiteren Variablen ab, so wäre diese bei allen Schülern eines Gymnasiums gleich. Innerhalb einer Treatmentstufe j würde also nur noch ein einziger Wert auftreten, und es würde gelten $x_{ij} = \bar{x}_j = \mu_j$. X-Werte unterscheiden sich dann sozusagen nur noch, insofern sich die Stufenmittelwerte unterscheiden. QS_T enthält nun den Anteil an der in den Stichproben vorgefundenen Unterschiedlichkeit der X-Werte – also an QS_G –, der auf die Unterschiedlichkeit der Stichprobenmittelwerte zurückzuführen ist, und je mehr die X-Werte von der Ausprägung der UV „abhängen", desto größer wird dieser Anteil. QS_T ist also ein Ausdruck für die Stärke des Einflusses des Treatments auf die AV, deshalb wird diese Quadratsumme als **Treatmentquadratsumme** – kurz QS_T – bezeichnet.

QS_F ist die Summe der quadrierten Abweichungen eines jeden Meßwertes von seinem jeweiligen Stufenmittelwert. In Tabelle 5.2 zeigen die Spalten C und D die Berechnung dieser Quadratsumme: Zunächst wird die Differenz $x_{ij} - \bar{x}_j$ eines jeden Meßwerts von seinem Stufenmittelwert berechnet (C), dann jede dieser Differenzen quadriert (D) und die Summe dieser quadrierten Werte berechnet – im Beispiel ist dies der Wert 58.

Die Bedeutung dieser Quadratsumme läßt sich so darlegen: Wie bereits überlegt, gäbe es innerhalb der Stufen keine unterschiedlichen Meßwerte mehr, wenn die AV ganz und gar von der UV abhinge – wenn dem nun nicht so ist, wenn also die Werte „innerhalb" jeder Stufe vom Stufenmittelwert abweichen, dann hat man es hierbei mit Unterschieden zwischen den Meßwerten zu tun, die nicht auf Unterschiede in der Ausprägung der UV zurückgeführt werden können. Die „Varianzquellen" dieser Unterschiedlichkeit sind weitere Einflußgrößen auf die AV, die im jeweiligen theoretischen Modell, das der Durchführung der ANOVA zugrunde liegt, nicht berücksichtigt wurden – man spricht hier von **Störfaktoren** und man betrachtet die Unterschiedlichkeit der AV-Werte, die aus diesem Einfluß resultiert, als eine zufällige Streuung. QS_F erfaßt nun die Unterschiedlichkeit in den X-Werten „innerhalb" der Treatmentstufen, die unabhängig von den Unterschieden der Stichprobenmittelwerte vorgefunden wurde, und je geringer der Einfluß der UV auf die AV ist, desto größer wird der Anteil dieser Quadratsumme an QS_G. Man nennt sie **Fehlerquadratsumme** – kurz QS_F.

Betrachten wir nun die Freiheitsgrade dieser beiden Quadratsummen:

1. QS_F hat $p(n-1)$ Freiheitsgrade. Denn: Zur Berechnung von QS_F müssen jeweils n Abweichungsquadrate aus p Stufen summiert werden – nun können aber von den n Abweichungswerten einer jeden Stufe wiederum nur $n-1$ frei variieren, da in jeder Stufe die Summe der unquadrierten Abweichungswerte Null ergeben muß – also können insgesamt $p(n-1)$ Abwei-

chungswerte frei variieren. Die Freiheitsgrade von QS_F heißen **Fehlerfreiheitsgrade** - kurz df_F. Im Zahlenbeispiel der Tabelle 5.2 ist $df_F = 3(5-1) = 12$.

2. QS_T hat $p-1$ Freiheitsgrade. Denn: Wie gezeigt werden zur Berechnung von QS_T pn Abweichungsquadrate aufsummiert, wobei jedoch innerhalb jeder Stufe jeweils n-mal der gleiche Wert - $(\bar{x}_j - \bar{\bar{x}})^2$ - addiert wird. Man hat es hier also nur mit p *verschiedenen* Abweichungswerten zu tun, von denen nun wieder nur $p-1$ frei variieren können, da die Summe der unquadrierten Abweichungen der Stufenmittelwerte vom Gesamtmittelwert Null ergeben muß. Die Freiheitsgrade von QS_T heißen **Treatmentfreiheitsgrade** - kurz df_T. Im Tabelle 5.2 ist $df_T = 3-1 = 2$.

Es wurde schon durch die Herleitung der QS_A und QS_F in Formel (5.23) gezeigt, daß sich die Gesamtquadratsumme additiv aus Treatment- und Fehlerquadratsumme zusammensetzt (vgl. auch Zahlenbeispiel in Tabelle 5.2). Entsprechend gilt für die Freiheitsgrade:[53]

$$df_G = df_T + df_F \tag{5.24}$$

Aus den ermittelten Quadratsummen und Freiheitsgraden sind nun zwei Varianzenschätzungen möglich:

▷ Die **Schätzung der Treatmentvarianz**:

$$\hat{\sigma}_T^2 = \frac{QS_T}{df_T} \tag{5.25}$$

▷ Die **Schätzung der Fehlervarianz**:

$$\hat{\sigma}_F^2 = \frac{QS_F}{df_F} \tag{5.26}$$

Auf diese beiden Varianzschätzungen gründet nun der eigentliche statistische Hypothesentest, um den es in diesem Unterkapitel geht. Dabei werden wiederum diesselben beiden Annahmen vorausgesetzt, die auch schon beim t-Test für unabhängige Stichproben gemacht wurden:

1. Merkmal X ist in der Population - bzw. in jeder der p Populationen, aus denen gemäß der p Faktorstufen Stichproben gezogen wurden - normalverteilt.

[53] $(p-1) + p(n-1) = p - 1 + pn - p = pn - 1$.

2. In jeder der Populationen, aus denen die p Stichproben gezogen wurden, hat X dieselbe Varianz (Varianzhomogenität).

Bei Gültigkeit der Normalverteilungs- und der Varianzhomogenitätsannahme sowie der H_0 (5.18) gilt:

$$F_{(p-1,pn-p)} = \frac{\hat{\sigma}_T^2}{\hat{\sigma}_F^2} = \frac{QS_T}{QS_F}\frac{df_F}{df_T} \tag{5.27}$$

D.h. der Quotient aus geschätzter Treatmentvarianz und geschätzter Fehlervarianz ist F-verteilt mit $p-1$ Zähler- und $p(n-1)$ Nennerfreiheitsgraden (zur Begründung dieser Behauptung wird gleich noch etwas gesagt). Das F-Verteilungsmodell wurde in Kapitel 3.4.2 behandelt (vgl. die Beispiele in Abb. 3.8).

Der nach (5.27) berechnete F-Wert wird nun als **Prüfgröße** des statistischen Tests benutzt, die entsprechende F-Verteilung als **Prüfverteilung**. Wie das? Wie kann zum Test von Hypothesen über Mittelwertsunterschiede ein Quotient geschätzter Varianzen herangezogen werden? Dazu die folgende Überlegung: Wenn die H_0 gilt, so gibt es nur einen einzigen Populationsmittelwert μ für die Variable X, die Verteilungen von X in den p verschiedenen „Subpopulationen“, die durch die Abstufung des Faktors T definiert werden können, unterscheiden sich voneinander nicht (Normalverteilung jeder Subpopulation und Varianzhomogenität sind ja vorausgesetzt). Man könnte dieses auch so auffassen: Die unter den verschiedenen Treatmentstufen gemessenen X-Werte stammen aus ein und derselben Populationsverteilung. Die Varianz σ^2 dieser Populationsverteilung von X wäre dann die Fehlervarianz σ_F^2 im Sinne des varianzanalytischen Modells: Eben die „zufällige“ Unterschiedlichkeit der X-Werte, die von den sogenannten Störfaktoren herrührt. Also würde also gelten: $\sigma^2 = \sigma_F^2$.

In diesem Fall kämen auch die Unterschiede der Stichprobenmittelwerte $\bar{x}_j$ aufgrund der Streuung der Stichprobenkennwerteverteilung des AM (von Stichproben der Größe n aus dieser einen Population) „zufällig“ zustande. Bei den p verschiedenen Gruppenmittelwerten $\bar{x}_j$ handelt es sich dann gewissermaßen um eine Zufallsstichprobe von aus dieser AM-Kennwerteverteilung gezogenen $\bar{x}$-Werten – aus der Mittelwertsstichprobe kann dann die Varianz der AM-Kennwerteverteilung entprechend Gleichung (4.7) wie folgt geschätzt werden:

$$\hat{\sigma}_{\bar{x}}^2 = \frac{\sum_{j=1}^{p}(\bar{x}_j - \bar{\bar{x}})^2}{p-1}$$

Wenn man die rechte Seite dieser Gleichung mit n multipliziert, so erhält man – wie wohl leicht erkannbar ist (vgl. Gleichung (5.26)) – $\hat{\sigma}_T^2$. Außerdem kann Gleichung (4.9) auf $\hat{\sigma}_{\bar{x}}^2$ angewendet werden. Aus diesen beiden Umständen resultiert (durch entsprechendes Einsetzen) das folgende:

$$\hat{\sigma}_T^2 = n\hat{\sigma}_{\bar{x}}^2 = n\frac{\hat{\sigma}^2}{n} = \hat{\sigma}^2$$

D.h.: Bei Gültigkeit von H_0 ist $\hat{\sigma}_T^2$ eine erwartungstreue Schätzung der Populationsvarianz von X – da aber, wie bereits gesagt, dann auch diese Varianz mit der Fehlervarianz σ_F^2 indentisch ist, schätzen also $\hat{\sigma}_T^2$ und $\hat{\sigma}_F^2$ *dasselbe*, falls H_0 gilt. Deshalb ist dann der Quotient aus beiden Varianzschätzungen F-verteilt mit $p-1$ Zähler- und $pn-p$ Nennerfreiheitsgraden[54] und es ist zu erwarten, daß die beiden Schätzwerte nur zufällig voneinander abweichen.

Aufgrund dieser Überlegungen wäre für den Fall der Gültigkeit von H_0 zu erwarten:

$$F_{(p-1,pn-p)} = 1$$

Dagegen ist bei Gültigkeit von H_1 ein F-Wert größer 1 zu erwarten, denn: „*Ist die H_0 falsch, vergrößert sich $\hat{\sigma}_{treat}^2$* [meint $\hat{\sigma}_T^2$, O.S.] *um denjenigen Varianzbetrag, der auf die verschiedenen Treatmentstufen zurückzuführen ist*" (Bortz 1993, S. 382).

Ist nun bei Gültigkeit von H_0 ein nach (5.27) berechneter F-Wert sehr viel größer als 1, so würde das bedeuten, daß „zufällig" so große Unterschiede zwischen den Stichprobenmittelwerten aufgetreten sind, daß ein $\hat{\sigma}_T^2$ resultiert, das gegenüber $\hat{\sigma}_F^2$ sehr viel größer geworden ist. Anhand der F-Verteilung kann deshalb ermittelt werden, wie wahrscheinlich letzteres ist: Wie wahrscheinlich sind zufällige Mittelwertsdifferenzen, die zu einer so

[54] Es gilt ganz allgemein, daß der Quotient zweier Varianzschätzungen dann F-verteilt ist, wenn das Merkmal normalverteilt und die durch diese beiden Schätzer jeweils geschätzte Varianz diesselbe ist. Die – nicht sehr komplexe – Herleitung ist z.B. bei Bortz (1993, S.140) zu finden.

hohen Treatmentquadratsumme und damit zu einem so hohen F-Wert führen, bei Gültigkeit von H_0?

Die Prüfverteilung ist also die F-Verteilung mit $p-1$ Zähler- und $pn-p$ Nennerfreiheitsgraden. Das mit einem Wert $F=c$ verbundene **α-Risiko** bei Ablehnung der H_0 (5.18) entspricht der Fläche unter der F-Kurve im rechten Randintervall c bis $+\infty$ - dies ist die Wahrscheinlichkeit dafür, einen F-Wert größergleich c zufällig zu erhalten, wenn die UV keinen Einfluß auf die AV hat. Der **H_0-Verwerfungsbereich** liegt also am rechten Rand dieser Verteilung - z.B. bei $\alpha \leq 0.05$ handelt es sich um das rechte 5%-Intervall der entsprechenden F-Verteilung. Kurioserweise münden hier also ungerichtete statistische Hypothesen in einen einseitigen Test!

Für das aufgezeigte Zahlenbeispiel sieht dieser Signifikanztest wie folgt aus:[55]

1. $QS_T = 70, df_T = 2 \quad \longrightarrow \quad \hat{\sigma}_T^2 = 70/2 = 35$
   $QS_F = 58, df_F = 12 \quad \longrightarrow \quad \hat{\sigma}_F^2 = 58/12 = 4.83$
2. $F_{(2,12)} = \hat{\sigma}_T^2/\hat{\sigma}_F^2 = 35/4.83 = 7.24$
3. $\alpha = p(F_{(2,12)} \geq 7.24) = 0.0087$

Zum Abschluß dieses Unterkapitels noch einige Anmerkungen zur ANOVA:

▷ Im Falle abhängiger Stichproben wäre der Test der Hypothesen (5.18) und (5.19) durch eine einfaktorielle ANOVA mit Meßwiederholung zu rechnen. Dabei wird eine andere Quadratsummenzerlegung vorgenommen - und auch der „F-Bruch" für die statistische Testung anders berechnet. Man findet die entsprechende Darstellung der einfaktoriellen ANOVA mit Meßwiederholung z.B. bei Bortz (1993, S.306ff).

▷ Der F-Test ist so, wie gezeigt, nun durchführbar, wenn die unter den verschiedenen Traetmentstufen untersuchten Stichproben jeweils gleich groß sind. Bei ungleichen Stichprobenumfängen muß die ANOVA als Submodell des ALM mittels der Regressionsrechnung durchgeführt werden.

▷ Bezüglich der Voraussetzungen der dargestellten ANOVA ist dasselbe zu sagen, wie beim t-Test für unabhängige Stichpro-

[55] Meine Berechnung von α erfolgte wiederum mittels eines Statistikprogramms am Computer. In umfänglicheren Lehrbüchern sind wiederum F-Tabellen enthalten, in denen zumindest für die konventionellen Signifikanzniveaus die „kritischen" F-Werte, die den Übergang vom H_0-Verwerfungs- zum -Ablehnungsbereich markieren, tabelliert sind (z.B. Hays, 1994, Table V).

ben – insbesondere auch, was die ***Robustheit*** des Verfahrens anbelangt: *„Zusammenfassend ist festzustellen, daß die Varianzanalyse bei gleichgroßen Stichproben gegenüber Verletzungen ihrer Voraussetzungen sehr robust ist. Besteht bei kleinen ($n < 10$) und ungleichgroßen Stichproben der Verdacht, daß eine oder mehrere Voraussetzungen verletzt sein können, sollte statt der Varianzanalyse ein verteilungsfreies Verfahren wie z.B. der Kruskal-Wallis-Test ... eingesetzt werden"* (Bortz 1993, S. 263). Natürlich ist auch bei der ANOVA wieder die metrische Skalierung der AV vorausgesetzt.

▷ Im Falle einer zweistufigen UV führt der F-Test der einfaktoriellen ANOVA zu demselben Ergebnis, wie der in 5.1.1 behandelte t-Test (bei zweiseitiger Testung). Dieses gilt übrigens auch bei abhängigen Stichproben: Der F-Test der einfaktoriellen ANOVA mit Meßwiederholung errechnet dasselbe α-Risiko, wie der t-Test für abhängige Stichproben.

5.2 Nichtparametrische Vergleiche zentraler Tendenzen

Im folgenden sollen kurz zwei nichtparametrische Testverfahren dargestellt werden, die als verteilungsfreie Alternative zu den beiden in 5.1.1 und 5.1.2 behandelten t-Tests gelten können. Es handelt sich um Verfahren für Ordinaldaten in dem Sinne, daß die Werte eines Merkmals X, dessen Ausprägungen in zwei Stichproben gemessen und dessen zentrale Tendenzen in diesen beiden Stichproben statistisch verglichen werden sollen, lediglich ordinalskaliert sein müssen. Damit sind diese Tests also bereits hinsichtlich des erforderlichen Skalenniveaus der AV voraussetzungsärmer, als die in 5.1 behandelten parametrischen Verfahren.

Eingangs des Kapitels 5.1 wurden bereits die Begriffe „parametrisch" bzw. „verteilungsgebunden" erläutert (vgl. S.153) – unter Bezug auf jene Erläuterung kann nun gesagt werden: ***Nichtparametrische statistische Tests*** sind solche, in deren Testhypothesen keine Annahmen über Parameter von Populationsverteilungen formuliert sind. Und: *„Die Bezeichnung ‚verteilungsfrei' dagegen soll darauf hindeuten, daß die Ableitung der Stichprobenverteilung der jeweiligen Teststatistik unter Gültigkeit der H_0 unabhängig von spezifischen Annahmen über die Population(en) erfolgt"* (Hager & Westermann, 1983, S.90). Nichtparametrische Testhypothesen werden i.d.R. über verteilungsfreie Tests getestet, so daß meist nicht zwischen den beiden Begriffen unterschieden wird – auch ich passe mich diesem üblichen Sprachgebrauch an und bezeichne hier diese Verfahren ohne weitere Differenzierung als nichtparametrische Tests.

Die Bedeutung der nichtparametrischen Tests liegt in ihrer relativen Voraussetzungslosigkeit: Es werden eben, wie gesagt, keine Annahmen über Form oder Parameter von Populationsverteilungen zugrunde gelegt – es muß also z.B. nicht, wie bei den Tests in 5.1, die Normalverteilung des Merkmals X in der Population angenommen werden.

Diesem Vorteil der nichtparametrischen Verfahren gegenüber den parametrischen steht allerdings ein gewichtiger Nachteil entgegen: Nichtparametrische Tests weisen i.d.R. eine geringere Teststärke auf, als ihre parametrischen „Konkurrenten". Mit einem nichtparametrischen Test erkennt man also eine wahre H_1 mit geringerer Wahrscheinlickeit, als mit einem parametrischen – weshalb i.allg. auch letzteren der Vorzug gegeben wird, solange die dabei gemachten Voraussetzungen nur als einigermaßen erfüllt betrachtet werden können (siehe auch die Anmerkungen zur Robustheit der in 5.1 behandelten Tests).

Es werden im folgenden Zwei-Stichproben-Vergleiche für Ordinaldaten dargestelt. Da der Begriff „Mittelwert" im alltäglichen Sprachgebrauch – wie auch in diesem Buch – meist das AM meint und dessen Berechnung als zentrales Tendenzmaß bei ordinalen Daten nicht sinnvoll ist (vgl. Kap. 1.2.1), sollten diese Tests auch nicht als Mittelwertsvergleiche bezeichnet werden: Um Verwirrungen zu vermeiden redet man hier vom Vergleich der zentralen Tendenz oder von „Lokationsvergleich".

5.2.1 Der U-Test für unabhängige Stichproben

Die Fragestellung, die mittels des sogenannten U-Tests nach Mann-Whitney beantwortet werden kann, läßt sich wie folgt charakterisieren: Gegeben sind zwei unabhängige Zufallsstichproben S_1 (der Größe n_1) und S_2 (der Größe n_2). In beiden Stichproben wurde die Variable X gemessen, wobei die erhobenen Meßwerte x_{i1} bzw. x_{i2} ordinalskaliert sind bzw. man sich — aus welchen Gründen auch immer — auf die in den Werten enthaltene Ranginformation beschränken möchte. Es interessiert der Vergleich der beiden zentralen Tendenzen von X in den beiden Stichproben, d.h. die Frage, ob aufgrund eines in den

	$S_1, n_1 = 5$					$S_2, n_2 = 5$				
A	32	49	27	33	19	23	30	39	50	55
B	5	8	3	6	1	2	4	7	9	10
C	$T_1 = 23$					$T_2 = 32$				
D	$U = 17, \mu_U = 12.5 \longrightarrow p(\lvert U - \mu_U\rvert \geq 4.5) = 0.42$									

Tabelle 5.3: Rechenbeispiel U-Test

Stichprobendaten aufgetretenen Unterschieds in den zentralen Tendenzen auf einen tatsächlichen Unterschied der beiden Populationsverteilungen, aus denen die Stichproben gezogen wurden, „zurückgeschlossen“ werden kann.

Die formale Formulierung der **Testhypothesen** des folgenden Tests unterschlage ich der Einfachheit halber ebenso, wie die meisten anderen Darstellungen (z.B. Bortz et al. 1990, Bortz 1993, Kreyszig 1975, Yaremko et al. 1982). Die Logik des Verfahrens wird wohl auch so verständlich. Der interessierte Leser findet diese Formulierung z.B. bei Menges (1982, S.341). Prinzipiell also wird mit dem U-Test die Nullhypothese gleicher zentraler Tendenzen des Merkmals X in den beiden Populationen, aus denen S_1 und S_2 gezogen wurden, gegen eine (gerichtete oder ungerichtete) Alternativhypothese ungleicher zentraler Tendenzen getestet.

Die sehr einfache Vorgehensweise beim U-Test kann nun knapp anhand des in Tabelle 5.3 gezeigten Zahlenbeispiels dargestellt werden: Zunächst werden alle $n_1 + n_2 = n$ Meßwerte (Zeile A in Tab. 5.3) in Rangwerte transformiert, d.h. alle Meßwerte aus beiden Gruppen werden in eine gemeinsame Rangreihe gebracht und von $1, 2, \ldots, n$ durchnummeriert (Zeile B in Tab. 5.3). Wenn sich die beiden Populationen hinsichtlich der zentralen Tendenz des Merkmals X nicht unterscheiden (H_0), dann ist zu erwarten, daß in beiden Gruppen hohe und niedrige Rangwerte ungefähr gleich verteilt sind. Unterscheiden sich dagegen die beiden Populationen in der zentralen Tendenz von X (H_1), dann ist zu erwarten, daß die eine Stichprobe „überdurchschnittlich“ viele hohe, die andere entsprechend viele niedrige Rangwerte enthält.

Für die beiden Stichproben werden zunächst jeweils die Summen ihrer Rangwerte — T_1 und T_2 — gebildet (Zeile C in Tab. 5.3). Es wird dann jeder Rangwert aus S_1 mit jedem Rangwert aus S_2 verglichen. Man erhält so $n_1 n_2$ Vergleiche, aus denen nun die Summe U errechnet wird: U ist die Anzahl der Vergleiche, bei denen der Rangwert aus der ersten Gruppe größer war als der aus der zweiten Gruppe. Dementsprechend ist U' die Anzahl der Vergleiche, bei denen es sich umgekehrt verhält und es gilt: $U = n_1 n_2 - U'$.

Man muß den Wert U allerdings nicht umständlich durch Auszählung der $n_1 n_2$ Vergleiche bestimmen, denn es gilt die folgende einfache Beziehung zu T_1, der Summe der Rangwerte in S_1:

$$U = n_1 n_2 + \frac{n_1(n_1+1)}{2} - T_1 \qquad (5.28)$$

Bei Stichproben von ungleicher Größe sollte gelten $n_1 < n_2$, d.h. U und T_1 sollten sich auf die kleinere der beiden Stichproben beziehen.

Der bei Gültigkeit der H_0 erwartete U-Wert beträgt:

$$\mu_U = \frac{n_1 n_2}{2} \qquad (5.29)$$

D.h. unter der Annahme, daß die beiden Stichproben aus gleichen Populationsverteilungen entnommen wurden, wird erwartet, daß bei genau der Hälfte der Vergleiche der Rangwert der ersten Gruppe größer als der der zweiten ist. Mit anderen Worten: Würde man immer wieder zwei Stichproben ziehen und den U-Wert berechnen, dann wäre der Erwartungswert (Mittelwert) der Verteilung der U-Werte bei Gültigkeit der H_0 der nach (5.29) berechnete Wert μ_U.

Die Wahrscheinlichkeitsverteilung der U-Werte bei Gültigkeit von H_0 wäre somit die **Prüfverteilung** und U die **Prüfgröße** des Tests. Je weiter U vom Erwartungswert μ_U abweicht, desto eher handelt es sich um ein Ergebnis, daß bei Gültigkeit der (ungerichteten) H_1 erwartet wird. Wurde aus den Daten also eine Abweichung $c = U - \mu_U$ errechnet, so kann anhand der Prüfverteilung als α-Risiko wieder die Wahrscheinlichkeit $p(|U - \mu_U| \geq c)$ berechnet werden – d.i. die Wahrscheinlichkeit dafür, bei Gültigkeit der H_0 mindestens eine so große Abweichung des U-Werts von μ_U zu erhalten, wie die, die man erhalten hat.

Bleibt die Frage, wie man zur Prüfverteilung kommt. Für kleine Stichprobengrößen ($n_1, n_2 \leq 20$) wurden die exakten U-Verteilungen auf kombinatorischem Wege errechnet. Beispielsweise könnte für das Rechenbeispiel in Tabelle 5.3 die U-Verteilung unter H_0 dadurch ermittelt werden, daß für jede mögliche Anordnung der Rangwerte 1 bis 10 (vgl. wieder Zeile B) der zugehörige U-Wert berechnet wird – auf diese Weise erhielte man die „zufällige" Verteilung der U-Werte, welche die U-Verteilung unter der H_0 ist. Die so ermittelten exakten U-Verteilungen liegen tabelliert vor (z.B. Bortz 1993, Tabelle F; Bortz et al. 1990, S. 669, Tafel 6). Den Test eines U-Werts an einer so bestimmten exakten U-Verteilung bezeichnet man als *exakten* U-Test.

Das Ergebnis der weiteren Rechenschritte im Falle meines Rechenbeispiels ist in Zeile D der Tabelle 5.3 zu finden. Das dort angegebene α ist das bei zweiseitigem Test der ungerichteten Testhypothesen. Es wurde mittels einer der angegebenen U-Tabellen ermittelt: Dort sind für $n_1 = 5$ und $n_2 = 5$ die U-Werte 0 bis 13 tabelliert, für $U = 8$ ist der Wert 0.21 angegeben – dies ist die Wahrscheinlichkeit für einen U-Wert kleiner-gleich 8. Da es sich um symmetrische Verteilungen handelt, ist entsprechend die Wahscheinlichkeit für einen U-Wert größer-gleich 17 ebenfalls 0.21 – also ist $p(|U - 12.5| \geq 4.5) = 0.42$. Beim *einseitigen* Test gerichteter Hypothesen betrüge hier also $\alpha = 0.21$.

Bei größeren n ist der Rechenaufwand, der mit der Bestimmung exakter Prüfverteilungen verbunden wäre, zu groß und auch unnöig, denn bei größeren Stichproben ($n_1, n_2 > 20$) gilt, daß die U-Werte bei Gültigkeit von H_0 annähernd normal verteilt sind, und zwar um den Mittelwert μ_U und die Varianz $\sigma_U = (n_1 n_2(n_1 + n_2 + 1))/12$. Ein U-Wert kann dann z-transformiert ($z_U = (U - \mu_U)/\sigma_U$) und α kann – so wie das bei dem Testverfahren in 4.4.2 gezeigt wurde – über den entsprechenden „Prozentrang" des z-Wertes in der $N(0,1)$ ermittelt werden. Man bezeichnet diese Vorgehensweise als *asymptotischen* U-Test.

Soweit meine Darstellung des U-Tests. Ich übergehe alle weiteren Detailfragen, die sich bei der Anwendung des Verfahrens ergeben können, – insbesondere auch die der Behandlung sogenannter Verbundwerte. Damit ist der Fall gemeint, daß in den beiden Stichproben zwei oder mehrere gleiche X-Werte auftreten. Solche und andere speziellen Probleme sollten bei Bedarf mittels entsprechender Lehrbücher nichtparametrischer Verfahren geklärt werden.[56]

Die Verallgemeinerung des U-Tests für den Fall mehrerer unabhängiger Stichproben liefert den H-Test nach Kruskal-Wallis. Dieses Verfahren behandle ich hier nicht, sondern verweise wieder auf die speziellere Literatur (siehe Fußnote 56).

5.2.2 Der Vorzeichenrangtest für abhängige Stichproben

Der Vorzeichenrangtest – auch unter der Bezeichnung Wilcoxon-Test bekannt – dient dem verteilungsfreien Vergleich der zentralen Tendenzen einer Variablen X in zwei abhängigen Stichproben S_1 und S_2 (zum Begriff der Abhängigkeit zweier Stichproben vgl. Kap. 5.1.2). Die erhobenen Meßwerte x_{i1} aus S_1 und x_{i2} aus S_2 sind ordinalskaliert bzw. man möchte sich auf die in den Meßwerten enthaltene Ranginformation beschränken. Ich unterschlage nun wieder die explizite formale Formulierung der beiden **Testhypothesen**: Wie schon beim U-Test wird eine Nullhypothese gleicher zentraler Tendenz in den beiden Populationen, aus denen S_1 und S_2 entnommen wurden, gegen eine (gerichtete oder ungerichtete) Alternativhypothese ungleicher zentraler Tendenz in den beiden Populationen getestet.

Die Vorgehensweise stelle ich nun sehr knapp dar: Wie bereits in Kapitel 5.1.2 dargelegt, sind bei Abhängigkeit von S_1 und S_2 die Meßwerte der beiden Stichproben einander paarweise zuordenbar, und wie schon bei dem dort behandelten t-Test für abhängige Stichproben werden nun zunächst Paardifferenzwerte p_i gemäß Formel (5.10) gebildet.

Mit den so errechneten Differenzen der Meßwertpaare – den p_i – wird weiter wie folgt verfahren:

1. Es werden alle Differenzen $p_i = 0$ herausgenommen.
2. Es werden ihre Absolutbeträge $|p_i|$ gebildet (d.h. das Vorzeichen der Differenzen wird außer Acht gelassen) und diese Absolutbeträge in Rangwerte $1, 2, \ldots, n$ umgewandelt.
3. Es werden die Summen T_+ und T_- gebildet: T_+ ist die Summe der unter 2. gebildeten Rangwerte all jener Differenzen, deren Vorzeichen positiv war und T_- ist die Summe der Rangwerte

[56] Ausführliche Darstellungen findet man bei Lienert (1973) bzw., in der neuesten Bearbeitung dieses Klassikers, bei Bortz et al. (1990).

der negativen Differenzen.[57]

Aus der Nullhypothese resultiert die Erwartung, daß die Summen T_+ und T_- gleich sind bzw. daß Differenzen zwischen den beiden Messungen nicht systematisch in eine bestimmte Richtung weisen und also positive und negative Differenzen sich in etwa die Waage halten. Als **Prüfgröße** T kann jetzt sowohl T_+ als auch T_- herangezogen werden. Da sich die Gesamtsumme aller Rangwerte aus $T_+ + T_- = [n(n+1)]/2$ ergibt,[58] resultiert nach der H_0 als Erwartungswert für T:

$$\mu_T = \frac{n(n+1)}{4} \tag{5.30}$$

Die Wahrscheinlichkeitsverteilung der T-Werte bei Gültigkeit von H_0 ist die **Prüfverteilung.** Je weiter T vom Erwartungswert μ_T abweicht, desto eher handelt es sich um ein Ergebnis, daß bei Gültigkeit der (ungerichteten) H_1 erwartet wird. Genauso, wie beim U-Test, wird nun bei einer vorliegenden Abweichung $c = T - \mu_T$ anhand der Prüfverteilung als α-Risiko die Wahrscheinlichkeit $p(|T - \mu_T| \geq c)$ berechnet.

Auch hinsichtlich der Bestimmung der Prüfverteilung besteht eine Analogie zum U-Test: Für kleinere n wurden auf kombinatorischem Wege die exakten Prüfverteilungen berechnet und tabelliert, welche dann eine exakte Testung erlauben (vgl. die diesbezüglichen Erläuterungen in 5.2.1). Für größere Stichproben ($n > 30$) ist wieder ein asymptotischer Test anwendbar, denn es gilt dann: Die T-Werte sind annähernd normalverteilt um den Mittelwert μ_T und mit der Varianz $\sigma_T^2 = [n(2n+1)(n+1)]/24$ – es kann ein T-Wert also wieder über den „Umweg" der z-Transformation mittels der $N(0,1)$ getestet werden.

---

57 Es ist dem aufmerksamen Leser sicher aufgefallen, daß durch die Berechnung der Differenzen p_i im Grunde intervallskalierte Messungen der abhängigen Variable vorausgesetzt werden. Es wird also z.B. bei Meßwiederholung zunächst die Größe der Veränderung von erster zu zweiter Messung bestimmt und erst dann, im weiteren Vorgehen, nur noch auf ordinale Information — nämlich die Rangordnung der Veränderungswerte — zurückgegriffen. Insofern könnte die Einordnung des Tests als Verfahren für Ordinaldaten in Zweifel gezogen werden. Ein „echter" Test für Rangdaten wäre der bei Bortz et al. (1990) im Kapitel 6.2.1.1 beschriebene Vorzeichentest.

58 Wobei n hier eventuell durch Nulldifferenzen ($p_i = 0$) gegenüber der ursprünglichen Stichprobengröße verringert ist.

Detailfragen zum Vorzeichenrangtest sollten nun wiederum anhand speziellerer Literatur zu verteilungsfreien Verfahren zu klären sein (vgl. Fußnote 56). Die Verallgemeinerung für den Fall mehrerer abhängiger Stichproben führt zum Friedman-Test. Auch hier verweise ich wieder auf die speziellere Literatur.

5.3 Die χ^2-Verfahren zum Vergleich von Häufigkeiten

Wenn die AV einer empirischen Untersuchung nominalskaliert ist bzw. nur in kategorialen Ausprägungen vorliegt, dann laufen Unterschiedshypothesen der bisher (im Kapitel 5) behandelten Art auf einen Vergleich von Häufigkeiten der Ausprägungen dieser AV hinaus. Wenn beispielsweise gefragt würde, ob die politische Links-Rechts-Orientierung von Personen (AV) vom Geschlecht (UV) abhängt, so wäre zur Testung einer Hypothese, die besagt, daß sich Männer und Frauen hinsichtlich der Selbsteinschätzung als „eher links" oder „eher rechts" unterscheiden, zu überprüfen, ob bei Männern und Frauen unterschiedliche Häufigkeiten der Links-Rechts-Selbsteinschätzung vorliegen. Mit den sogenannten χ^2-Verfahren können Häufigkeiten in der Ausprägung eines Merkmals X in verschiedenen Gruppen verglichen bzw. statistische Hypothesen über diese Häufigkeiten getestet werden. Es handelt sich um rechnerisch sehr einfache Verfahren für Nominaldaten, welche i.allg. zu den verteilungsfreien Verfahren der Statistik gezählt werden.[59] Zumindest ihre prinzipielle „Verfahrenslogik" gehört zum Grundwissen eines Studierenden der Sozial- und Verhaltenswissenschaften und wird deshalb im folgenden kurz dargestellt.

Die Grundlage aller χ^2-Verfahren besteht in dem mit der folgenden Gleichung (5.32) spezifizierten Umstand: Gegeben sind die in einer Stichprobe der Größe n beobachteten Häufigkeiten der k Ausprägungen des kategorial abgestuften Merkmals X – nämlich f_j ($j = 1, 2, \ldots, k$). Jede der k Ausprägungen besitzt eine bestimmte Auftretenswahrscheinlichkeit p_j – die Wahrscheinlichkeit dafür, daß ein Mitglied der Population die Ausprägung j des Merkmals X aufweist. Dann ist die *erwartete Häufigkeit* der Ausprägung j in der untersuchten Stichprobe:

[59] Zur Frage der Berechtigung dieser Einordnung vgl. die Einwände bei Bortz et al. (1990, S.109).

$$e_j = np_j \tag{5.31}$$

Nun gilt für $n \to \infty$:[60]

$$\chi^2_{(k-1)} = \sum_{j=1}^{k} \frac{(f_j - e_j)^2}{e_j} \tag{5.32}$$

Die in (5.32) spezifizierte Größe ist also als Realisation einer mit $k-1$ Freiheitsgraden χ^2-verteilten Zufallsvariablen aufzufassen. Die näherungsweise χ^2-Verteilung des Quotienten auf der rechten Gleichungsseite gilt praktisch schon dann, wenn für alle erwarteten Häufigkeiten gilt: $e_j \geq 5$.

Gleichung (5.32) kann nun zum Test von Hypothesen über Unterschiede von Häufigkeiten der Ausprägungen eines nominalen Merkmals X benutzt werden: Ein nach (5.32) berechneter Wert dient dabei als **Prüfgröße**, die entsprechende χ^2-Verteilung als **Prüfverteilung**. Ich zeige dies zunächst am einfachsten Fall des eindimensionalen χ^2-Tests zum Vergleich der Häufigkeit eines zweifach gestuften Merkmals.

Als Beispiel können hier wiederum die Teilnehmer an meiner Übung „Statistik" im Wintersemester 1996/97 dienen, deren Körpergrößedaten bereits im Kapitel 2 zur Veranschaulichung herhalten mußten: Von den 46 Teilnehmern dieser Übung waren 12 Männer und 34 Frauen. Man könnte nun z.B. fragen, ob diese ungleiche Geschlechterverteilung zufällig zustande gekommen ist (H_0), oder ob „überzufällig" viele Frauen die Übung gewählt haben (H_1). Die inferenzstatistische Klärung dieser Frage läuft darauf hinaus, abzuschätzen, wie wahrscheinlich eine solche Geschlechterverteilung bei zufälligem Zustandekommen wäre, und natürlich beruht eine solche Abschätzung auf den Wahrscheinlichkeiten für die beiden Ausprägungen der Variablen Geschlecht – und d.h. auf der Geschlechterverteilung in der Population, aus der die Stichprobe gezogen wurde.

Nehmen wir nun der Einfachheit halber an, bei den Übungsteilnehmern habe es sich um eine Zufallsstichprobe aus der Grundgesamtheit aller Heidelberger Psychologiestudierenden gehandelt und in dieser Grundgesamtheit seien 65% Frauen und 35% Männer. Die Wahrscheinlichkeiten dafür, daß ein zufällig

[60] Beweis durch Cramér (1958).

gezogenes Mitglied der Stichprobe männlichen bzw. weiblichen Geschlechts ist, betragen also $p_M = 0.35$ bzw. $p_W = 0.65$. Die Nullhypothese des Tests besagt nun im Grunde nur, daß eben die nach (5.31) berechneten Häufigkeiten zu erwarten sind. Bei zufälliger Zusammensetzung der Stichprobe wären demnach $e_W = 0.65 \cdot 46 = 29.9$ Frauen und $e_M = 0.35 \cdot 46 = 16.1$ Männer zu erwarten. Dagegen behauptet die Alternativhypothese, daß andere Häufigkeiten zu erwarten sind – nämlich (als gerichtete Hypothese) $e_F > 29.9$ und $e_M < 16.1$. Die beobachteten Häufigkeiten sind $f_M = 12$ und $f_W = 34$ – nach (5.32) kann dann ein χ^2-Wert berechnet werden:

$$\begin{aligned}\chi^2_{(1)} &= \frac{(f_M - e_M)^2}{e_M} + \frac{(f_W - e_W)^2}{e_W} \\ &= \frac{(12 - 16.1)^2}{16.1} + \frac{(34 - 29.9)^2}{29.9} = 1.6\end{aligned}$$

Bei völliger Zufälligkeit der Geschlechterverteilung in meiner Übung – und d.h. bei Gültigkeit der H_0 – wäre die Wahrscheinlichkeitsverteilung des so errechneten Werts also die χ^2-Verteilung mit einem Freiheitsgrad (da $k = 2$). Die Fläche unter dieser χ^2-Kurve im Intervall 1.6 bis $+\infty$ entspricht dann der Wahrscheinlichkeit dafür, bei Gültigkeit der H_0 eine Abweichung der beobachteten Geschlechterhäufigkeiten von den erwarteten zu erhalten, die gleichgroß oder noch größer ist, als die, welche beobachtet wurde.[61] – sie beträgt hier: $p(\chi^2_{(1)} \geq 1.6) = 0.206$.

Diese Wahrscheinlichkeit umfaßt sozusagen beide Richtungen, in denen die beobachteten Häufigkeiten von den erwarteten abweichen können, nämlich zur Hälfte auch die Fälle, in denen der Frauenanteil in der Übung geringer, als erwartet ist. $p(\chi^2_{(1)} \geq 1.6)$ könnte darum bei einer ungerichteten Alternativhypothese als α-Risiko bei Entscheidung für die H_1 aufgefaßt werden. Im Sinne der oben postulierten *gerichteten* Alternativhypothese ist aber nur die Hälfte der Fälle, bei denen der Frauenanteil *über* der Erwartung liegt, deshalb fassen wir hier nur

[61] In diesem einfachen Beispiel hätte man, anstatt über die näherungsweise χ^2-Verteilung, diese Wahrscheinlichkeit auch über die Binomialverteilung berechnen können. Dazu sollte jeder Leser unter Rückgriff auf das in 3.3.1 Behandelte nun selbst in der Lage sein. Dieser Binomialtest wäre eine mögliche Alternative zum hier behandelten Test, wenn z.B. dessen Voraussetzung $e_j \geq 5$ nicht erfüllt ist.

die Hälfte der errechneten Wahrscheinlichkeit als α-Risiko auf: $\alpha = 0.5p(\chi^2_{(1)} \geq 1.6) = 0.103$.

Dieses Beispiel läßt sich nun leicht verallgemeinern zum χ^2-Test zum Vergleich der Häufigkeiten eines k-fach gestuften Merkmals: Wenn die untersuchte nominale Variable nicht mehr nur zwei, sondern beliebig viele Ausprägungen besitzt, dann werden wiederum die unter H_0 erwarteten Häufigkeiten e_j berechnet, die Prüfgröße nach Gleichung (5.32) bestimmt usw.. Nach diesem Schema funktionieren alle χ^2-Verfahren zum Vergleich verschiedener Stichprobenhäufigkeiten.

Ich behandle nun noch den sehr „prominenten" ***4-Felder-χ^2-Test***. Dabei werden die Häufigkeiten von zwei alternativen Merkmalen verglichen bzw. es wird eine sogenannte **4-Felder-Kontingenztafel** (siehe das Beispiel in Tab. 5.4) untersucht. D.h. man hat es mit zwei jeweils zweifach abgestuften Variablen X und Y zu tun und möchte nun wissen, ob die Ausprägung in der einen dieser Variablen von der in der anderen Variablen stochastisch unabhängig ist, oder nicht. Die **Testhypothesen** bestehen in einer Nullhypothese der stochastischen Unabhängigkeit von X und Y, die gegen eine Alternativhypothese stochastischer Abhängigkeit getestet wird.[62]

Ein Beispiel wurde schon genannt: Die Variable Y könnte das Geschlecht und X die politische Selbsteinschätzung als „links" oder „rechts" sein. Man nehme nun an, es sei z.B. eine Stichprobe von 80 Personen untersucht worden und dabei das in Tabelle 5.4 dargestellte Ergebnis herausgekommen. Man kann wohl dieser Tabelle schon ansehen, warum das Verfahren 4-Felder-Test heißt: Wir haben es mit vier Kombinationen aus den jeweils zwei Ausprägungen der beiden Variablen zu tun. Diese Felder wurden in der Tabelle mit A, B, C, und D benannt.

Nun gehe ich bei diesem Rechenbeispiel *nicht*, wie beim vorherigen Beispiel zum Vergleich der Häufigkeiten eines zweifach

[62]Eingangs des Kapitels war die Rede davon, daß mit den χ^2-Tests Unterschiedshypothesen überprüft würden. Bei Hypothesen über (Un)Abhängigkeit zweier Variablen handelt es sich aber nicht um Unterschiedshypothesen, sondern um sogenannte Zusammenhangshypothesen (zu diesem Begriff siehe Kap. 5.5). Man könnte die H_0 auch als Unterschiedshypothese formulieren, dann postuliert sie, daß das Verhältnis der beiden X-Ausprägungshäufigkeiten unter jeder der beiden Stufen von Y gleich ist. Wie z.B. Bortz et al. (1990, S.103) darlegen, ist der Test bei beiden Versionen der H_0 derselbe.

	männlich	weiblich	
links	A 16	B 25	41
rechts	C 26	D 13	39
	42	38	80

Tabelle 5.4: Zahlenbeispiel 4-Felder-Kontingenztafel

gestuften Merkmals, der Einfachheit halber davon aus, daß die Wahrscheinlichkeiten für die Ausprägungen von X und Y schon a priori bekannt sind. Wenn wir also die „tatsächlichen" Wahrscheinlichkeiten – d.h. die Populationsverteilung des Geschlechts bzw. der Links-Rechts-Selbsteinschätzung – nicht kennen, dann müssen sie aus den relativen Häufigkeiten der Stichprobe als a posteriori Wahrscheinlichkeiten nach Gleichung (3.6) geschätzt werden (vgl. Kap. 3.1). Z.B. würde aus den Daten der Tabelle 5.4 die Wahrscheinlichkeit für das weibliche Geschlecht (p_W) dadurch geschätzt, daß die Summe der Häufigkeiten der Spalte „weiblich" durch die Gesamtstichprobengröße n geteilt wird. In der Tabelle sind die Spalten- und Zeilensummen der Häufigkeiten eingetragen, diese geteilt durch die $n = 80$ ergeben die jeweiligen Schätzungen der Wahrscheinlichkeiten:

$$\begin{aligned}
\hat{p}_M &= (f_A + f_C)/n = 42/80 = 0.525 \\
\hat{p}_W &= (f_B + f_D)/n = 38/80 = 0.475 \\
\hat{p}_L &= (f_A + f_B)/n = 41/80 = 0.5125 \\
\hat{p}_R &= (f_C + f_D)/n = 39/80 = 0.4875
\end{aligned}$$

Aus den geschätzten Wahrscheinlichkeiten werden dann wiederum die bei Gültigkeit der H_0 erwarteten Häufigkeiten für jedes der vier Felder errechnet. Wenn X und Y voneinander stochastisch unabhängig sind, dann ergeben sich die Wahrscheinlichkeiten für jede der vier möglichen Kombinationen aus Geschlecht und politischer Selbsteinschätzung nach dem Multiplikationstheorem für Wahrscheinlichkeiten (3.11) bzw. nach Gleichung (3.12) wie folgt:

$$\begin{aligned}
\hat{p}_A &= \hat{p}_M \hat{p}_L = 0.525 \cdot 0.5125 = 0.269 \\
\hat{p}_B &= \hat{p}_W \hat{p}_L = 0.475 \cdot 0.5125 = 0.243
\end{aligned}$$

$$\hat{p}_C = \hat{p}_M\hat{p}_R = 0.525 \cdot 0.4875 = 0.256$$
$$\hat{p}_D = \hat{p}_W\hat{p}_R = 0.475 \cdot 0.4875 = 0.232$$

Die *erwarteten Häufigkeiten* für jedes Feld erhält man wieder durch Multiplikation der jeweiligen Wahrscheinlichkeit mit der Stichprobengröße $n = 80$:

$$e_A = \hat{p}_A n = 0.269 \cdot 80 = 21.52$$
$$e_B = \hat{p}_B n = 0.243 \cdot 80 = 19.44$$
$$e_C = \hat{p}_C n = 0.256 \cdot 80 = 20.48$$
$$e_D = \hat{p}_D n = 0.232 \cdot 80 = 18.56$$

Die **Prüfgröße** erhält man nun dadurch, daß man einfach die Häufigkeiten der verschiedenen Kombinationen der Ausprägungen der beiden Merkmale X und Y in der Gesamtstichprobe zum χ^2-Wert gemäß Gleichung (5.32) verrechnet:

$$\chi^2_{(3)} = \sum_{j=A}^{D} \frac{(f_j - e_j)^2}{e_j} \quad (j = \text{A,B,C,D}) \tag{5.33}$$

Für das Rechenbeispiel ergibt (5.33):

$$\begin{aligned}\chi^2_{(3)} &= \frac{(16 - 21.52)^2}{21.52} + \frac{(25 - 19.44)^2}{19.44} + \frac{(26 - 20.48)^2}{20.48} \\ &\quad + \frac{(13 - 18.56)^2}{18.56} = 6.124\end{aligned}$$

Dieser Wert wäre wiederum χ^2-verteilt mit $df = 3$, womit die **Prüfverteilung** des Test gegeben ist. Es gilt $p(\chi^2_{(3)} \geq 6.124) = 0.106$ – dieses wäre also das α-Risiko bei Entscheidung für die H_1 einer stochastischen Abhängigkeit von Geschlecht und Links-Rechts-Selbsteinschätzung. Wäre das übliche 5%-Signifikanzniveau festgelegt worden, so wäre das Ergebnis also nicht signifikant, die H_0 würde beibehalten.

Die vorgeführten Rechenschritte lassen sich zu einer einzigen Berechnungsformel für den χ^2-Wert zusammenfassen und umformen, diese lautet:

$$\chi^2_{(3)} = \frac{n(f_A f_D - f_B f_C)^2}{(f_A + f_B)(f_C + f_D)(f_A + f_C)(f_B + f_D)} \tag{5.34}$$

Der 4-Felder-χ^2-Test kann nun wie folgt zusammengefaßt werden:

1. Gegeben die beiden zweifach abgestuften Variablen X (mit den Ausprägungsstufen X_1 und X_2) und Y (mit den Ausprägungsstufen Y_1 und Y_2). Analysiert wird die folgende *4-Felder-Kontingenztafel* der in einer Stichprobe der Größe n beobachteten Häufigkeiten f_A, f_B, f_C, und f_D der vier Merkmalskombinationen von X und Y:

	X_1	X_2
Y_1	f_A	f_B
Y_2	f_C	f_D

2. Bei Gültigkeit der Nullhypothese stochastischer Unabhängigkeit von X und X sind die *erwarteten Häufigkeiten* für jedes der vier Felder:

$$e_A = np_{X_1}p_{Y_1} \ , \ e_B = np_{X_2}p_{Y_1},$$
$$e_C = np_{X_1}p_{Y_2} \ , \ e_D = np_{X_2}p_{Y_2}$$

3. Die *Prüfgröße* ist nach Gleichung (5.33) zu berechnen. Sie ist als Realisation einer mit 3 Freiheitsgraden χ^2-verteilten Zufallsvariablen aufzufassen. Dieses gilt dann, wenn die untersuchte Stichprobe hinreichend groß ist – es sollte keine der vier erwarteten Häufigkeiten kleiner 5 sein.
4. Sind die Wahrscheinlichkeiten $p_{X_1}, p_{X_2}, p_{Y_1}, p_{Y_2}$ nicht bekannt, dann werden sie aus den beobachteten Häufigkeiten in der Stichprobe geschätzt. Die Prüfgröße kann dann durch Formel (5.34) berechnet werden, in der diese Schätzung bereits enthalten ist.
5. Das mit einer Annahme der H_1 verbundene α-Risiko für einen bestimmten Wert $\chi^2_{(3)} = c$ ist durch die Fläche unter der χ^2-Kurve mit 3 Freiheitsgraden im Intervall c bis $+\infty$ gegeben.

Soviel zu den χ^2-Verfahren zum Vergleich von Häufigkeiten. Weitere spezielle χ^2-Tests für weitere Fragestellungen können nach dem Grundmuster der dargestellten Vorgehensweise konstruiert werden. So läßt sich z.B. der 4-Felder-Test verallgemeinern zum Test der Häufigkeiten in den Merkmalskombinationen von zwei mehrfach gestuften Variablen. Aufgrund des Behandelten sollte eigentlich jeder Leser in der Lage sein, sich bei Bedarf diese sehr einfachen Vorgehensweisen selbst zu erschließen. Spezifische Darstellungen dazu sind z.B. bei Bortz et al. (1990) zu finden.

5.4 Vergleich zweier Stichprobenvarianzen

Im Kapitel 5.1 wurden einige statistische Tests behandelt, mit denen Hypothesen über Unterschiede von Populationsmittelwerten überprüft werden können. Jetzt zeige ich noch *sehr knapp* und ohne weiteres Rechenbeispiel, wie Unterschiedshypothesen bezüglich zweier Stichprobenvarianzen inferenzstatistisch geprüft werden können.

Gegeben sind zwei *unabhängige*[63] Zufallsstichproben S_1 und S_2 (mit den Stichprobengrößen n_1 und n_2), es werden die Ausprägungen eines Merkmals X in diesen Stichproben untersucht. Bezüglich der Varianzen von X in den beiden Populationen, aus denen S_1 und S_2 gezogen wurden, – σ_1^2 und σ_2^2 – lauten die (gerichteten) **Testhypothesen:**

$$H_0 : \sigma_1^2 \leq \sigma_2^2 \tag{5.35}$$

$$H_1 : \sigma_1^2 > \sigma_2^2 \tag{5.36}$$

Wenn das Merkmal X in beiden Populationen normalverteilt ist und die exakte $H_0 : \sigma_1^2 = \sigma_2^2$ gilt, dann gilt auch (zur Herleitung siehe Fußnote 54):

$$F_{(n_1-1,n_2-1)} = \frac{\hat{\sigma}_1^2}{\hat{\sigma}_2^2} \tag{5.37}$$

$\hat{\sigma}_1^2$ und $\hat{\sigma}_1^2$ sind die nach Gleichung (4.7) aus den Stichprobendaten geschätzten Populationsvarianzen. Der Quotient dieser Varianzschätzungen dient also als **Prüfgröße** des Tests und ist gemäß (5.37) als Realistaion einer F-verteilten Zufallsvariablen zu betrachten, die **Prüfverteilung** ist demnach die F-Verteilung mit $n_1 - 1$ Zählerfreiheitsgraden und $n_2 - 1$ Nennerfreiheitsgraden. Gilt die H_0 nicht, so ist, je größer σ_1^2 gegenüber σ_2^2 ist, ein umso größerer Wert der Prüfgröße zu erwarten – „in Richtung" der gerichteten H_1 (5.36) deuten also sehr hohe F-Werte. Deshalb entspricht wiederum bei einem errechneten Wert $F = c$ die Fläche über dem rechten Randintervall c bis $+\infty$ unter der $F_{(n_1-1,n_2-1)}$-Kurve dem α-Risiko bei Ablehnung der H_0 (5.35). Konkret kann ein solcher α-Wert mittels der einschlägigen Statistiksoftware errechnet werden. Die Frage, ob ein F-Wert in den H_0-Annahme- oder -Verwerfungsbereich fällt, kann

[63] Zum Vergleich zweier Varianzen aus abhängigen Stichproben siehe Wilcox (1989).

notfalls mittels einer F-Verteilungstabelle geklärt werden, in der für bestimmte Signifikanzniveaus die entsprechenden kritischen F-Werte tabelliert sind (vgl. auch Fußnote 55). Schwierig wird eine solche Entscheidung anhand tabellierter Werte dann, wenn ungerichtete Testhypothesen vorliegen – in diesem Fall würde zweiseitig getestet (im Gegensatz zu dem in 5.1.3 behandelten F-Test), d.h. auch die linken Randintervalle der (asymmetrischen) F-Verteilung wären zu berücksichtigen, diese aber sind i.d.R. in den F-Tabellen nicht enthalten.

Im Gegensatz zu den bisher behandelten parametrischen Tests ist der F-Test zum Vergleich zweier Varianzen ***nicht*** sehr robust gegenüber Verletzungen seiner Normalverteilungsannahme. Der Frage der Normalverteilung von X sollte also vor Anwendung dieses Tests einige Aufmerksamkeit gewidmet werden, bestehen ernsthafte Zweifel, ob diese Voraussetzung erfüllt ist, so sollte der Test nicht angewandt werden.

5.5 Test eines Korrelationskoeffizienten

Wenn aus der FH einer Untersuchung eine SV über den (linearen) Zusammenhang zweier Merkmale in einer Population abgeleitet wurde, so kann die statistische Überprüfung mittels des folgenden Tests eines Korrelationskoeffizienten erfolgen.[64] Gemeint ist die Produkt-Moment-Korrelation, die für die Werte zweier Variablen X und Y in einer Stichprobe nach Formel (2.16) berechnet wird.

Ich stelle auch diesen Test sehr knapp dar, dem Leser, der bis hierher vorgedrungen ist, sollte dieses nun genügen. Getestet werden jetzt also sogenannte **Zusammenhangshypothesen**, nämlich im Wortsinne Hypothesen über einen Zusammenhang von Merkmalen. Konkret lauten die (ungerichteten) **Testhypothesen**:

$$H_0 : \rho = 0 \tag{5.38}$$

$$H_1 : \rho \neq 0 \tag{5.39}$$

Der Parameter ρ („rho“) ist die Produkt-Moment-Korrelation

[64] Vorsicht bei derartigen Formulierungen, die eine gewisse sprachliche Laxheit enthalten. „Getestet“ werden genaugenommen nie die Stichprobenstatistiken, sondern Nullhypothesen gegen Alternativhypothesen (vgl. Kap. 4.4.2).

der Merkmale X und Y in der Population.[65] Die H_0 besagt also, daß in der Population keinerlei linearer Zusammenhang zwischen X und Y besteht – wenn dem so wäre, so wäre wiederum eine für die gezogene Stichprobe errechnete Korrelation $r \neq 0$ damit zu erklären, daß eben zufällig solche Merkmalsträger gezogen wurden, bei denen ein gewisser Zusammenhang der Merkmale besteht. Ein einzelner r-Wert ist also als Realisation einer Zufallsvariablen aufzufassen.

Es läßt sich nun zeigen, daß bei Gültigkeit der Nullhypothese (5.38) und der noch zu nennenden Voraussetzungen (siehe unten) gilt:[66]

$$t_{(n-2)} = \frac{r\sqrt{n-2}}{\sqrt{1-r^2}} \tag{5.40}$$

D.h. die Wahrscheinlichkeitsverteilung des Ausdrucks auf der rechten Seite von (5.40) ist die t-Verteilung mit $n-2$ Freiheitsgraden. Dieses wäre also die **Prüfverteilung** des Tests, der nach (5.40) berechnete t-Wert die **Prüfgröße**. Wir haben es somit wiederum mit einem „t-Test" zu tun und die weitere Vorgehensweise – Bestimmung von α, Testentscheidung zwischen den beiden Testhypothesen – erfolgt genauso, wie bei den in 5.1.1 bzw. 5.1.2 dargestellten t-Tests zum Vegleich von Mittelwerten. Z.B. besteht bei ungerichteten Testhypothesen und 5%-Signifikanzniveau der H_0-Verwerfungsbereich aus den beiden Randintervallen, über denen jeweils 2.5% der Fläche unter der $t_{(n-2)}$-Kurve liegen (zweiseitiger Test). Wäre eine gerichtete H_1 zu überprüfen, dann bestünde der entsprechende H_0-Verwerfungsbereich aus dem rechten (bei $H_1 : \rho > 0$) oder linken (bei $H_1 : \rho < 0$) 5%-Randintervall.

Die Herleitung von (5.40) beruht auf einer Voraussetzung, nämlich einer Annahme über die gemeinsame, bivariate Verteilung von X und Y in der Population: Es soll sich dabei um eine bivariate Normalverteilung handeln. Diese Verteilunsgannahme wurde auch bei dem t-Test für abhängige Stichproben zugrundegelegt – und genauso, wie dort, gehe ich darauf nicht weiter ein (vgl. die Anmerkungen in Fußnote 51). Für praktische Zwecke begnügt man sich i.allg. mit der Forderung, daß X und Y jeweils

---

[65] Siehe auch Fußnote 67: Was dort über das Regressionsmodell (6.1) gesagt wird, könnte so auch über ρ gesagt werden.

[66] Herleitung siehe z.B. bei Kreyszig (1975, S.279ff).

in der Grundgesamtheit normalverteilt sein sollen, der Test gilt als sehr robust gegenüber Verletzungen seiner Voraussetzungen (siehe auch die kurzen Darlegungen von Bortz (1993, S.197f) zu diesem Thema). Zu diesen Voraussetzungen zählt übrigens auch – was aber jeder Leser bereits selbst bemerkt haben dürfte – die metrische Skalierung der Variablenwerte x_i und y_i.

Bezüglich der Anwendung des gezeigten Testverfahrens ist allerdings noch eine Einschränkung zu machen: Die Herleitung der t-Verteilung der Prüfgröße gilt nur unter Annahme der exakten H_0 (5.38). D.h. irgendeine andere Annahme über den Wert der „wahren" Korrelation in der Population – z.B. $\rho = 0.4$ – kann mit diesem t-Test nicht getestet werden. Dieses liegt daran, daß nur für $\rho = 0$ die Kennwerteverteilung der Stichprobenkorrelation r annähernd normal und in jedem Fall symmetrisch ist. Diese Symmetrie ist Voraussetzung für die t-Verteilung von (5.40) – im Falle von $\rho \neq 0$ ist nun aber die Kennwerteverteilung von r schief! Mit dem obigen t-Test können also nicht diejenigen Vorgehensweisen durchgeführt werden, welche im Kapitel 4.4.3 angesprochen wurden: Es kann z.B. keine praktisch bedeutsame Effektgröße $\rho = c \neq 0$ festgesetzt und das maximale β-Risiko für $H_1 : \rho \geq c$ berechnet werden. Zum Test aller außer H_0 (5.38) noch möglichen exakten Hypothesen kann ein Umweg über Fishers-Z-Transformation nach Gleichung (2.17) gewählt werden, wie er z.B. bei Hays (1994, S.649f) und bei Bortz (1993, S.201) beschrieben ist.

6 Die Regressionsanalyse

Die Regressionsanalyse, die in diesem Kapitel betrachtet wird, dient, ganz allgemein formuliert, der Analyse von Zusammenhängen zwischen Variablen. Von solchen Zusammenhängen war schon früher die Rede: Im Kapitel 2.4 wurden bereits Kovarianz und Korrelation – als Maße des *linearen Zusammenhangs* zwischen zwei metrisch skalierten Variablen in bivariaten Häufigkeitsverteilungen – besprochen. Zur Erinnerung: In der graphischen Darstellung mittels eines zweidimensionalen Koordinatensystems sind lineare Zusammenhänge durch Geraden charakterisiert: Je mehr sich die Wolke der x_i-y_i-Punkte einer Geraden annähert, desto enger ist der lineare Zusammenhang, und er ist positiv oder negativ, je nachdem, ob die Steigung dieser Geraden positiv oder negativ ist (vgl. Abb. 2.5). Die funktionale Form einer Geraden in einem X-Y-Koordinatensystem wurde durch die Gleichung (2.14) angegeben.

Dieses sollte sich der Leser, bevor er mit dem folgenden fortfährt, noch einmal klar vor Augen führen.

6.1 Die einfache lineare Regression

Bei der einfachen linearen Regression wird die bivariate Häufigkeitsverteilung zweier Merkmale X und Y analysiert, es geht um den linearen Zusammenhang zwischen den beiden Merkmalen. Wiederum mit Blick auf graphische Darstellungen der „X-Y-Punktewolke“ im Koordinatenkreuz (vgl. Abb. 2.5) könnte man diese Regressionsrechnung grob wie folgt charakterisieren: Durch die Punktewolke wird eine Gerade gelegt, die diese Punktewolke möglichst gut „repräsentiert“ bzw. den in ihr enthaltenen „Trend“ eines linearen Zusammenhangs möglichst gut beschreibt. Diese Gerade wird **Regressionsgerade** genannt. Das „möglichst gut“ im vorletzten Satz läßt sich nun weiter präzisieren: Die Regressionsgerade wird so in den Punkteschwarm gelegt, daß sie eine optimale *Vorhersage* der Y-Werte aus den X-Werten ermöglicht.

Man betrachte dazu Abbildung 6.1: Dort soll das gepunktete Oval die Form einer Punktewolke von Wertepaaren (x_i, y_i), wie sie für die X- und Y-Werte einer Stichprobe von Merkmalsträgern gemessen worden sein könnten, veranschaulichen.

Durch diese Punktewolke geht eine Regressionsgerade, welche nun gewissermaßen als Instrument zur Vorhersage der Y- aus den X-Werten benutzt wird. Angenommen, es bestünde ein vollständiger linearer Zusammenhang und alle Punkte lägen auf einer Geraden, so würde man von einem Wert x_i über diese Gerade zu dem zugehörigen Wert y_i gelangen. Bei unvollständigem linearen Zusammenhang liegen die Punkte i.d.R. nicht auf einer Geraden, jedoch immerhin in der Nähe einer solchen und dieses umso mehr, je größer dieser Zusammenhang ist. Liegt also ein Punkt nicht auf der Geraden – vgl. z.B. den in Abbildung 6.1 eingzeichneten –, so gelangt man über diese von x_i zu einem Y-Wert, der y_i um einen bestimmten Betrag „verschätzt“: In der Abbildung ist $\hat{y}_i$ der auf diese Weise aus x_i vorhergesagte Y-Wert, er verschätzt das tatsächliche y_i um den Betrag e_i. Dieser Wert e_i ist also der Fehler bei der Vorhersage von y_i aus x_i – es ist nun hoffentlich ohne weiteres einsehbar, daß die Vorhersage der Y-Werte aus den X-Werten umso sicherer (d.h. mit umso geringeren Fehlern behaftet) ist, je enger die Punktewolke um die Gerade liegt. Bei der Regressionsanalyse – so könnte man deren Vorgehensweise jetzt beschreiben – wird die Regressionsgerade so durch die Punktewolke gelegt, daß bei der Vorhersage der Y-aus den X-Werten insgesamt möglichst geringe Vorhersagefehler auftreten. Diese letztere Formulierung wird im folgenden noch zu präzisieren sein.

6.1.1 Das Grundmodell

Der eigentliche Gegenstand der Regressionsanalyse ist die Vorhersage der Y-Werte aus den X-Werten. Oder, von den Y-Werten her formuliert: Es wird versucht, die Y-Werte auf die X-Werte „zurückzuführen“ – daher der Name „Regression“.

Das formale ***Grundmodell der einfachen linearen Regression*** lautet:

$$y_i = \beta_0 + \beta_1 x_i + \epsilon_i \tag{6.1}$$

Man beachte hier die Schreibweise: Die griechischen Buchstaben drücken wieder aus, daß Populationskennwerte gemeint sind. Durch (6.1) ist also das Modell eines linearen Zusammenhangs zwischen Y und X in der Population formuliert.[67] Es besteht aus zwei Komponenten:

[67] Genauer: In (6.1) ist ein linearer Zusammenhang in der bivariaten

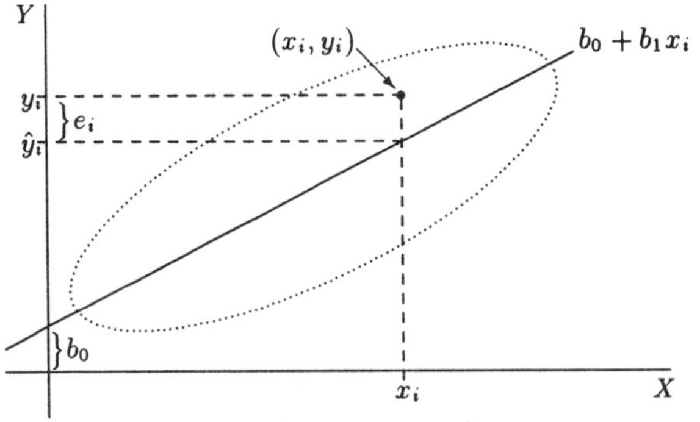

Abbildung 6.1: Einfache lineare Regression (in der Stichprobe).

1. $\beta_0 + \beta_1 x_i$ – in diesem Ausdruck ist wohl unschwer die bereits mit Gleichung (2.14) angegebene funktionale Form einer Geraden im X-Y-Koordinatensystem wiederzuerkennen. Es handelt sich um die Regressionsgerade, die wie dargelegt zur Vorhersage der Y-Werte aus den X-Werten dienen kann – β_1 wäre also die Steigung dieser Geraden, während β_0 angibt, wo diese die Y-Achse schneidet. Die beiden Werte β_0 und β_1 sind die eigentlichen statistischen Kennwerte dieses Modells – sie werden ***Regressionskoeffizienten*** genannt, zu ihrer inhaltlichen Bedeutung wird gleich mehr gesagt werden.

   Wenn man also in der gezeigten Weise mittels der Regressionsgeraden aus den X-Werten die des Merkmals Y vorhersagen wollte, so kann diese **Vorhersage der Y-Werte** formal wie folgt ausgedrückt werden:

$$\breve{y}_i = \beta_0 + \beta_1 x_i \tag{6.2}$$

   Die Werte $\breve{y}_i$ sind also die aufgrund der X-Werte vorhergesagten bzw. geschätzten Werte des Merkmals Y. Man bezeichnet

---

Populationsverteilung von X und Y modelliert. Legt man die „statistische" Definition des Populationsbegriffs als Datenmenge (vgl. Kap. 4.1) zugrunde, so haben wir es hier mit einer Grundgesamtheit möglicher Wertepaare (x_i, y_i) zu tun.

$\beta_0 + \beta_1 x_i$ auch als **systematische Komponente** des Regressionsmodells.

2. Wie schon dargelegt, ist die Vorhersage der Y-Werte aus den X-Werten mit einem Fehler behaftet, wenn nicht alle „Datenpunkte" auf der Regressionsgeraden liegen, – dieser Fehler ist im Grundmodell (6.1) der Ausdruck ϵ_i. Die Fehlerwerte sind die Differenzen der tatsächlichen Y-Werte von den durch die systematische Komponente vorhergesagten Y-Werten:

$$\epsilon_i = y_i - \breve{y}_i \tag{6.3}$$

Es handelt sich hierbei um die sogenannte **Fehlerkomponente** oder **Zufallskomponente** des Regressionsmodells. Letzterer Ausdruck ist so zu verstehen: ϵ_i ist derjenige Anteil an y_i, welcher nicht aus dem Modell vorhersagbar und in diesem Sinne „zufällig" ist.

In der Regressionsanalyse wird der lineare Zusammenhang zwischen X und Y sozusagen in einer Richtung betrachtet, nämlich als lineare Abhängigkeit der Variablen Y von der Variablen X. Mit diesem Begriff der linearen Abhängigkeit ist genau das gemeint, was in Gleichung (6.1) ausgedrückt ist: y_i wird aufgrund eines linearen Zusammenhangsmodells aus x_i vorhergesagt. Man könnte (6.1) auch so umformen, daß x_i alleine auf der linken Seite steht – mit dieser Gleichung hätte man dann die „Blickrichtung" umgekehrt, damit wäre die lineare Abhängigkeit der Variablen X von Y formuliert. Wenn hier von Abhängigkeit die Rede ist, so ist damit letztendlich wieder die stochastische Abhängigkeit gemeint, die in Kapitel 3.1 besprochen wurde: In diesem Sinne ist, wenn X von Y abhängig ist, stets umgekehrt auch Y von X abhängig. Dieses betone ich darum, um voreiligen kausalen Interpretationen der betrachteten linearen Abhängigkeit vorzubeugen – daß Y als von X abhängig betrachtet wird, muß *nicht* bedeuten, daß Y durch X in irgendeiner Weise *verursacht* wird.

Bei der Behandlung der Varianzanalyse im Kapitel 5.1.3 war bereits von der Abhängigkeit einer Variablen von einer anderen, von „Fehler" usw. die Rede. Tatsächlich besteht eine gewisse Übereinstimmung in der „Zielrichtung" von ANOVA und Regressionsanalyse: Man könnte im gezeigten Regressionsmodell Y als abhängige und X als unabhängige Variable bezeichnen, auch die Regressionsanalyse untersucht, inwieweit diese AV von der

UV abhängt. Aufgrund dieser Übereinstimmung ist schließlich auch – wie bereits in 5.1.3 gesagt wurde – die ANOVA als spezielles Regressionsproblem im Rahmen des Allgemeinen Linearen Modells berechenbar. Im Unterschied zur ANOVA liegen die UV der Regressionsanalyse allerdings nicht mehr in abgestuften Ausprägungen vor, sondern als metrisch skalierte Variablenwerte. Gemeinsam ist beiden Verfahren das erforderliche metrische Skalenniveau der AV.

Die Bezeichnung der Variablen als abhängige bzw. unabhängige ist in der Regressionsanalyse weniger gebräuchlich, stattdessen wird hier die AV Y als ***Kriteriumsvariable*** bzw. kurz als **Kriterium** bezeichnet und die UV X als ***Prädiktorvariable*** bzw. kurz als **Prädiktor**.

Die Bedeutung der beiden in (6.1) enthaltenen Regressionskoeffizienten soll nun durch ein kleines Zahlenbeispiel verdeutlicht werden: Wenn z.B. bei berufstätigen Erwachsenen der Intelligenzquotient (q_i) ein Prädiktor des Bruttomonatseinkommens in DM (m_i) mit $\beta_0 = -6000$ und $\beta_1 = 100$ wäre, dann sähe also die Regressionsgleichung so aus:

$$m_i = -6000 + 100q_i + \epsilon_i$$

Für einen Menschen mit einem IQ von 100 würde ein monatliches Bruttoeinkommen von $\check{m}_i = -6000 + 100 \cdot 100 = 4000$ prognostiziert. Bei einem IQ von 101 lautet die Vorhersage: $\check{m}_i = -6000 + 100 \cdot 101 = 4100$. Man erkennt: Dadurch, daß der Wert des Prädiktors um eine Einheit erhöht wurde (von 100 auf 101), hat sich der vorhergesagte Wert des Kriteriums um 100 ($= \beta_1$) Einheiten (von 4000 auf 4100) erhöht. Darin zeigt sich die numerische Bedeutung von β_1: Es gibt an, welche Veränderung (in Einheiten der Kriteriumsvariablen) in der Vorhersage des Kriteriumswertes aus einer Erhöhung des Prädiktorwertes um 1 resultiert. Anders ausgedrückt: β_1 ist die Veränderung des (tatsächlichen) Kriteriumswerts, die mit einer Veränderung des Prädiktors um +1 einherginge, wenn es den Fehler ϵ_i nicht gäbe bzw. dieser konstant gehalten werden könnte. In diesem Sinne aber ist β_1 ein Maß für den Einfluß des Prädiktors auf die Kriteriumsvariable.

Was nun die Bedeutung von β_0, der sogenannten **Regressionskonstante** (oft auch als „Intercept" bezeichnet) betrifft, so soll hier der erneute Hinweis auf die graphische Darstellung der Regressionsgeraden im Koordinatenkreuz genügen: Es handelt sich um den Abstand des Schnittpunkts dieser Geraden mit der Y-Achse von der X-Achse. Beispielsweise wächst β_0, wenn man die Gerade im Koordinatenkreuz nach oben verschiebt, d.h. wenn die Y-Werte bei gleichbleibender Streuung aus einem höheren Wertebereich stammen. Es wächst auch, wenn man die Gerade nach links verschiebt, d.h. wenn die X-Werte bei gleichbleibender Streuung aus einem niedrigeren Wertebereich stammen. Im Wert von β_0 kommt also sozusagen ein Abstand des „Werteniveaus" der beiden Variablen zum Ausdruck – würden beide Variablen standardisiert, so würde $\beta_0 = 0$, d.h. die Regressionsgerade liefe durch den Ursprung des Koordinatensystems und die Konstante entfiele.

Es ist nun wiederum zwischen Population und Stichprobe zu unterscheiden: β_0 und β_1 sind - wie schon gesagt – Parameter, nämlich die in der Population gültigen Regressionskoeffizienten, und Gleichung (6.2) meint sozusagen die Regressionsgerade in der bivariaten Populationsverteilung von X und Y (vgl. Fußnote 67). Betrachtet man nun eine Stichprobe aus dieser Population, so kann man die folgende **Regressionsgleichung für die Stichprobe** formulieren:

$$y_i = b_0 + b_1 x_i + e_i \tag{6.4}$$

Hier stehen wieder lateinische Buchstaben – anstelle der griechischen in (6.1) – um auszudrücken, daß es sich jetzt um Stichprobenkennwerte handelt: (6.4) bezeichnet also einen (unvollständigen) linearen Zusammenhang von X- und Y-Werten in der Stichprobe. Die Betrachtung ist damit auf eine bivariate empirische Häufigkeitsverteilung von X und Y eingeschränkt, d.h. die Regressionsgerade wird hier durch den Punkteschwarm der Stichprobendaten gelegt bzw. es werden in einer Stichprobe von Merkmalsträgern die Y-Werte auf die X-Werte zurückgeführt:

$$\hat{y}_i = b_0 + b_1 x_i \tag{6.5}$$

Dieses ist die Gleichung der Regressionsgeraden bzw. der systematischen Komponente für die Stichprobe. Man beachte, daß $\hat{y}_i$ nicht dasselbe ist, wie $\check{y}_i$ in Gleichung (6.2): Letzteres sind die Y-Vorhersagewerte aufgrund der „wahren" Regressionsgleichung mit den Parametern β_0 und β_1, sie sind von den $\hat{y}_i$ – den aus der Stichprobengeraden vorhergesagten Werten – zu unterscheiden.[68]

Dasselbe gilt auch für den Vergleich von e_i und ϵ_i: Letzteres ist der „wahre" Fehler bei der Vorhersage von Y aufgrund der in der Population gültigen Regressionsgleichung – dagegen ist $e_i = y_i - \hat{y}_i$ der Fehler bei der Vorhersage aufgrund der Stichprobenkennwerte b_0 und b_1. Die Werte e_i werden auch als ***Residualwerte*** bzw. **Residuen** bezeichnet.

Ich gebrauche im folgenden die Ausdrücke „Populationsregression" für das Modell (6.1) und „Stichprobenregression" für (6.4).

Auf der Basis dieser Unterscheidung zwischen „wahrer" Regressionsgleichung (in der Population) und der für die Stichprobendaten könnte man nun etwas grob drei **Ziele der Regressionsanalyse** benennen, sozusagen ein deskriptivstatistisches und zwei inferenzstatistische:

1. Als deskriptivstatistisches Ziel der Regressionsanalyse könnte man die Berechnung der Stichprobenregressionsgleichung (6.4) sehen: Dadurch wird die in der Stichprobe vorgefundene Abhängigkeit des Kriteriums vom Prädiktor *beschrieben*. Dieses Ziel wird dadurch erreicht, daß diejenigen Regressionskoeffizienten b_0 und b_1 errechnet werden, durch die eine optimale Vorhersage der Y-Werte (der Stichprobe) durch die X-Werte (der Stichprobe) erreicht wird.
2. Ein inferenzstatistisches Ziel der Regressionsanalyse besteht darin, aufgrund der Stichprobendaten die für die Population gültige „wahre" Regressionsgleichung (6.1) zu *schätzen*. D.h. es müssen die Parameter β_0 und β_1 – sozusagen die „wahren" Regressionskoeffizienten – geschätzt werden. Unter bestimmten Voraussetzungen sind die nach dem nachfolgend dargestellten Verfahren berechneten Stichprobenkennwerte b_0 und b_1 erwartungstreue und effiziente Schätzer dieser beiden Parameter – hat man also das unter 1. beschriebene Ziel erreicht, so ist damit eigentlich bereits auch die Parameterschätzung *praktisch* durchgeführt.
3. Schließlich besteht ein weiteres inferenzstatistisches Ziel in der Überprüfung statistischer Hypothesen über die Parameter des Regressionsmodells. Damit ist im Fall der einfachen linearen Regression v.a. der noch darzustellende Signifikanztest für den Koeffizienten b_1 gemeint.

[68] In der Literatur existiert keine allgemein durchgehaltene Konvention bei diesen Benennungen.

6.1.2 Berechnung der Kennwerte

Ich wende mich nun den ersten beiden der zuletztgenannten Ziele zu, nämlich der Berechnung der Stichprobenregressionskoeffizienten b_0 und b_1, sowie der Schätzung der entsprechenden Populationskennwerte β_0 und β_1.

Gegeben eine Stichprobe (von Merkmalsträgern) des Umfangs n und die in der Stichprobe erhobenen Werte x_i der Prädiktor- und y_i der Kriteriumsvariablen ($i = 1, \ldots, n$), so gilt es also jetzt, die Werte b_0 und b_1 zu finden, durch die diejenige Regressionsgerade (6.5) durch den Punkteschwarm der X-Y-Wertepaare festgelegt ist, welche eine optimale Vorhersage der Werte y_i aus den Werten x_i ermöglicht.

Die Frage ist zunächst, was hier „optimale Vorhersage" bedeutet. Die Antwort darauf gibt das ***Kriterium der kleinsten Abweichungsquadrate***. Dieses hat die Quadratsumme der Residualwerte e_i zur Grundlage: Natürlich ist eine Vorhersage umso besser, je geringer der mit ihr verbundene Vorhersagefehler ist – die Fehler bei der Vorhersage in der Stichprobe sind die Werte e_i. Nun könnte man auf die Idee kommen, daß diejenige Vorhersage von Y-Werten die optimale ist, bei der insgesamt die geringsten Fehler begangen werden, bei der also die Summe der Residualwerte e_i minimal ist. Man benutzt nun aber nicht die Summe der unquadrierten Residuen, sondern die der quadrierten – die Gründe dafür diskutiere ich hier nicht ausführlich.[69] Also wird nach denjenigen Werten für b_0 und b_1 gesucht, durch die die Vorhersage der y_i durch $\hat{y}_i$ zu einer kleinstmöglichen Summe quadrierter Residuen e_i führt. Formal kann dies wie folgt ausgedrückt werden:

$$\sum_{i=1}^{n} e_i^2 = \sum_{i=1}^{n} (y_i - \hat{y}_i)^2 = \min \qquad (6.6)$$

Genaugenommen müßte man also von einem Kriterium der kleinsten Abweichungsquadratsumme reden. Mit Blick auf Abbildung 6.1: Die Gerade wird so durch den Punkteschwarm gelegt, daß die Summe der quadrierten *senkrechten* Abweichungen der Punkte von der Geraden ein Minimum ergibt.

[69] Die Quadrierung hat den erwünschten Effekt, daß hohe Vorhersagefehler bei der Summenbildung stärker ins Gewicht fallen, als niedrige. Die Quadratsumme der e_i ist auch das wesentliche Bestimmungsstück der Varianz der Residuen.

Die Quadratsumme der Fehlerwerte ist eine Funktion von b_0 und b_1 – gemäß (6.6) werden die Minima dieser Funktion $f(b_0, b_1)$ gesucht. Man findet sie dadurch, daß man ihre beiden partiellen Ableitungen nach b_0 und b_1 bestimmt und jeweils gleich Null setzt.[70] Im folgenden führe ich diese Berechnung vor – diejenigen Leser, die sich von derartigen formalen Ergüssen nicht inspiriert fühlen, können diese Vorführung übergehen und das Ergebnis einfach *glauben* (für $\sum_{i=1}^{n}$ schreibe ich einfach $\sum$):

▷ Die zu gemäß (6.6) zu minimierende Funktion lautet:

$$
\begin{aligned}
f(b_0, b_1) &= \sum (y_i - \hat{y}_i)^2 = \sum (y_i - b_0 - b_1 x_i)^2 \\
&= \sum (y_i^2 + b_0^2 + b_1^2 x_i^2 - 2y_i b_0 - 2y_i b_1 x_i + 2b_0 b_1 x_i) \\
&= \sum y_i^2 + n b_0^2 + b_1^2 \sum x_i^2 - 2b_0 \sum y_i \\
&\quad -2b_1 \sum y_i x_i + 2b_0 b_1 \sum x_i
\end{aligned}
$$

▷ Zur Berechnung des Minimums von $f(b_0, b_1)$ für b_0 wird die erste Ableitung von $f(b_0, b_1)$ nach b_0 gebildet und gleich Null gesetzt:

$$
\frac{\partial f(b_0, b_1)}{\partial b_0} = 2nb_0 - 2\sum y_i + 2b_1 \sum x_i = 0
$$

Diese Gleichung wird nun nach b_0 aufgelöst:

$$
b_0 = \frac{\sum y_i}{n} - \frac{b_1 \sum x_i}{n} = \bar{y} - b_1 \bar{x} \qquad (6.7)
$$

In dieser Auflösung ist außer der Unbekannten b_0 noch die Unbekannte b_1 enthalten.

---

[70] Dazu eine kurze Erinnerung an Schulmathematisches: Gegeben eine Funktion $f(x)$ – diese hat ein Minimum (Tiefpunkt) an der Stelle $x = a$, wenn für die erste und zweite Ableitung der Funktion gilt: $f'(a) = 0$ und $f''(a) > 0$. Dieses läßt sich verallgemeinern für Funktionen mit mehreren Unbekannten und deren partielle Ableitungen nach den einzelnen Unbekannten. Dies kann z.B. bei Hanushek & Jackson (1977, S.42f) noch einmal nachgelesen werden, welche überhaupt eine sehr gute und fundierte Darstellung der Regressionsrechnung liefern. Ebenfalls zu empfehlen ist hier das Buch von Werner (1997), auch Hays (1994) liefert eine ausführlichere und gute Darstellung der Regressionsanalyse.

▹ Genauso wird das Minimum von $f(b_0, b_1)$ für b_1 berechnet. Es wird die erste Ableitung der Funktion nach b_1 gebildet und gleich Null gesetzt:

$$\frac{\partial f(b_0, b_1)}{\partial b_1} = 2b_1 \sum x_i^2 - 2 \sum y_i x_i + 2b_0 \sum x_i = 0$$

Wiederum wird nach b_1 aufgelöst:

$$b_1 = \frac{\sum y_i x_i - b_0 \sum x_i}{\sum x_i^2} \tag{6.8}$$

Auch hier ist außer der Unbekannten b_1 noch die Unbekannte b_0 enthalten.

▹ Es gibt also zwei Gleichungen mit zwei Unbekannten – man kann nun weiter auflösen, indem man z.B. das b_0 in Gleichung (6.8) durch die rechte Seite von (6.7) ersetzt und nach b_1 auflöst:

$$\begin{aligned} b_1 &= \frac{\sum y_i x_i - (\bar{y} - b_1 \bar{x}) \sum x_i}{\sum x_i^2} \\ &= \frac{\sum y_i x_i - \bar{y} \sum x_i + b_1 \bar{x} \sum x_i}{\sum x_i^2} \\ b_1 - \frac{b_1 \bar{x} \sum x_i}{\sum x_i^2} &= \frac{\sum y_i x_i - \bar{y} \sum x_i}{\sum x_i^2} \\ b_1 \left(\frac{\sum x_i^2 - \bar{x} \sum x_i}{\sum x_i^2} \right) &= \frac{\sum y_i x_i - \bar{y} \sum x_i}{\sum x_i^2} \end{aligned}$$

$$b_1 = \frac{\sum y_i x_i - \bar{y} \sum x_i}{\sum x_i^2 - \bar{x} \sum x_i} \tag{6.9}$$

Damit aber tauchen auf der rechten Seite der Gleichung nur noch X- und Y-Werte auf, d.h. die bekannten Stichprobendaten – somit ist b_1 durch diese Gleichung zu berechnen. Ist b_1 bekannt, so kann man b_0 nach Gleichung (6.7) bestimmen.

▹ Ein Minimum hat eine Funktion dort, wo die 1. Ableitung gleich Null *und* die 2. Ableitung größer Null ist. Es wurden also diejenigen b_1 und b_0 ermittelt, für die die erste Ableitung gleich Null ist. Die 2. Ableitungen von $f(b_0, b_1)$ nach b_0 bzw. nach b_1 sind nun in jedem Fall größer Null – davon kann sich jeder Leser durch erneute Ableitung der gezeigten ersten Ableitungen leicht selbst überzeugen. Die Funktion $f(b_0, b_1)$ hat damit also für die ermittelten Werte von b_0 und b_1 ihr Minimum – d.h. es handelt sich um diejenigen Koeffizienten, durch die die Summe der quadrierten Residualwerte e_i minimiert wird.

Damit wäre das (von mir) sogenannte deskriptivstatistische Ziel – Berechnung von b_0 und b_1 – erreicht. Gleichung (6.9) kann nun noch vereinfacht werden. Dazu wird der Quotient auf der rechten Gleichungsseite zunächst in Zähler und Nenner durch n geteilt (ich kürze wieder $\sum_{i=1}^{n}$ mit $\sum$ ab):[71]

$$b_1 = \frac{\frac{1}{n}(\sum y_i x_i - \bar{y}\sum x_i)}{\frac{1}{n}(\sum x_i^2 - \bar{x}\sum x_i)} = \frac{\frac{1}{n}\sum y_i x_i - \bar{y}\bar{x}}{\frac{1}{n}\sum x_i^2 - \bar{x}^2} = \frac{s_{xy}}{s_x^2} \qquad (6.10)$$

D.h. also: Das nach dem Kleinst-Quadrate-Kriterium berechnete b_1 ist gleich dem Quotienten aus der Stichprobenkovarianz s_{xy} durch die Stichprobenvarianz s_x^2 des Prädiktors. Es besteht demnach eine direkte Beziehung zwischen Kovarianz und Regressionskoeffizient b_1, was ja auch nicht überrascht, denn beide sind Ausdruck des linearen Zusammenhangs zwischen den beiden Variablen. Der Regressionskoeffizient b_1, so könnte man jetzt

---

[71] Die letzte Umformung in Gleichung (6.10) beruht auf folgenden Umformungen der Formeln (2.6) zur Berechnung einer Varianz und (2.15) zur Berechnung einer Kovarianz:

$$\begin{aligned}
s_x^2 &= \frac{1}{n}\sum(x_i - \bar{x})^2 = \frac{1}{n}\sum(x_i^2 - 2x_i\bar{x} + \bar{x}^2) \\
&= \frac{1}{n}\left(\sum x_i^2 - 2\bar{x}\sum x_i + n\bar{x}^2\right) \\
&\downarrow \qquad \text{(Denn es gilt: } \textstyle\sum x_i = n\bar{x}) \\
&= \frac{1}{n}\left(\sum x_i^2 - 2n\bar{x}^2 + n\bar{x}^2\right) = \frac{1}{n}\sum x_i^2 - \bar{x}^2 \\
s_{xy} &= \frac{1}{n}\sum(x_i - \bar{x})(y_i - \bar{y}) = \frac{1}{n}\sum(x_i y_i - x_i\bar{y} - \bar{x}y_i + \bar{x}\bar{y}) \\
&= \frac{1}{n}\left(\sum x_i y_i - \bar{y}\sum x_i - \bar{x}\sum y_i + n\bar{x}\bar{y}\right) \\
&= \frac{1}{n}\left(\sum x_i y_i - 2n\bar{x}\bar{y} + n\bar{x}\bar{y}\right) = \frac{1}{n}\sum x_i y_i - \bar{x}\bar{y}
\end{aligned}$$

sagen, relativiert das Ausmaß des linearen Zusammenhangs, das durch s_{xy} angegeben ist, an der Varianz des Prädiktors.

Als nächstes – inferenzstatistisches – Ziel der Regressionsanalyse wurde in 6.1.1 die Parameterschätzung genannt. D.h. es müssen aus den Stichprobenergebnissen die Populationskoeffizienten β_0 und β_1 des Regressionsmodells (6.1) geschätzt werden. Dieses Ziel ist – wie bereits gesagt – leicht erreicht, da die nach (6.9) bzw. (6.7) berechneten Stichprobenkennwerte nun auch als Schätzer der Parameter verwendet werden können:

$$\hat{\beta}_j = b_j \quad \text{für } (j = 0, 1) \tag{6.11}$$

Denn es kann gezeigt werden (dies ist das sogenannte ***Gauß-Markov-Theorem***):[72] Wenn die im folgenden genannten Voraussetzungen erfüllt sind, dann sind diese Schätzer **BLUE**. Dieses steht für „best linear unbiased estimator“ und ist mit Blick auf die in 4.3.1 behandelten Fisher-Kriterien der Parameterschätzung wie folgt zu erklären: Insofern es sich um eine lineare Regression handelt, handelt es sich auch um „lineare Schätzer“, diese sind unbiased, also erwartungstreu, und „best“, d.h. b_0 und b_1 haben von allen erwartungstreuen linearen Schätzern den geringsten Standardfehler. Man nennt b_1 und b_0 mit Blick auf die Methode ihrer Berechnung **Kleinst-Quadrate-Schätzer** bzw. neudeutsch **least-squares-estimators**.

Nach dem Gauß-Markov-Theorem ist die BLUE-Eigenschaft der Kleinst-Quadrate-Schätzer an Voraussetzungen gebunden. Zur Erläuterung dieser Voraussetzungen – die ich nun in einfachstmöglicher Form wiedergebe – muß zunächst das gedankliche Modell der „fixen X“ verstanden werden: Angenommen, man könnte in der Population alle Fälle mit einem bestimmten konstanten Wert x_i betrachten, also alle Merkmalsträger, die denselben fixen X-Wert aufweisen: Diese hätten dann aber nicht ebenfalls alle einen gleichen konstanten Y-Wert. Denn nach dem Regressionsmodell für die Population ergeben sich die jeweiligen Y-Werte aus dem Wert der systematischen Komponente $\breve{y}_i$ – der für alle Merkmalsträger mit demselben X-Wert derselbe wäre – *plus* dem Fehlerwert ϵ_i. Betrachtet man also alle Fälle mit einem bestimmten fixen X-Wert in der Population, so erhält man eine Verteilung der dazugehörigen Y-Werte. Diese Verteilung der Y-Werte „unter“ irgendeinem fixen x_i ist eigentlich eine Verteilung

[72] Siehe dazu z.B. Hanushek & Jackson (1977, Kap. 3.2).

von ϵ-Werten, da sich die Y-Werte unter dem fixen X-Wert aus einem konstanten $\breve{y}_i$ plus einem variierenden ϵ-Wert zusammensetzen.

Die Voraussetzungen für die BLUE-Eigenschaft der Kleinst-Quadrate-Schätzer sind nun Annahmen über die Verteilung der Fehlerwerte unter einem beliebigen fixen X-Wert. Sie lauten:

(1) Für die Verteilung der Fehlerwerte unter jedem beliebigen fixen X-Wert gilt:

$$E(\epsilon_i) = \mu_\epsilon = 0 \tag{6.12}$$

D.h. der Erwartungs- bzw. Mittelwert dieser Fehlerwerte ist Null. Für die Verteilung der mit irgendeinem fixen X verbundenen Y-Werte bedeutet dies, daß der Mittelwert aller dieser Y-Werte der durch die systematische Komponente $\breve{y}_i$ vorhergesagte Wert ist. Des weiteren bedeutet dies, daß der Mittelwert aller Y-Werte gleich dem Mittelwert aller $\breve{y}_i$ ist.

(2) Für die Verteilung der Fehlerwerte unter jedem beliebigen fixen X-Wert gilt:

$$\sigma^2_{\epsilon_i} = \sigma^2_\epsilon = c \tag{6.13}$$

D.h. unter jedem möglichen fixen X-Wert hat die Varianz der unter diesem Wert auftretenden Fehlerverteilung denselben konstanten Wert c – die Varianz der ϵ-Werte ist für alle „fixe X" dieselbe Diese Annahme wird als **Homoskedastizität** der Fehlerwerte bezeichnet.[73]

(3) Die Fehler, die unter einem bestimmten „fixen X" auftreten, sind unabhängig von den Fehlern, die unter irgendeinem anderen fixen Wert x_i auftreten:

$$\sigma_{\epsilon_i \epsilon_j} = 0 \quad (i \neq j) \tag{6.14}$$

D.h. die Kovarianz zwischen den Fehlern unter irgendeinem X-Wert und denen unter irgendeinem anderen X-Wert ist Null – die Fehler unter verschiedenen „fixen X" sind unkorreliert.

Insgesamt könnte man diese Voraussetzungen wie folgt zusammenfassen: Jeder einzelne Vorhersagefehler ϵ_i ist als eine Zufallsziehung aus einer Verteilung solcher „Fehlereinflüsse" um den

[73] Übrigens wurde aufgrund dieser Homoskedastizitätsannahme die Abbildung 6.1 lediglich zur Veranschaulichung der Stichprobenregression benutzt. Für das Populationsmodell wäre die ovale Form der Punktwolke problematisch, denn sie könnte so verstanden werden, daß mit zu- bzw. abnehmendem x_i die Streuung der Fehler geringer wird.

Mittelwert $\mu_\epsilon = 0$ mit der Varianz $\sigma_\epsilon = c$ aufzufassen – diese Zufallsziehung findet gewissermaßen ohne Einfluß des Wertes von X und irgendwelcher anderer Ziehungen von Fehlerwerten statt. Auch resultiert aus diesen Annahmen, daß die systematische Komponente und die Fehlerkomponente des Regressionsmodells (6.1) voneinander stochastisch unabhängig sind. Damit gilt folgendes:[74]

$$\sigma_{x\epsilon} = 0 \tag{6.15}$$

D.h. die Kovarianz zwischen Prädiktor- und Fehlerwerten ist gleich Null bzw. Fehler und Prädiktor sind in der Population unkorreliert.

Man könnte nun, wenn b_0 und b_1 berechnet sind, danach fragen, wie „gut" das spezifizierte Regressionsmodell bei der Vorhersage der Y-Werte ist. Anders ausgedrückt: Wenn die Gerade optimal durch den (als Stichprobe vorhandenen) Punkteschwarm gelegt wurde, dann bleibt immer noch die Frage, wie eng oder wie weit dieser Punkteschwarm um die Gerade herum liegt – er liegt umso weiter darum herum, je größer die Streuung der Residuen e_i ist.

Diesselbe Betrachtung läßt sich wiederum für die Regression in der Population anstellen: Das Regressionsmodell ist umso „besser", je geringer die Varianz der Fehlerkomponente ist. Erinnern wir uns nun an einen Umstand, der auf S.130 kurz dargelegt wurde: Ist irgendeine Zufallsvariable A die Differenz oder die Summe zweier voneinander unabhängiger Zufallsvariablen B und C, so ist auch die Varianz der Variablen A die Summe der Varianzen von B und C. Wenn nun aufgrund (6.15) gilt, daß systematische und Zufallskomponente des Regressionsmodells voneinander unabhängig sind, so setzt sich die Varianz der Kriteriumsvariablen additiv aus der Varianz dieser beiden Komponenten zusammen:

$$\sigma_y^2 = \sigma_{\hat{y}}^2 + \sigma_\epsilon^2 \tag{6.16}$$

Die Gesamtvarianz der Kriteriumsvariablen Y ist also zerlegbar in einen Anteil durch den Prädiktor X „erklärter" Varianz

[74] Allgemein gilt, daß die Kovarianz bzw. Korrelation stochastisch unabhängiger Zufallsvariablen gleich Null ist (siehe z.B. Kreyszig 1975, S.308).

und in einen Anteil „unaufgeklärter" Varianz bzw. Fehlervarianz. Aufgrund dieser Varianzzerlegung können wir nun sagen: Das Populations-Regressionsmodell ist umso „besser", je geringer der Anteil der Fehlervarianz und umgekehrt je größer der Anteil der durch X „erklärten" Varianz an der Gesamtvarianz des Kriteriums Y ist. Den Anteil der erklärten Varianz an der Gesamtvarianz gibt der folgende Quotient ρ^2 wieder, er wird als ***Determinationskoeffizient*** bezeichnet:

$$\rho^2 = \frac{\sigma_{\breve{y}}^2}{\sigma_y^2} = 1 - \frac{\sigma_\epsilon^2}{\sigma_y^2} = \rho_{y\breve{y}}^2 = \rho_{xy}^2 \tag{6.17}$$

In (6.17) ist ρ^2 sozusagen gleich vierfach definiert, die Gleichwertigkeit dieser vier Ausdrücke ist wohl nicht in jedem Fall unmittelbar einzusehen. Sie sollte zumindest für die beiden Ausdrücke $\sigma_{\breve{y}}^2/\sigma_y^2$ und $1 - \sigma_\epsilon^2/\sigma_y^2$ einleuchten, deren Gleichwertigkeit aus Gleichung (6.16) folgt. Der Ausdruck $\rho_{y\breve{y}}^2$ bezeichnet die quadrierte (Produkt-Moment-)Korrelation der Y-Werte mit den $\breve{Y}$-Werten. Im Fall der einfachen Regression mit nur einem Prädiktor ist die Korrelation $\rho_{y\breve{y}}$ gleich der Korrelation ρ_{xy} des Kriteriums mit dem Prädiktor, so daß schließlich ρ^2 hier schlicht auch als das Quadrat der Korrelation von X und Y aufgefaßt werden kann. Die Gleichwertigkeit der beiden Korrelationsausdrücke untereinander und mit den anderen beiden Ausdrücken wird in Statistiklehrbüchern nur selten explizit gezeigt. Deshalb führe ich diese erwartungswertalgebraischen Herleitungen in einer Tafel 6.1 vor – die an dergleichen formalen Ausschweifungen nicht interessierten Leser können diese übergehen.

Der Determinationskoeffizient ist in (6.17) durch Populationsvarianzen definiert, also als Populationskennwert. Wenn man wieder die Betrachtung auf die Stichprobe einschränkt, so kann der Determinationskoeffizient der Stichproben-Regression analog (6.17) definiert werden:

$$r^2 = \frac{s_{\hat{y}}^2}{s_y^2} = 1 - \frac{s_e^2}{s_y^2} = r_{y\hat{y}}^2 = r_{xy}^2 \tag{6.18}$$

Hier sind die in den Ausdrücken stehenden Stichprobenkennwerte als die den in (6.17) enthaltenen Parametern analogen aufzufassen. Auch für die Gleichung (6.18) liegt die Gleichwertigkeit der verschiedenen Ausdrücke wohl kaum auf der Hand. Ich zeige

Gezeigt wird: $\sigma^2_{\breve{y}}/\sigma^2_y = \rho^2_{xy}$:

A $\sigma^2_{\breve{y}} = E(\breve{Y}^2) - [E(\breve{Y})]^2 = E[(\beta_0 + \beta_1 X)^2] - [E(\beta_0 + \beta_1 X)]^2$

$= E(\beta_0^2 + 2\beta_0\beta_1 X + \beta_1^2 X^2) - [\beta_0 + \beta_1 E(X)]^2$

$= \beta_0^2 + 2\beta_0\beta_1 E(X) + \beta_1^2 E(X^2) - \beta_0^2 - 2\beta_0\beta_1 E(X) - \beta_1^2 [E(X)]^2$

$= \beta_1^2 [E(X^2) - [E(X)]^2] = \beta_1^2 \sigma_x^2$

B $\sigma_{xy} = E(XY) - E(X)E(Y)$

$= E(\beta_0 X + \beta_1 X^2 + X\epsilon) - E(X)E(\beta_0 + \beta_1 X + \epsilon)$

$= \beta_0 E(X) + \beta_1 E(X^2) + E(X\epsilon) - \beta_0 E(X) - \beta_1 [E(X)]^2 - E(X)E(\epsilon)$

$= \beta_1 [E(X^2) - [E(X)]^2] \quad = \quad \beta_1 \sigma_x^2$

C $\rho^2_{xy} = \sigma^2_{xy}/\sigma^2_x\sigma^2_y = \beta_1^2\sigma_x^4/\sigma_x^2\sigma_y^2 = \sigma^2_{\breve{y}}/\sigma^2_y$

Gezeigt wird $\rho_{y\breve{y}} = \rho_{xy}$:

$$\rho_{y\breve{y}} = \frac{\sigma_{\breve{y}y}}{\sigma_{\breve{y}}\sigma_y} = \frac{E(\breve{Y}Y) - E(\breve{Y})E(Y)}{\sigma_y\sqrt{E(\breve{Y}^2) - [E(\breve{Y})]^2}}$$

$$= \frac{E[(\beta_1 X + \beta_0)Y] - E(\beta_1 X + \beta_0)E(Y)}{\sigma_y\sqrt{E[(\beta_1 X + \beta_0)^2] - [E(\beta_1 X + \beta_0)]^2}}$$

$$= \frac{E(\beta_1 XY + \beta_0 Y) - [\beta_1 E(X) + \beta_0]E(Y)}{\sigma_y\sqrt{E(\beta_1^2 X^2 + 2\beta_1\beta_0 X + \beta_0^2) - [\beta_1 E(X) + \beta_0]^2}}$$

$$= \frac{\beta_1 E(XY) + \beta_0 E(Y) - \beta_1 E(X)E(Y) - \beta_0 E(Y)}{\sigma_y\sqrt{\beta_1^2 E(X^2) + 2\beta_1\beta_0 E(X) + \beta_0^2 - \beta_1^2[E(X)]^2 - 2\beta_1\beta_0 E(X) - \beta_0^2}}$$

$$= \frac{\beta_1[E(XY) - E(X)E(Y)]}{\sigma_y\beta_1\sqrt{E(X^2) - [E(X)]^2}} = \frac{\sigma_{xy}}{\sigma_x\sigma_y} = \rho_{xy}$$

Die benutzten Formeln und Rechenregeln der Erwartungswertalgebra können z.B. bei Bortz (1993, Anhang B) oder Hays (1994, Appendix C) nachgeschlagen werden.

Tafel 6.1: Herleitungen zu Gleichung (6.17).

hier keine Herleitungen mehr – im Prinzip kann genauso vorgegangen werden, wie in Tafel 6.1, wenn dort die Erwartungswertformeln für die Populationskennwerte durch die Formeln für die entsprechenden Stichprobenkennwerte ersetzt werden.[75]

Der Determinationskoeffizient kann also als ein Maß der „Modellanpassung" benutzt werden: Je höher ρ^2, desto besser können in der Population die Y-Werte aus den X-Werten vorhergesagt werden, entsprechendes gilt für r^2 und die Vorhersage

[75] Hanushek & Jackson (1977, S.58) zeigen, daß gilt: $s^2_{\breve{y}}/s^2_y = 1 - s^2_{\breve{y}}/s^2_y$

der y_i aus den x_i in der Stichprobe. Als quadrierte Produkt-Moment-Korrelation kann ρ^2 bzw. r^2 natürlich nur Werte von 0 bis 1 annehmen. Ein spezielles Problem besteht hier darin, daß r^2 als Schätzer für ρ^2 nicht erwartungstreu ist – ich möchte dieses nicht vertiefen und verweise z.B. auf Werner (1997, S.89ff) oder Hays (1993, S.706), wo Formeln zur erwartungstreuen Schätzung von ρ^2 angegeben werden.

6.1.3 Statistische Tests

Wenn die Schätzung der Kennwerte des Regressionsmodells (6.1) durchgeführt ist, bleibt als letztes der in 6.1.1 genannten Ziele einer Regressionsanalyse der Test statistischer Hypothesen über die Parameter dieses Modells. Hier gehe ich im folgenden sehr knapp vor und davon aus, daß die prinzipielle Vorgehensweise bei einer statistischen Testung inzwischen hinreichend abgehandelt und hier nicht weiter erklärungsbedürftig sein müßte.

Im Fall der einfachen Regression, auf die sich die momentane Betrachtung beschränkt, ist wohl v.a. der statistische Test von Hypothesen über den Koeffizienten β_1 von Interesse. Denn es wurde bereits dargelegt, daß in β_1 das Ausmaß der linearen Abhängigkeit des Merkmals Y vom Merkmal X ausgedrückt ist. Wenn nun dieser unbekannte Koeffizient des Prädiktors durch den Stichprobenkennwert b_1 geschätzt wird, so können natürlich wieder **Testhypothesen** über β_1 überprüft werden:

$$H_0 : \beta_1 = 0 \quad (\text{bzw. } H_0 : \beta_1 \leq 0 \text{ oder } H_0 : \beta_1 \geq 0) \qquad (6.19)$$

$$H_1 : \beta_1 \neq 0 \quad (\text{bzw. } H_1 : \beta_1 > 0 \text{ oder } H_0 : \beta_1 \geq 0) \qquad (6.20)$$

Die Hypothesen wurden hier zunächst als ungerichtete formuliert (in Klammern die gerichteten Versionen). Die H_0 (6.19) besagt also, daß der Populationskoeffizient gleich Null bzw. Y von X tatsächlich völlig unabhängig ist und ein Stichprobenkennwert $b_1 \neq 0$ nur durch die Zufallsstreuung dieses Stichprobenkennwerts b_1 zustande kommt: Daß sozusagen zufällig eine solche Stichprobe gezogen wurde, bei der die Y- von den X-Werten abhängig sind, während dieses in der Population insgesamt nicht der Fall ist. Der Stichprobenkennwert b_1 ist also wiederum als Realisation einer Zufallsvariablen aufzufassen.

Um nun zu einer Prüfgröße bzw. Prüfverteilung für den Hypothesentest zu gelangen, muß man zunächst den Standardfehler von b_1 schätzen – die Formel dazu lautet:

$$\hat{\sigma}_{b_1} = \sqrt{\frac{(\sum_{i=1}^{n} e_i^2)/(n-2)}{\sum_{i=1}^{n}(x_i - \bar{x})^2}} \tag{6.21}$$

Ich zeige die Herleitung von (6.21) nicht.[76]

Zur Herleitung der Prüfverteilung ist noch eine weitere Annahme über die Verteilung der Vorhersagefehler ϵ_i – zusätzlich zu den in 6.1.2 genannten – notwendig:

(4) Die Fehler ϵ_i sind in der Grundgesamtheit normalverteilt. D.h. also die Fehlerwerte entstammen $N(0, \sigma_\epsilon^2)$.

Diese Voraussetzung wird bisweilen zusammen mit den in 6.1.2 genannten Voraussetzungen für die BLUE-Qualität der Kleinst-Quadrate-Schätzung genannt – was nicht ganz korrekt ist, da eben diese BLUE-Qualität nicht an die Voraussetzung normalverteilter Fehler gebunden ist.

Sind die Fehler normalverteilt, so kann man zeigen, daß folgendes gilt:[77]

$$t_{(n-2)} = \frac{b_1 - \beta_1}{\hat{\sigma}_{b_1}} \tag{6.22}$$

D.h. der Quotient auf der rechten Seite von (6.22) ist als Zufallsvariable aufzufassen, deren Wahrscheinlichkeitsverteilung die t-Verteilung mit $n-2$ Freiheitsgraden ist. Damit aber kann der angestrebte Hypothesentest als t-Test durchgeführt werden, welcher im weiteren genauso abläuft, wie z.B. der in 5.1.2 behandelte t-Test: Wenn die H_0 (6.19) gilt, so ist $\beta_1 = 0$ – als **Prüfgröße** des Tests bei einem errechneten Regressionskoeffizienten $b_1 = c$ errechnet man:

$$t_c = \frac{c}{\hat{\sigma}_{b_1}} \tag{6.23}$$

Die **Prüfverteilung** ist dann die t-Verteilung mit $n-2$ Freiheitsgraden. Das mit $b_1 = c$ verbundene α-Risiko bei Entscheidung

[76] Unglücklicherweise ist diese Formel selbst auch in den gängigen Statistiklehrbüchern oft nicht zu finden – bei Hanushek & Jackson (1977) ist sie nur indirekt aus den Formeln 3.5a (S.54) und 3.11 (S.57) ableitbar.

[77] Auch diese Herleitung erspare ich den Lesern – siehe z.B. wieder Hanushek & Jackson (1977, S.67).

für H_1 wäre – bei zweiseitiger Testung der ungerichteten Hypothesen – wiederum $p(|t_{(n-2)}| \geq c)$ usw. (vgl. bei Bedarf noch einmal die in Kap. 5 behandelten t-Tests).

Damit sind die in 6.1.1 genannten drei Ziele der Regressionsanalyse erreicht. Ich verzichte darauf, die dargestellten Berechnungsschritte anhand eines Rechenbeispiels zu veranschaulichen. Die Leser sollten inzwischen soweit fortgeschritten sein, daß dieses nicht mehr unbedingt notwendig ist.

6.1.4 Standardisierung der Regressionskoeffizienten

Im Regressionsmodell (6.1) gibt β_1 – wie bereits dargelegt – die durchschnittliche Veränderung der Kriteriumsvariablen in Y-Skaleneinheiten an, die mit einer Erhöhung des Prädiktorwerts um eine Einheit der X-Skala einhergeht. Damit aber ist der Wert von β_1 bzw. auch der von b_1 nur aussagekräftig mit Blick auf die beiden Meßskalen von Y und X.

Man stelle sich z. B. vor, die Länge eines Gegenstandes – gemessen in Metern – fungiere als Prädiktorvariable und der Wert irgendeines Kriteriums wachse im Durchschnitt um 0.5, wenn sich diese Länge um einen Meter erhöht: D.h. dieser Prädiktor hat den Koeffizienten $\beta_1 = 0.5$. Wenn aber die Länge nicht in Metern, sondern z.B. in Centimetern gemessen würde, so würde $\beta_1 = 0.005$, da jetzt eine Erhöhung des Prädiktors um eine Einheit – d.h. der Länge um nur 1cm – nur noch zu einer durchschnittlichen Erhöhung des Kriteriumswertes um 0.005 Einheiten führt. Dieses einfache Beispiel, das man ähnlich auch für eine Veränderung der Skalierung der Kriteriumsvariablen machen könnte, zeigt, daß die Höhe des Koeffizienten β_1 sozusagen von der Breite der Skaleneinheiten von X und Y abhängt. Der statistische Kennwert, in dem die Größe der Skaleneinheiten der Messung einer Variablen mit erfaßt ist, ist die Standardabweichung, die ja ein Maß der Dispersion der Meßwerte *in Einheiten der Meßskala* ist (vgl. Kap. 1.2.2). Betrüge im soeben benutzten Beispiel die Standardabweichung des Prädiktors bei Messung in Metern $\sigma_x = 2$, dann betrüge sie bei Messung in Centimetern $\sigma_x = 200$ – je breiter die Einheiten der X- oder Y-Skala, desto kleiner die jeweilige Standardabweichung. Tatsächlich ist die Größe von β_1 abhängig von den beiden Standardabweichungen von Y und X und eben insofern auch abhängig von der Breite der Einheiten der Meßskalen: Mit größerer Prädiktorstreuung

σ_x und kleinerer Kriteriumstreuung σ_y wird der Wert von β_1 immer kleiner.

Zur **Standardisierung von** β_1, die zu einem Koeffizientenwert führt, der ohne Berücksichtigung der Einheiten der X- bzw. Y-Skala interpretiert werden kann, muß deshalb diese Abhängigkeit von den beiden Standardabweichungen sozusagen aus dem Wert des Koeffizienten herausgenommen werden, dieses kann dadurch geschehen, daß β_1 mit dem Quotienten σ_x/σ_y multipliziert wird:

$$\beta_1^s = \frac{\beta_1 \sigma_x}{\sigma_y} \tag{6.24}$$

Ich bezeichne also den standardisierten Koeffizienten mit β_1^s. Das bereits bemühte Zahlenbeispiel zeigt, daß der standardisierte Koeffizient tatsächlich skalenunabhängig ist: Bei $\beta_1 = 0.5$, $\sigma_x = 2$ und z.B. $\sigma_y = 4$ resultiert $\beta_1^s = 0.25$ – dasselbe käme heraus, wenn die X-SKala so transformiert würde (im Beispiel von der Meter- zur Centimeterskala), daß $\beta_1 = 0.005$ und $\sigma_x = 200$: $\beta_1^s = 0.005 \cdot 200/4 = 0.25$.

Das durch Formel (6.24) definierte standardisierte β_1 ist identisch mit dem Koeffizienten des Prädiktors bei einer Regression standardisierter Variablen – also mit z-transformierten Prädiktor- und z-transformierten Kriteriumswerten. Dieses sollte dem Leser auch ohne formale Herleitung „sachlogisch" einleuchten.

Die Standardisierung wurde hier wieder für den Populationskennwert β_1 erläutert – bei der praktischen Durchführung der Stichproben-Regression würde die **Standardisierung von b_1** genauso durchgeführt:

$$b_1^s = \frac{b_1 s_x}{s_y} \tag{6.25}$$

Auch hier kann b_1^s indirekt dadurch errechnet werden, daß die Regression mit z-transformierten Stichprobenwerten x_i und y_i durchgeführt wird.

Man nennt standardisierte Stichproben-Koeffizienten auch **„Beta-Koeffizienten"**, was angesichts der Konvention, die Populationskennwerte des Regressionsmodells mit dem griechischen β zu bezeichnen, verwirrt – ich bleibe deshalb bei b^s.

Ein standardisierter Koeffizient ist also „skalenunabhängig“, wodurch z.B. verschiedene solcher Koeffizienten direkt miteinander vergleichbar werden. Die Bedeutung des standardisierten Koeffizienten eines Prädiktors besteht darin, daß sein Wert die durchschnittliche Veränderung der Kriteriumsvariablen „Y-Standardabweichungseinheiten“ angibt, die mit einer Erhöhung des Prädiktorwertes um eine „X-Standardabweichungseinheit“ einhergeht. Dem Vorteil der Skalenunabhängigkeit der standardisierten Koeffizienten steht ein Nachteil gegenüber: b_1^s ist keine erwartungstreue Schätzung von β_1^s!

Wenn man nun in Gleichung (6.25) b_1 durch den Ausdruck der rechten Seite von (6.10) ersetzt, so resultiert folgendes (vgl. auch (2.16)):

$$b_1^s = b_1 \frac{s_x}{s_y} = \frac{s_{xy}}{s_x^2} \frac{s_x}{s_y} = \frac{s_{xy}}{s_x s_y} = r_{xy} \qquad (6.26)$$

Der standardisierte Koeffizient b_1^s ist also einfach die Korrelation r_{xy} der Y- mit den X-Werten in der Stichprobe. Dieses gilt so allerdings nur für die einfache Regression mit nur einem Prädiktor!

Es wurde bereits gesagt, daß bei einer Regression mit z-transformierten X- und Y-Werten β_0 entfällt – Kriterium und Prädiktor haben dann beide denselben Mittelwert Null, d.h. die Regressionsgerade muß durch den Ursprung des X-Y-Koordinatensystems führen.[78] Dieses gilt auch für die Stichproben-Regression, wie ein Blick auf die Kleinst-Quadrate-Berechnungformel (6.7) für b_0 zeigt: Bei standardisierten Werten sind $\bar{y} = \bar{x} = 0$. Die **Standardisierung der Regressionskonstanten** lautet also: $\beta_0^s = 0$

6.2 Ausblick: Multiple Regressionsanalyse

Nachdem die einfache lineare Regression mit einem Prädiktor in groben Zügen dargestellt wurde, kann das Behandelte größtenteils auf die multiple lineare Regression verallgemeinert werden, also auf die Regression mit mehreren Prädiktoren X_j ($j = 1, \ldots, k$), die zur Vorhersage des Kriteriums Y benutzt werden. Das ***Grundmodell der multiplen Regressionsanalyse*** lautet:

[78]Denn es gilt ganz allgemein, wie leicht zu zeigen ist: $\mu_y = \beta_0 + \beta_1 \mu_x$.

$$\begin{aligned} y_i &= \beta_0 + \sum_{j=1}^{k} \beta_j x_{ji} + \epsilon_i \\ &= \beta_0 + \beta_1 x_{1i} + \ldots + \beta_k x_{ki} + \epsilon_i \end{aligned} \qquad (6.27)$$

Modell (6.27) besitzt also k Prädiktoren X_j und dementsprechend die $k+1$ Regressionskoeffizienten $\beta_0, \beta_1, \ldots, \beta_k$. Sieht man von einigen Besonderheiten hinsichtlich der Bedeutung dieser einzelnen Koeffizienten ab, so gilt im großen und ganzen das, was bereits über das Modell der einfachen Regression gesagt wurde – letztere ist ja nur der spezielle Fall des multiplen Regressionsmodells für $k = 1$:

1. Die systematische **Komponente** des Modells (6.27) lautet:

$$\breve{y}_i = \beta_0 + \sum_{j=1}^{k} \beta_j x_{ji} \qquad (6.28)$$

$\breve{y}_i$ sind wieder die aus den Prädiktoren X_j vorhergesagten Werte der Kriteriumsvariablen. Es handelt bei (6.28) übrigens um eine *gewichtete Linearkombination* der Prädiktoren X_j – dieser Ausdruck, der vielleicht noch vom Schulmathematikunterricht bekannt ist, taucht häufig in Darstellungen der Regressionsanalyse auf, die Regressionskoeffizienten werden deshalb auch *Regressionsgewichte* genannt.[79]

2. ϵ_i ist wiederum der Vorhersagefehler, d.h. die **Zufalls-** bzw. **Fehlerkomponente** des Modells. An der Bedeutung von ϵ_i ändert sich gegenüber dem Modell der einfachen Regression gar nichts.

Die Koeffizienten $\beta_1, \ldots, \beta_k$ sind ***Partialregressionskoeffizienten.*** D.h. der Koeffizient β_k eines Prädiktors X_k gibt die

[79] Im Modell (6.27) sind lediglich lineare Zusammenhänge zwischen Kriterium und Prädiktoren spezifiziert: Formal besteht diese Linearität darin, daß jeder Prädiktor lediglich in der ersten Potenz vorkommt. Prinzipiell sind natürlich auch solche Modelle möglich, die andere, nichtlineare Zusammenhänge enthalten, z.B.:

$$y_i = \beta_0 + \beta_1 x_{1i}^2 + \beta_2 x_{2i} + \epsilon_i$$

Hier ist also ein exponentieller Zusammenhang zwischen Y und X_1 modelliert, während der zwischen Y und X_2 nach wie vor linear ist.

durchschnittliche Veränderung im Kriterium Y an – wieder in Einheiten der Y-Skala –, die aus einer Erhöhung des Wertes von X_k um eine Einheit der X_k-Skala resultiert, ***wenn der Wert aller anderen Prädiktoren konstant gehalten würde.*** Die Koeffizienten der multiplen Regressionsanalyse haben also im Prinzip diesselbe Bedeutung, wie β_1 bei der einfachen Regression, diese Bedeutung ist lediglich um die Nuance der sogenannten **„Partialisierung"** zu ergänzen. Letzteres meint: Die in einem Regressionskoeffizienten zum Ausdruck kommende Abhängigkeit des Kriteriums von einem Prädiktor ist um den „gleichzeitigen" Einfluß der anderen Prädiktoren auf den jeweiligen Prädiktor bereinigt – diese Bereinigung wird als Partialisierung bezeichnet.

Der folgende Gedanke soll den Sinn und die Logik der Partialisierung veranschaulichen: Angenommen, es bestünde in der BRD ein (linearer) Zusammenhang zwischen der Anzahl von Sonnentagen und der Selbstmordrate in einem Kalenderjahr – je mehr Sonnentage, desto weniger Selbstmorde. Außerdem bestehe ein weiterer (linearer) Zusammenhang zwischen der Anzahl von Sonnentagen und dem Mineralwasserkonsum pro Jahr – je mehr Sonnentage, desto mehr Mineralwasser wird getrunken. Dadurch entstünde eine hohe (negative) Korrelation zwischen Selbstmordrate und Mineralwasserkonsum, denn in Jahren mit vielen Sonnentagen gäbe es wenig Selbstmorde, während viel Mineralwasser getrunken würde. Wir hätten also auch zwischen Selbstmordrate und Mineralwasserkonsum einen hohen (negativen) linearen Zusammenhang und in einem entsprechenden einfachen Regressionsmodell wäre der Mineralwasserkonsum ein guter Prädiktor für das Kriterium Selbstmordrate. Wie aber würden wir eine so errechnete Abhängigkeit *inhaltlich* interpretieren? Wir würden wohl nicht ohne weiteres annehmen, daß tatsächlich das Mineralwassertrinken die Menschen vom Suizid abhält, sondern eher vermuten, daß die Anzahl der Sonnentage diejenige Variable ist, die die beiden anderen in einem kausalen Sinne beeinflußt und so einen „bloß numerischen" linearen Zusammenhang zwischen ihnen erzeugt. Wenn dem so wäre, dann müßte dieser Zusammenhang verschwinden, wenn wir den Einfluß der Anzahl der Sonnentage auf die beiden Variablen irgendwie ausschalten oder „herausrechnen". Wenn wir uns z.B. bei der einfachen Regression der Selbstmordrate auf den Mineralwasserkonsum auf Daten aus solchen Jahren beschränken könnten, die alle nur eine bestimmte gleiche Zahl von Sonnentagen aufweisen, dann gäbe der Koeffizient des Prädiktors die um den Einfluß der Anzahl von Sonnentagen bereinigte Abhängigkeit der Selbstmordrate vom Mineralwasserkonsum wieder bzw. wäre dieser Einfluß aus dem Koeffizienten „herauspartialisiert" worden.

Diese Überlegung sollte, wie gesagt, den Sinn der Partialisierung nur veranschaulichen und nicht deren tatsächliche rechnerische Durchführung darstellen. Die Koeffizienten $\beta_1, \ldots, \beta_k$ sind also jeweils um den Einfluß der anderen Prädiktoren des Regressionsmodells bereinigt. Bei der Kleinst-Quadrate-Schätzung dieser Koeffizienten (siehe unten) ist eine solche Partialisierung impliziert, werden also die Abhängigkeiten, die zwischen den Prädiktoren bestehen mögen, jeweils herauspartialisiert.

Der Übergang vom einfachen zum multiplen Regressionsmodell ist gewissermaßen der Übergang zu komplexeren Zusammenhangs- bzw. Abhängigkeitsmodellen. So wurde in 6.1.1 ein simples Regressionsmodell als Beispiel benutzt, bei dem der IQ als Prädiktor für das Monatseinkommen eingesetzt wurde. Ein differenzierteres *inhaltliches* Modell würde wohl noch andere Variablen berücksichtigen, die möglicherweise ebenfalls das Monatseinkommen einer Person beeinflussen, z.B. das Lebensalter oder Persönlichkeitsfaktoren wie Extra-/Introversion oder die emotionale Labilität einer Person. Damit aber wären diese Merkmale sozusagen Prädiktorkandidaten eines multiplen Regressionsmodells, auch sie könnten, zusätzlich zum IQ, zur Vorhersage des Monatseinkommens eingesetzt werden. Wenn das Einkommen tatsächlich von diesen Merkmalen abhängt, dann tragen sie in einem einfachen Modell mit lediglich dem IQ als Prädiktor zur Fehlervarianz σ_e^2 bei: Dieses ist ja derjenige Varianzanteil des Kriteriums, der nicht auf die im Modell spezifizierten Prädiktoren zurückführbar ist – sondern eben auf andere, nicht im Modell berücksichtigte Einflußgrößen. Wenn nun solche Einflußgrößen als Prädiktoren des Modells hinzugezogen werden, so wird dadurch der Vorhersagefehler verringert und die Vorhersage der Y-Werte genauer.[80]

Wie bei der einfachen Regression ist wieder das Populationsmodell (6.27) vom folgenden **Regressionsmodell für die Stichpro-**

[80] Es sei hier jedoch noch einmal daran erinnert, daß eine *kausale* Interpretation der durch das Regressionsmodell untersuchten (stochastischen) Abhängigkeiten eben nur eine Interpretation ist. Durch die Regressionsanalyse wird keine Kausalität nachgewiesen.

be zu unterscheiden:

$$y_i = b_0 + \sum_{j=1}^{k} b_j x_{ji} + e_i \qquad (6.29)$$

Und:

$$\hat{y}_i = b_0 + \sum_{j=1}^{k} b_j x_{ji} \qquad (6.30)$$

Eine einfache graphische Darstellung der multiplen linearen Regression – wie bei der einfachen Regression – ist kaum mehr möglich: Bei mehr als zwei beteiligten Variablen reicht das X-Y-Koordinatensystem nicht mehr aus, es müßten mehrdimensionale Koordinatensysteme betrachtet werden. Dieses wäre wohl allenfalls bei zwei Prädiktoren noch anschaulich: Dann hat man es mit einem dreidimensionalen Koordinatensystem zu tun, das durch die Achsen der Variablen Y, X_1 und X_2 definiert ist. Durch die Gleichung (6.28) würde dann keine Regressionsgerade, sondern eine Regressionsebene bezeichnet: So, wie bei der einfachen Regression die Regressionsgerade nach dem Kriterium der kleinsten Quadrate durch den Punkteschwarm im zweidimensionalen Koordinatensystem gelegt wurde, würde jetzt bei zwei Prädiktoren die Regressionsebene durch den Punkteschwarm im dreidimensionalen Koordinatensystem gelegt.

Im soeben Gesagten wurde schon angedeutet, daß die Berechnung der Regressionskoeffizienten bei der multiplen Regressionsanalyse im Grunde genauso abläuft, wie im Falle der einfachen Regression mit $k = 1$. Die Stichproben-Regressionskoeffizienten $b_0, b_1, \ldots, b_k$ werden also wieder über das ***Kriterium der kleinsten Abweichungsquadrate*** berechnet:

$$f(b_0, b_1, \ldots, b_k) = \sum_{i=1}^{n} e_i^2 = \min \qquad (6.31)$$

D.h. es wird wiederum die Funktion $f(b_0, b_1, \ldots, b_k)$ partiell nach den einzelnen Koeffizienten abgeleitet und jede dieser Ableitungen gleich Null gesetzt usw. – wie im einfachen Fall wird das Minimum der Kleinst-Quadrate-Funktion für die Werte der Regressionskoeffizienten b_0 bis b_k gesucht. Ich führe dieses hier nicht im Detail vor, da es mit erheblichem Aufwand formaler

Darstellung verbunden wäre, der mir bei einem lediglich als Ausblick gedachten Kapitel nicht unbedingt notwendig erscheint. Wichtig ist, daß jeder Leser das Prinzip dieser Kleinst-Quadrate-Schätzung, welches in 6.1.2 dargelegt wurde, verstanden hat. Auch die so resultierenden Schätzformeln für die Regressionskoeffizienten sind in allgemeiner Form nicht mehr einigermaßen anschaulich formal darzustellen, solange man dieses nicht in Matrixnotation tut. Ich erspare darum meinen Lesern diese Darstellung der Berechnungsvorschriften für die Koeffizienten $b_0, b_1, \ldots, b_k$.[81]

Allerdings ist die Berechnung der b-Werte mittels der Kleinst-Quadrate-Funktion nun an eine Voraussetzung gebunden, die sich bei der einfachen Regression mit nur einem Prädiktor erübrigt. Es sollte nämlich keine vollständigen linearen Abhängigkeiten der Prädiktoren X_j untereinander geben, d.h. kein Prädiktor darf sich als Linearkombination anderer Prädiktoren ergeben. Formal könnte man dieses (etwas unelegant) wie folgt ausdrücken:

$$x_{ai} \neq c_0 + \sum_{j=1}^{a-1} c_j x_{ji} + \sum_{j=a+1}^{k} c_j x_{ji} \quad \text{für } c_0, \ldots, c_k \in R \qquad (6.32)$$

Einfacher ausgedrückt: Jeder Prädiktor muß einen gewissen Anteil an (von den anderen) unabhängiger Varianz aufweisen. Wären z.B. zwei Prädiktoren X_1 und X_2 vollständig miteinander korreliert, d.h. bestünde ein vollständiger linearer Zusam-

[81] Für die mit der Matrizenrechnung vertrauten Leser hier das (Stichproben-) Regressionsmodell in Matrixschreibweise:

$$\boldsymbol{y} = \boldsymbol{X}\boldsymbol{b} + \boldsymbol{e}$$

Dabei ist $\boldsymbol{y}$ der $n \times 1$-Spaltenvektor der in der Stichprobe gemessenen Werte der Kriteriumsvariablen, $\boldsymbol{X}$ die $n \times (k+1)$-Matrix der Stichprobenwerte der Prädiktorvariablen (in der ersten Spalte stehen nur Einsen, es handelt sich sozusagen um X_0, die zur Konstante b_0 gehörige „Prädiktorvariable"), $\boldsymbol{b}$ der $(k+1) \times 1$-Spaltenvektor der Koeffizienten $b_0, \ldots, b_k$ und $\boldsymbol{e}$ der $n \times 1$-Spaltenvektor der Residualwerte. Die Matrizenformel zur Berechnung der Regressionskoeffizienten lautet dann:

$$\boldsymbol{b} = (\boldsymbol{X}'\boldsymbol{X})^{-1}\boldsymbol{X}'\boldsymbol{y}$$

menhang $x_{1i} = c_0 + c_2 x_{2i}$ zwischen den beiden, so wäre einer überflüssig: X_1 und X_2 würden im Grunde dasselbe erfassen.

Sind die Koeffizienten $b_0, b_1, \ldots, b_k$ aus den Stichprobendaten berechnet, dann sind sie wiederum **BLUE-Schätzer** der Parameter $\beta_0, \beta_1, \ldots, \beta_k$, wenn die bereits für die einfache Regression genannten Voraussetzungen erfüllt sind.

Standardisiert werden die Koeffizienten b_j bzw. β_j so, wie in 6.1.4 dargestellt. Dort wurde im Grunde bereits alles zu diesem Thema gesagt, was m.E. hier unbedingt gesagt werden sollte.

$\rho_{y\breve{y}}$ – die Produkt-Moment-Korrelation der tatsächlichen mit den vorhergesagten Kriteriumswerten – wird als ***multiple Korrelation*** des Kriteriums Y mit den Prädiktoren X_k bezeichnet:

$$\rho_{y.1,2,\ldots,k} = \rho_{y\breve{y}} \tag{6.33}$$

Gleichung (6.33) zeigt auf der linken Seite eine übliche Schreibweise für den multiplen Korrelationskoeffizienten. Das Quadrat der multiplen Korrelation ist dann wieder der (multiple) **Determinationskoeffizient** ρ^2, welcher wie beim einfachen Regressionsmodell zu interpretieren ist, insbesondere gilt auch hier wieder Gleichung (6.17).

Die multiple Korrelation für die Stichproben-Regression wird i.d.R. mit R bezeichnet:

$$R_{y.1,2,\ldots,k} = r_{y\breve{y}} \tag{6.34}$$

Entsprechend wird der Stichproben-Determinationskoeffizient mit R^2 bezeichnet und durch Quadrierung von $R_{y.1,2,\ldots,k}$ berechnet. Es ist hier wieder die in 6.1.2 angesprochene Problematik zu beachten, daß R^2 kein erwartungstreuer Schätzer für ρ^2 ist – es wurden dort bereits Literaturhinweise auf Formeln für erwartungstreue Schätzer gegeben.

Und schließlich läuft auch der Signifikanztest einzelner Regressionskoeffizienten im Prinzip genauso ab, wie im Fall der einfachen Regression, d.h. als **t-Test**. Lediglich die Formel zur Schätzung des Standardfehlers eines der Koeffizienten $b_1, \ldots, b_k$ – und damit die Berechnung des t-Werts – kompliziert sich (vgl. z.B. Hanushek & Jackson 1977, S.123). Zusätzlich zum t-Test einzelner Koeffizienten ist nun noch ein Test für Gruppen von Koeffizienten möglich. D.h. es können gewissermaßen einzelne

Komponenten des Regressionsmodells daraufhin überprüft werden, ob durch sie ein relevanter Beitrag zur Vorhersage des Kriteriums geleistet wird. Besäße ein Regressionsmodell beispielsweise die fünf Prädiktoren X_1 bis X_5, so könnte die Frage lauten, ob die Prädiktoren X_4 und X_5 notwendig sind in dem Sinne, daß das Modell mit diesen beiden Prädiktoren eine „überzufällige", signifikante Reduktion der Fehlerquadratsumme aufweist gegenüber einem Regressionsmodell ohne diese beiden Prädiktoren (also lediglich mit X_1, X_2, X_3). Dieser Test ist ein ***F*-Test** (d.h. seine Prüfverteilung ist eine F-Verteilung), den ich hier allerdings nicht genauer darstelle.[82]

Abschließend möchte ich noch auf ein Praxisproblem der multiplen Regression hinweisen, welches bei der einfachen Regression nicht besteht, nämlich das der **Multikollinearität:** Dieser Begriff meint, daß Prädiktoren eines Regressionsmodells untereinander korreliert sind. Es dürfte bei der praktischen Durchführung von Regressionsanalysen wohl kaum möglich sein, als Prädiktoren solche Merkmale zu finden, die keinerlei Korrelation untereinander aufweisen, und dieses ist auch gar nicht erforderlich. Jedoch ist ein hohes Maß an Multikollinearität - also Prädiktoren, die sehr hoch miteinander korrelieren, - problematisch, weil dadurch die Standardfehler der Koeffizientenschätzungen anwachsen, so daß die Schätzungen der Populationskoeffizienten ungenau werden. Zur Vermeidung von Multikollinearität ist eine gewisse Sorgfalt bei der Modellspezifikation - d.h. bei der Auswahl von Prädiktoren für ein Regressionsmodell - notwendig. Genaueres zur Bedeutung und Behandlung der Multikollinearitätsproblematik sollte bei Bedarf in spezielleren Darstellungen (z.B. bei Hanushek & Jackson 1977, S.86ff) nachgelesen werden.

Damit beende ich die Ausführungen zur Regressionsanalyse, welche lediglich in groben Umrissen skizziert wurde. Literaturhinweise für eine Vertiefung dieses Themas wurden bereits gegeben.

[82] Näheres siehe z.B. bei Hanushek & Jackson (1977, S.124ff).

7 Empfehlungen zum Weiterstudieren

Die Leser, die hier angelangt sind, können zunächst mit sich zufrieden sein, denn sie haben nun ein nicht geringes erstes Wegstück ihrer statistischen Ausbildung zurückgelegt. Das ganze Gebiet der Statistik jedoch ist groß und schwer überschaubar und das weitere Fortschreiten darin wird i.d.R. von konkreten wissenschaftlichen Bedürfnissen abhängen. Der empirische Wissenschaftler beherrscht normalerweise nicht alle statistischen Analysemethoden, sondern eben nur diejenigen, die zur Untersuchung seiner speziellen Fragestellungen jeweils relevant sind. Er muß darum v.a. in der Lage sein, sich bei Bedarf Kenntnisse der komplexeren statistischen Verfahren anzueignen – diese Fähigkeit war das eigentliche Anliegen meines Buches. Nun möchte ich noch auf einige dieser komplexeren Analyseverfahren hinweisen.

Faktorenanalysen sind Verfahren, mit denen eine größere Zahl von Variablen aufgrund ihrer korrelativen Zusammenhänge zu Gruppen zusammengefaßt werden können: Es wird sozusagen nach latenten (nicht direkt beobachteten) Prädiktoren gesucht, auf die die Ausprägungen der tatsächlich beobachteten Variablen zurückführbar und die selbst wechselseitig unabhängig sind. Auf diese Weise lassen sich Gruppen „ähnlicher" Variablen – mit besonders starker Abhängigkeit von jeweils einem dieser latenten Prädiktoren – finden. Das Verfahren ist ein eher „hypothesengenerierendes" in dem Sinne, daß es v.a. dazu dient, eine verborgene dimensionale Struktur, die einem Satz von Merkmalen zugrundeliegt, offenzulegen. Mit *Clusteranalysen* können eine größere Zahl von Untersuchungsobjekten (z.B. Versuchpersonen) aufgrund ihrer Ähnlichkeit in den Ausprägungen verschiedener Merkmale zu Gruppen zusammengefaßt werden, während die *Diskriminanzanalyse* die Vorhersage einer a priori bestehenden Gruppenzugehörigkeit von Untersuchungsobjekten aufgrund der Ausprägungen in verschiedenen Merkmalen zum Ziel hat. Eine erste Orientierung zu den genannten Verfahren gibt z.B. Bortz (1993) oder Backhaus (1990). Bei *Zeitreihenanalysen* handelt es sich, wie der Name sagt, um Verfahren zur Analyse von Verläufen von Merkmalsausprägungen über einen Zeitraum hinweg (siehe z.B. Schmitz 1989). Durch *Pfadanalysen* bzw. *Strukturgleichungsmodelle* können komplexere Modelle wechselseitiger Abhängigkeiten in einer größeren Gruppe von Variablen untersucht werden, dazu werden sozusagen mehrere Regressionsgleichungen aufgestellt, wobei Variablen als abhängig von anderen (Kriterium) *und* wiederum selbst andere beeinflussend (Prädiktor) modelliert werden können (siehe z.B. Hanushek & Jackson 1977, ab Kap.8).

Ich möchte aber v.a. das bereits erwähnte *Allgemeine Lineare Modell* (ALM) hervorheben, dessen „Charme" darin besteht, daß eine Vielzahl statistischer Verfahren gewissermaßen als Regressionsprobleme umformuliert und mittels der multiplen linearen Regressionsrechnung durchgeführt werden können. Dieses gilt besonders für *Varianzanalysen* (siehe Kap. 5.1.3) und *Kovarianzanalysen*, welche grob als Varianzanalysen mit zusätzlichen metrischen UV charakterisiert werden können. Varianz- und Kovarianzanalysen sind besonders für experimentelle Untersuchungen von Belang und zählen darum z.B. für Psychologen zum unerläßlichen statistischen Handwerkszeug.

Wenn ich also eine generelle Themenempfehlung zur statistischen Weiterbildung aussprechen sollte, so würde ich das ALM nennen, da damit nicht nur mehrere der „klassischen" statistischen Modelle in einem behandelt werden, sondern auch das allgemeine statistische Verständnis weiter befördert wird. Denn niemand sollte sich durch die obige Auflistung von Analyseverfahren – welche noch um vieles verlängert werden könnte – entmutigen lassen: Diese enthalten im Grunde stets nur einen kleinen orginellen Kern und bestehen ansonsten aus immer wiederkehrenden Analysebausteinen (z.B. Hypothesentests, Quadratsummenzerlegungen). Wer letztere einmal verstanden hat, dem wird auch bei den komplexeren Prozeduren nicht so viel Unbekanntes begegnen, wie es oft auf den ersten Blick erscheinen mag. Das ALM, als eine Art statistisches „Metaverfahren", wäre in diesem Sinne eine gute Ergänzung zum vorgelegten Statistikgrundkurs. Eine detailgenaue Darstellung des ALM gibt Werner (1997).

Darüber hinaus möchte ich noch einmal an die Anmerkungen zur typischen Statistikpraxis erinnern, die in 5.4.3 gemacht wurden: Ich empfehle zur Weiterbildung auch die dort genannte Literatur, welche ebenfalls v.a. das Grundverständnis statistischer Vorgehensweise stärken sollte.

Anhang: Das Rechnen mit dem Summenoperator Σ

Der Summenoperator Σ dient der einfachen Handhabung von Summen in formalen Ausdrücken. Dies läßt sich wohl am einfachsten anhand einiger Beispiele veranschaulichen:

$$\sum_{i=1}^{5} i = 1 + 2 + 3 + 4 + 5 \quad , \quad \sum_{j=3}^{7} a^j = a^3 + a^4 + a^5 + a^6 + a^7$$

$$\sum_{k=2}^{5}(a \cdot y_k - b) = (a \cdot y_2 - b) + (a \cdot y_3 - b) + (a \cdot y_4 - b) + (a \cdot y_5 - b)$$

Wie man sieht, benötigt man für Σ einen Laufindex: Unter dem Summenzeichen ist sowohl der Buchstabe, der diesen benennt (oft „i“, es können aber auch andere Buchstaben gewählt werden), als auch ein unterer Wert für ihn angegeben. Sein Wert wird dann von Summand zu Summand so lange um eine ganze Zahl fortgeschaltet, bis ein oberer Wert, welcher über dem Summenzeichen angegeben ist, erreicht wird. Auf diese Weise werden die einzelnen Summanden bestimmt – siehe die Beispiele.

In der Statistik hat man oft mit den Werten einer Variablen X in einer Stichprobe der Größe n zu tun – also mit den Werten $x_1, x_2, \ldots, x_n$. Deren Summe wäre wie folgt zu schreiben:

$$\sum_{i=1}^{n} x_i = x_1 + x_2 + \ldots + x_n$$

Die Rechenregeln für das Rechnen mit Σ sind i.d.R. sehr einfach dadurch herleitbar, daß die Summe „ausgeschrieben“ wird. Ich zeige hier nur drei wichtige Beispiele:

$$\sum_{i=1}^{n} bx_i = bx_1 + \ldots + bx_n = b(x_1 + \ldots + x_n) = b\sum_{i=1}^{n} x_i$$

$$\sum_{i=1}^{n}(b + x_i) = (b + x_1) + \ldots + (b + x_n) = nb + \sum_{i=1}^{n} x_i$$

$$\sum_{i=1}^{n}(x_i + y_i) = (x_1 + y_1) + \ldots + (x_n + y_n) = \sum_{i=1}^{n} x_i + \sum_{i=1}^{n} y_i$$

Damit sollte eigentlich jeder Leser bereits in der Lage sein, den Summenoperator zu benutzen (bei Bedarf sollte man anhand selbstgewählter Beispiele üben). Zur weiteren Demonstration zeige ich eine Umformung aus Kapitel 5.1.3, welche auch die Verwendung eines doppelten Summenzeichens (bei zwei verschiedenen Laufindices) zeigt, - dort wurden bei der Zerlegung der QS_G in Gleichung (5.23), S.173, die folgenden Zwischenschritte gemacht:

$$\sum_{i=1}^{n}\sum_{j=1}^{p}\left((x_{ij}-\bar{x}_j)+(\bar{x}_j-\bar{\bar{x}})\right)^2 =$$

$$\sum_{i=1}^{n}\sum_{j=1}^{p}\left((x_{ij}-\bar{x}_j)^2+2(x_{ij}-\bar{x}_j)(\bar{x}_j-\bar{\bar{x}})+(\bar{x}_j-\bar{\bar{x}})^2\right) =$$

$$\sum_{i=1}^{n}\sum_{j=1}^{p}(x_{ij}-\bar{x}_j)^2+\sum_{i=1}^{n}\sum_{j=1}^{p}(\bar{x}_j-\bar{\bar{x}})^2$$

$$\underbrace{+2\sum_{i=1}^{n}\sum_{j=1}^{p}(x_{ij}-\bar{x}_j)(\bar{x}_j-\bar{\bar{x}})}_{\downarrow}$$

Der letzte, unterklammerte Ausdruck ist gleich Null:

$$\sum_{i=1}^{n}\sum_{j=1}^{p}(x_{ij}-\bar{x}_j)(\bar{x}_j-\bar{\bar{x}}) =$$

$$(\bar{x}_1-\bar{\bar{x}})\sum_{i=1}^{n}(x_{i1}-\bar{x}_1)+(\bar{x}_2-\bar{\bar{x}})\sum_{i=1}^{n}(x_{i2}-\bar{x}_2)$$

$$+\ldots+(\bar{x}_p-\bar{\bar{x}})\sum_{i=1}^{n}(x_{ip}-\bar{x}_p)$$

In der letzten Ausdruck ist z.B. $\sum_i(x_{i1}-\bar{x}_1)$ die Summe der (unquadrierten) Abweichungen der Meßwerte der Stichprobe S_1 vom AM von S_1 - und damit laut (2.3) gleich Null. Entsprechendes gilt für die anderen Summen, die in der letzten Zeile noch auftauchen, folglich wird der ganze Ausdruck gleich Null.

Literatur

Apel, K.-O. (1979). *Die Erklären-Verstehen-Kontroverse in transzendental-pragmatischer Sicht.* Frankfurt a.M.: Suhrkamp.

Backhaus, K. (1990). *Multivariate Analysemethoden* (6. Aufl.). Berlin, Heidelberg: Springer.

Bartenwerfer, H.G. & Raatz, V. (1979). *Methoden der Psychologie.* Wiesbaden: Akademische Verlagsgesellschaft.

Bortz, J. (1989). *Statistik für Sozialwissenschaftler* (3. Aufl.). Berlin, Heidelberg, New York: Springer.

Bortz, J. (1993). *Statistik für Sozialwissenschaftler* (4. Aufl.). Berlin, Heidelberg, New York: Springer.

Bortz, J., Lienert, G.A. & Boehnke, K. (1990). *Verteilungsfreie Methoden in der Biostatistik.* Berlin, Heidelberg, New York: Springer.

Bosch, K. (1994). *Elementare Einführung in die angewandte Statistik* (5. Aufl.). Braunschweig: Vieweg.

Cramér, H. (1958). *Mathematical Methods of Statistics* (8. Aufl.). Princeton: Princeton University Press.

Erdfelder, E. (1994). *Erzeugung und Verwendung empirischer Daten.* In: Herrmann, T. and Tack, W.H. (Hrsg.): Methodologische Grundlagen der Psychologie. Enzyklopädie der Psychologie, Themenbereich B, Serie I, Band 1, S.47-97. Göttingen, Bern, Toronto, Seattle: Hogrefe.

Erdfelder, E. & Bredenkamp, J. (1994). *Hypothesenprüfung.* In: Herrmann, T. and Tack, W.H. (Hrsg.): Methodologische Grundlagen der Psychologie. Enzyklopädie der Psychologie, Themenbereich B, Serie I, Band 1, S.605-648. Göttingen, Bern, Toronto, Seattle: Hogrefe.

Fisz, M. (1976). *Wahrscheinlichkeitsrechnung und mathematische Statistik* (8. Aufl.). Berlin: Deutscher Verlag der Wissenschaften.

Groeben, N. (1986). *Handeln, Tun, Verhalten als Einheiten einer verstehend-erklärenden Psychologie.* Tübingen: Francke.

Hager, W. (1987). *Grundlagen einer Versuchsplanung zur Prüfung empirischer Hypothesen in der Psychologie.* In: Lüer, G.

(Hrsg.): Allgemeine experimentelle Psychologie. S.43-264. Stuttgart: Fischer.

Hager, W. (1992). Eine Strategie zur Entscheidung über psychologische Hypothesen. *Psychologische Rundschau*, 43, 18–29.

Hager, W. & Westermann, R. (1983). *Planung und Auswertung von Experimenten.* In: Bredenkamp, J. and Feger, H. (Hrsg.): Hypothesenprüfung. Enzyklopädie der Psychologie, Themenbereich B, Serie I, Band 5, S.24-239. Göttingen, Toronto, Zürich: Hogrefe.

Hanushek, E.A. & Jackson, J.E. (1977). *Statistical Methods for Social Scientists.* New York, San Francisco, London: Academic Press.

Hays, W.L. (1994). *Statistics* (5. Aufl.). Fort Worth et al.: Holt, Rinehart & Winston.

Hussy, W. & Möller, H. (1994). *Hypothesen.* In: Herrmann, T. and Tack, W.H. (Hrsg.): Methodologische Grundlagen der Psychologie. Enzyklopädie der Psychologie, Themenbereich B, Serie I, Band 1, S.475-507. Göttingen, Bern, Toronto, Seattle: Hogrefe.

Keyszig, E. (1975). *Statistische Methoden und ihre Anwendungen* (5. Aufl.). Göttingen: Vandenhoek & Ruprecht.

Lienert, G.A. (1973). *Verteilungsfreie Methoden in der Biostatistik, Band 1.* Meisenheim: Hain.

Menges, G. (1982). *Die Statistik.* Wiesbaden: Gabler.

Opp, K.D. (1995). *Methodologie der Sozialwissenschaften* (3. Aufl.). Opladen: Westdeutscher Verlag.

Orth, B. (1974). *Einführung in die Theorie des Messens.* Stuttgart, Berlin, Köln, Mainz: Kohlhammer.

Ostmann, A. & Wutke, J. (1994). *Statistische Entscheidung.* In: Herrmann, T. and Tack, W.H. (Hrsg.): Methodologische Grundlagen der Psychologie. Enzyklopädie der Psychologie, Themenbereich B, Serie I, Band 1, S.694-737. Göttingen, Bern, Toronto, Seattle: Hogrefe.

Popper, K.R. (1984). *Logik der Forschung* (8. Aufl.). Tübingen: Mohr.

Rogge, K.E. (Hrsg.) (1995). *Methodenatlas.* Heidelberg: Springer.

Schmitz, B. (1989). *Einführung in die Zeitreihenanalyse.* Bern: Huber.

Steyer, R. (1994). *Stochastische Modelle.* In: Herrmann, T. and Tack, W.H. (Hrsg.): Methodologische Grundlagen der Psychologie. Enzyklopädie der Psychologie, Themenbereich B, Serie I, Band 1, S.649-693. Göttingen, Bern, Toronto, Seattle: Hogrefe.

Wendt, D. (1983). *Statistische Entscheidungstheorie und Bayes-Statistik.* In: Bredenkamp, J. and Feger, H. (Hrsg.): Hypothesenprüfung. Enzyklopädie der Psychologie, Themenbereich B, Serie I, Band 5, S.24-239. Göttingen, Toronto, Zürich: Hogrefe.

Werner, J. (1997). *Lineare Statistik.* Weinheim: Psychologie Verlags Union.

Wilcox, R.R. (1989). Comparing the variances of dependent groups. *Psychometrika*, 54, 305–315.

Wottawa, H. (1993). *Psychologische Methodenlehre* (2. Aufl.). Weinheim, München: Juventa.

Yaremko, R.M., Harari, H., Harrison, R.C. & Lynn, E. (1982). *Handbook of Methods in Psychology.* New York: Harper & Row.

Index